中国银行业发展报告

2017

中国银行业协会
行业发展研究委员会 ◎ 编

中国金融出版社

责任编辑：李　融
责任校对：李俊英
责任印制：程　颖

图书在版编目（CIP）数据

中国银行业发展报告（2017）（Zhongguo Yinhangye Fazhan Baogao.2017）／中国银行业协会行业发展研究委员会编．—北京：中国金融出版社，2017.9
　ISBN 978 - 7 - 5049 - 9182 - 9

Ⅰ.①中…　Ⅱ.①中…　Ⅲ.①银行业—经济发展—研究报告—中国—2017
Ⅳ.①F832

中国版本图书馆 CIP 数据核字（2017）第 218432 号

出版发行	中国金融出版社
社址	北京市丰台区益泽路 2 号
市场开发部	（010）63266347，63805472，63439533（传真）
网上书店	http：//www.chinafph.com
	（010）63286832，63365686（传真）
读者服务部	（010）66070833，62568380
邮编	100071
经销	新华书店
印刷	北京市松源印刷有限公司
尺寸	210 毫米 × 285 毫米
印张	13.5
字数	270 千
版次	2017 年 9 月第 1 版
印次	2017 年 9 月第 1 次印刷
定价	68.00 元
ISBN 978 - 7 - 5049 - 9182 - 9	

如出现印装错误本社负责调换　联系电话（010）63263947

《中国银行业发展报告（2017）》
编委会

主　编： 潘光伟

副主编： 黄润中　古　瑞　连　平

编　审： 张晓朴　王　宇　张显球　胡忠福　张　芳　白瑞明
　　　　　 张　亮　郭三野　赵　濛　金淑英　戴国强　殷剑峰
　　　　　 翟立宏　曾　刚　戴　硕

编　委： 仇高擎　李　健　周万阜　张兴荣　王　磊　彭　怡
　　　　　 康守松　屈宏斌　黄剑辉　杨家辉　沈小平　王升乾
　　　　　 亓　艳　管　征　王祥明　周　琼　崔宇清　张昌彩
　　　　　 董希淼　杜　权　陈邦强　李富国　刘亚楠　蒋卫平
　　　　　 张巧雯　王金召　刘　涛

《中国银行业发展报告（2017）》编写组

课题牵头单位及牵头人： 交通银行　连　平　仇高擎

课题统稿： 交通银行　刘　健　鄂永健　武　雯
　　　　　　　　　　陈　冀

课题参与机构及执笔人[①]：

中 国 农 业 发 展 银 行：吴思强　齐永峰
中 国 农 业 银 行：范俊林　洪金明　侯　晓
中 国 银 行：邵　科　赵　雪
交 通 银 行：刘　健　武　雯　许文兵
中 信 银 行：张　鹏　谢立志
华 夏 银 行：李长银
广 发 银 行：任学群　潘小明　郑　辉
兴 业 银 行：黄继平　李炫榆
中 国 民 生 银 行：麻　艳　张丽云
恒 丰 银 行：唐丽华　周晓维
浙 商 银 行：杨　跃　庄瑾亮
包 商 银 行：陈玉京　张晋东　魏　维　李　黎
　　　　　　　　王陆雅
重 庆 银 行：陈邦强　魏　琪　于晨阳
江 西 银 行：刘　涛　张　畅

[①] 执笔人中的参与机构排序参照中国银行业监督管理委员会机构范围解释表中顺序排列，同一类型机构参照拼音字母排列。

南　京　银　行：陆玮聪
青　岛　银　行：纪　盛
苏　州　银　行：陆盈忠
西　安　银　行：赵南岳
郑　州　银　行：武安华
北　京　农　商　银　行：周　双　孙　妮　屈艳芳
浙江省农村信用社联合社：钟全明
中　国　邮　政　储　蓄　银　行：韩军伟　杨恩艳
中　国　华　融　资　产：严红波　王　玉　郭　琳
中　国　东　方　资　产：谢莉莉　段勇勇　陈松威　李思维
东　亚　银　行（中　国）：李耀宗
汇　丰　银　行（中　国）：马晓萍
中　国　银　行　业　协　会：王　芳

课　题　协　调：王　芳　武安华　吕　欢　周　飞
　　　　　　　　高　康　廖　玥　王丽娟

中国银行业协会行业发展研究委员会简介

中国银行业协会行业发展研究委员会（以下简称研究委员会）成立于 2010 年 5 月 25 日，是中国银行业协会领导下的研究性专业组织，依照《中国银行业协会章程》和《中国银行业协会行业发展研究委员会工作规则》开展工作。研究委员会的宗旨是建立有效的银行业研究合作机制，联合行业研究资源，共享行业研究成果，把握行业发展动态，以便最大限度地为中国银行业的改革发展服务。研究委员会的工作原则是自愿、协商、合作、共享。2012 年 9 月，研究委员会顺利换届。第二届委员会成员单位包括 57 家银行业金融机构，其中，交通银行当选委员会主任单位，国家开发银行、中国工商银行、中国农业银行、中国银行、中信银行、中国光大银行、招商银行、上海浦东发展银行、中国民生银行、北京银行、包商银行、北京农商银行、汇丰银行（中国）、东亚银行（中国）等当选为副主任单位，中国进出口银行、华夏银行、兴业银行、广发银行、渤海银行、上海银行、南京银行、徽商银行、中国邮政储蓄银行、中国华融资产、中国长城资产、中国信达资产、浙江省农村信用社联合社、德意志银行（中国）等当选为常委单位。

导语

2016年世界经济复苏步履蹒跚，国际投资贸易低迷，国际金融市场波动加剧。发达国家经济持续低速增长，新兴经济体的经济增速放缓。中国经济缓中趋稳，稳中向好，经济运行保持在合理区间。

面对复杂严峻的国内外经济金融形势，在党中央、国务院的正确领导和金融监管部门的有效监管和引领下，银行业金融机构坚持稳中求进总基调，主动对接国家战略，大力支持经济社会重点领域和民生工程建设，稳步推进改革转型，切实加强全面风险管控，积极应对多重挑战，实现了"十三五"良好开局。

——主动对接国家战略和重大工程项目建设。银行业金融机构积极抓住国家战略部署带来的机遇，不断完善海外机构网点布局，持续提升跨境、跨业、跨市场金融服务水平，主动对接"一带一路"、京津冀协同发展、长江经济带等国家战略。截至2016年末，共有9家中资银行在26个"一带一路"沿线国家设立了62家一级机构，其中包括18家子行、35家分行、9家代表处。银行业金融机构积极创新金融产品、加强全方位综合化金融服务，通过银团贷款、产业基金等方式，为"一带一路"基础设施建设、京津冀交通一体化及长江经济带综合立体交通走廊建设等重大工程项目提供多元化、全方位、深层次的金融服务。

——大力支持经济社会重点领域和民生工程建设。2016年银行业持续加强对"三农"、小微企业、保障性安居工程等经济社会重点领域和民生工程的支持力度。截至2016年末，银行业金融机构涉农贷款（不含票据融资）余额28.2万亿元，同比增长7.1%；小微企业的贷款（包括小微型企业贷款、个体工商户贷款和小微企业主贷款）余额26.7万亿元，同比增长13.8%。信用卡消费、保障性安居工程等领域贷款同比分别增长23.4%和58.7%，分别高于各项贷款平均增速10.6个和45.9个百分点。

——深入推进转型创新，不断提升运营效率，客户服务满意度持续提升。面对内外部经营环境的深刻变化，银行业金融机构不断深化体制机制改革，以转型创新推动发展方式及经营模式转变。国际化、综合化及事业部制改革、子公司制改革不断深化，大投行、大资管及交易型银行转型创新稳步推进，财富管理、消费金融业务如火如荼。银行业金融机构持续改进服务流程，加快网点智能化应用步伐，提高客户服务满意度。据不完全统计，2016年，银行业金融机构改造主要业务流程1.31万个，同比增长37.86%；

银行业金融机构离柜交易达1777.14亿笔，同比增长63.68%。

——切实加强风险防范，保持安全稳健运营。受经济增速放缓和经济结构调整等因素影响，商业银行不良贷款略有上升。2016年末，商业银行不良贷款余额15122亿元，同比增长2378亿元；不良贷款率1.74%，同比增长0.07个百分点。银行业金融机构从制度建设、流程优化及创新工具等方面积极应对风险压力，资本水平较为充足，风险抵补能力保持较强，不良资产处置措施更加高效；持续提升市场风险和流动性风险管理能力，加强重点领域信用风险防控；不断改进合规及操作风险管理，强化主动风险管理和全面风险管控，有效防范和化解金融风险，严守不发生区域性系统性金融风险底线。

——认真落实监管要求，推动资金脱虚向实。银行业金融机构认真贯彻落实各类监管政策，规范业务发展，高度重视合规管理，切实做好金融去杠杆、防风险、控套利，推动资金脱虚入实。银行业金融机构充分利用难得时间窗口，回归本源，专注主业，大力推进经营管理转型。优化资产负债结构，坚定不移地发展低成本负债，夯实负债基础，不断增强稳健经营能力；优化资产配置，调整业务结构，严控期限错配和杠杆投资，主动压缩金融链条；顺应监管要求，积极发展净值型理财业务，推动资产管理业务转型；切实转变经营思路和理念，有效提升风险经营能力，立足服务实体经济来开展金融创新。

银行业金融机构的稳健运行与监管机构的有效监管、正确引导和有力支持密不可分，同时也是自身积极努力的结果。展望2017年，全球经济总体有望呈现复苏态势，但潜在的政治经济风险仍不容忽视。中国经济增长的潜力巨大，新的动能正在增长，但内生增长动力仍待强化，经济结构调整任重道远，国内外经济金融形势不确定性依然存在。

银行业金融机构将继续深入贯彻落实宏观调控政策，主动对接国家战略部署，积极支持重点工程、重大项目建设。坚持稳中求进总基调，不断推进改革创新，努力提高金融服务质效。持续提升薄弱领域金融服务水平，加强对"三农"、小微企业、绿色信贷和普惠金融等经济社会重点领域的金融服务，力促经济结构调整和产业结构转型升级。同时，继续全力防控各类风险，严守风险底线，不断完善全面风险管理体系，扎实推进重点领域风险防控，确保安全稳健运行。

为全面、深入反映中国银行业改革发展的主要成绩和运行特点，并展望未来发展趋势，在中国银行业协会行业发展研究委员会的组织协调下，由交通银行牵头、二十多家金融机构共同参与，撰写了《中国银行业发展报告（2017）》。报告共分为七篇，分别为总体运行篇、资产业务篇、负债业务篇、中间业务篇、风险管理篇、转型创新篇和专题篇，多维度、多层次地对中国银行业进行了较为全面、系统和深入的介绍、分析和展望。

本报告编纂人员均来自银行业金融机构，有较为丰富的从业经验和较为扎实的研究基础。在报告撰写过程中，召开了多次讨论会，对报告的定位、框架、风格、体例、观点等进行了反复沟通和不断完善。中国银行业协会组织专家对报告进行了评审，力求报告内容客观全面、数据准确可靠、质量水平较高。本报告既可以作为社会各界了解中国银行业改革发展和经营管理的专业阅读材料，也适合银行业从业人员和研究人员等相关人士作为研究参考。

Introduction

World economic recovery was faltering in 2016, with a downturn of international investment & trade, and intensified volatility in the international financial market. Developed countries continued the slow growth and emerging economies slowed down. China's economy has gradually stabilized in a overall slowdown trend; it also showed improving signs and ran in a reasonable range.

In the face of the complicated and severe domestic and international economic and financial situation, the banking financial institutions, under the correct leadership of the CPC Central Committee and the State Council and the effective supervision and guidance of the financial supervision departments, insisted on the overall tone of seeking improvement in keeping stable, taking on national strategies proactively, strongly supporting the key economic and social areas and livelihood projects, steadily promoting the reform and transformation, effectively strengthening the overall risk control, as well as actively meeting multiple challenges, and finally made a good start of the 13th Five Year Plan.

——Proactively take on national strategies and key projects construction. Banking financial institutions actively seize the opportunities brought by the national strategic deployment, and constantly improve the layout of overseas branches, continue to enhance cross – border, cross – industry and cross – market financial services, actively taking on national strategies such as the Belt and Road, Beijing – Tianjin – Hebei Coordinated Development, as well as Yangtze River Economic Belt. As of the end of 2016, a total of nine Chinese banks have opened 62 first – level institutions, including 18 subsidiary banks, 35 branches and 9 representative offices, in the 26 countries along the way of the Belt and Road. Banking financial institutions actively innovated financial products and strengthened all – round comprehensive financial services to provide diversified, all – round and deep – seated financial services for major projects, including infrastructure construction of the Belt and Road, the Traffic Integration of Beijing – Tianjin – Hebei, and the Integrated Corridor of Yangtze River Economic Belt, through syndicated loans and industrial funds, etc.

——Strongly support the economic and social key areas and livelihood projects. In 2016, the banking industry continued to strengthen support for the economic and social key areas and livelihood projects such as Three Rural, small and micro enterprises, and the affordable housing projects. As of the end of 2016, balance of banking sector financial institutions loans involved in agricultural (excluding bills financing) was 28.2 trillion Yuan, an increase of 7.1%; loan balance involved in small and micro - enterprise (including loans to small and micro - enterprise, to individually - owned business and to small business owners) was 26.7 trillion Yuan, an increase of 13.8%. Loans to credit card consumption and affordable housing projects grew 23.4% and 58.7% respectively year on year, 10.6 and 45.9 percentage points higher than the average loan growth rate respectively.

——Promote transformation and innovation in - depth and continuously improve operational efficiency; customer service satisfaction has continuously improved. Facing the profound changes of the internal and external business environment, the banking financial institutions have deepened the reform of the institutional mechanism, and promoted the transformation of the development mode and business model through transformation and innovation. Internationalization, integration & divisional system reform, and the subsidiary system reform was constantly deepening; transformation and innovation such as investment banking, asset management business, and transactional banking, has been promoting steadily; wealth management and consumer finance business has been in full swing. Banking financial institutions continued to improve the service process, to speed up the pace of banking outlets intellectualization applications and to improve customer service satisfaction. According to an incomplete statistics, the banking financial institutions transformed 13.1 thousands main business processes in 2016, an increase of 37.86%; number of transactions off bank counter reached 177.714 billion, an increase of 63.68%.

——Strengthen risk prevention and maintain safe and stable operation. Affected by slowdown in economic growth, economic restructuring and other factors, the ratio of non - performing loans of commercial banks has increased slightly. At the end of 2016, balance of non - performing loans of commercial banks was 1 512.2 billion Yuan, up by 237.8 billion Yuan; and the non - performing loan ratio was 1.74%, up by 0.07 percentage points year on year. Banking financial institutions has responded actively to risk pressures from many aspects such as system construction, process optimization and innovative tools; therefore their capital levels were more adequate, ability of risk offset and compensation remained strong, and non - performing assets disposal measures were more efficient; management capabilities of market risk and liquidity risk have been enhanced constantly, credit risk prevention and control of key areas has been strengthened; compliance and operational risk management has been continuously improved, the active risk management and comprehensive risk control has been strengthened;

banking financial institutions are effectively preventing and mitigating financial risks, and adhering to the bottom line of avoiding regional systemic financial risk.

——Conscientiously implement the regulatory requirements; promote the capital flow into real economy from the fictitious economy. Banking financial institutions have been conscientiously implementing all kinds of regulatory policies, standardizing business development, attaching great importance to compliance management, and doing a good job of financial deleveraging, risk prevention, arbitrage control, to promote the capital flow into real economy from the fictitious economy. They're making full use of the rare time window to return to the origin, focusing on the main business, and vigorously promoting the management transformation. Banking financial institutions are optimizing the structure of assets and liabilities, unswervingly developing low – cost liabilities and consolidating the debt basis, to continuously enhance the capacity of sound management; they have been optimizing the asset allocation and adjusting the business structure, strictly controlling maturity mismatch and leveraged investment, taking the initiative to compress the financial chain; Banking financial institutions are complying with regulatory requirements, actively developing the net worth type of wealth management business to promote the transformation of asset management business; they effectively changes the business thoughts and ideas, effectively enhancing the risk management capacity, and carrying out financial innovation based on offering service to real economy.

The sound operation of the banking financial institutions is inseparable from the effective supervision, correct guidance and strong support from the regulatory bodies, and is also the result of their own positive efforts. Looking ahead to 2017, the global economy is expected to show a recovery trend, but the potential political and economic risks cannot be ignored. China's economic growth potential is huge, the new momentum is growing, but the endogenous momentum remains to be strengthened, the economic structural adjustment has a long way to go, uncertainty of domestic and international economic and financial situation still exists.

Banking financial institutions will continue to thoroughly implement the macro – control policies, taking on the national strategic plan, and actively supporting major projects. Adhering to the overall tone of seeking improvement in keeping stable, they will constantly promote reform and innovation, and strive to improve the quality of financial services. Banking financial institutions will continue to enhance the financial service in the weak areas and strengthen the services in the economic and social key areas such as Three Rural, small and micro enterprises, green credit and inclusive finance, and try to promote economic restructuring and upgrading of industrial structure. At the same time, they will continue to prevent and control all kinds of risks, adhering to the bottom line of risk, and constantly improving the comprehensive risk management system, solidly promoting risk prevention and control in key areas to ensure safe and stable operation.

To have a comprehensive and in-depth reflection of the main achievements and operational characteristics of China's banking reform and development, and look forward to the future development trend, the China Banking Development Report (2017) was prepared, under the organization and cooperation of the Industry Development Research Committee of China Banking Association, by more than 20 financial institutions, with the Bank of Communications leading the work. The report is divided into seven parts, including part of the overall operation, the asset business, the debt business, the intermediate business, the risk management, the transformation and innovation, as well as the special topics. It gives a comprehensive, system and in-depth introduction, analysis and outlook of Chinese banking industry from multi-dimensional and multi-level.

The report compilers are all from banking financial institutions and have a wealth of experience and solid research foundation. In the process of writing the report, a number of seminars were, at which the positioning, framework, style, layout and viewpoints of the report were repeatedly communicated and continuously improved. The experts organized by China Banking Association reviewed the report and strive to make sure the content of report is objective and comprehensive, the data are accurate and reliable, and the quality is at a high level. This report can serve as a professional reading material for the social public to understand the development and management of China's banking industry. It can also be used for reference by people concerned such as banking practitioners and researchers.

内容提要

2016年是"十三五"开局之年,也是供给侧结构性改革的攻坚之年。面对错综复杂的国内外经济金融环境,中国银行业坚持稳中求进总基调,主动对接国家战略,大力支持经济社会重点领域和民生工程建设,稳步推进改革转型,切实加强全面风险管控,积极应对多重挑战,实现了"十三五"良好开局。

一、内外部环境趋于改善,银行业总体稳健运行

2016年,世界经济复苏依然缓慢,国际金融市场波动加剧。发达国家经济低增长、发展中国家放缓的态势未变。中国经济运行总体平稳,全年GDP增长6.7%。货币政策总体稳健,监管效能稳步提升。2017年,全球经济增速有望小幅提升,但潜在的政治、经济和地缘风险仍不容忽视。中国经济运行总体趋稳,全年GDP增速或将与2016年基本持平,供给侧改革将深入推进。货币政策将保持稳健中性,宏观审慎管理框架不断完善。监管政策将以推进供给侧结构性改革为主线,努力提升服务实体经济的质效,扎实推进重点领域风险防控。

2016年,中国银行业总体保持稳健发展。2016年末,商业银行资产负债规模同比分别增长16.6%和16.86%;净息差2.22%,较2015年下降0.32个百分点;全年累计实现净利润16490亿元,同比增长3.54%,增速较2015年上升1.11个百分点。2017年和2018年,中国银行业经营将总体稳健,资产负债规模将保持平稳增长,不良贷款率上升势头有望放缓,净息差仍将有所下降,但降幅收窄,净利润将保持平稳增长。

2016年,银行业市场结构进一步调整,大型银行市场份额继续小幅下降,中小银行市场份额稳步提升。民营银行陆续开业,并进入快速发展阶段。各类银行业金融机构在稳健经营中推进转型。2017年,银行业市场结构和机构布局将继续不断优化,各类机构有望继续保持稳健经营,行业差异化发展特征日益显著。

二、资产规模稳步增长,非信贷资产业务空间广阔

2016年,银行业资产规模稳步增长,贷款结构进一步优化。截至2016年末,商业银行总资产181.7万亿元,同比增长16.6%。公司贷款平稳增长,中长期贷款增速明显高于短期贷款,年末中长期贷款余额占比增至53.2%。小微企业贷款增速较快,部分产能过剩行业贷款增速显著放缓。个人贷款增长较快,个人购房贷款余额同比增长35%,

住房贷款加权平均利率稳中微降。2017年，随着"一带一路"、京津冀协同发展、长江经济带等国家战略的稳步推进，商业银行公司贷款业务将加快转型创新。受房地产政策收紧等因素影响，个人贷款业务可能回归平稳增长态势。

2016年，商业银行非信贷资产业务保持平稳发展。上市银行非信贷资产规模同比增长16.41%，在总资产中的占比平均为36.2%。中小银行非信贷资产业务增速明显快于大型商业银行，占比相对较高。投资类业务保持较快增长，占比稳步提高。买入返售业务增速总体放缓，占比持续下降。2017年，商业银行非信贷资产业务仍将保持平稳增长态势。但监管规范和引导等因素影响，买入返售等同业业务增速或将趋势性放缓，应收款项投资可能继续收缩。

三、存款业务平稳发展，非存款负债增速分化

2016年，商业银行负债规模稳步增长，负债结构有所调整。截至2016年末，商业银行总负债168.6万亿元，同比增长16.86%。各项存款平稳增长，存款结构基本稳定，存款活期化态势有所加强，非金融企业人民币存款增长较快。2017年，受经济增速放缓、货币政策转向、利率市场化深化等影响，银行存款业务竞争压力可能进一步加大。商业银行将通过创新存款产品、优化业务流程等举措，推动存款业务平稳发展，积极拓展低成本负债。

2016年，商业银行非存款负债业务总体保持平稳增长。其中，同业存款增速放缓，同业存单发行量和向央行借款规模大幅增加，二级资本债发行量继续下降。2017年，商业银行非存款负债业务将继续平稳发展，同业存单业务增速或将放缓。利率市场化趋势下，商业银行将在合规经营的前提下，积极调整负债结构，灵活运用多种非存款负债工具，丰富非存款负债业务品种类型，不断强化主动负债管理能力，同时做好专业人才队伍建设。

四、中间业务增速总体放缓，新型业务增速各异

2016年，商业银行中间业务增速放缓。主要上市银行手续费及佣金净收入同比增长7.3%，增速较2015年下降6.5个百分点。银行卡类业务与代理类业务继续保持较快增长。其中，银行卡类业务收入在传统中间业务收入中占比达43.8%，仍占据大头。结算类业务收入与担保承诺类业务收入及占比均出现不同程度下降。2017年，随着居民收入的稳步增长，金融市场规模和结构的不断扩大和丰富，传统中间业务将稳步增长。

2016年，商业银行新型中间业务总体保持平稳较快发展。主要上市银行投行类业务收入继续下降，托管类业务和理财业务发展较快，二者分别增长23.7%和21.4%。未来一个时期，商业银行通过投行业务支持民生基础设施建设、PPP等将迎来大量机会，财富管理及私人银行业务空间广阔。同时，商业银行在托管业务系统中对大数据和云计算

等金融科技的运用，也能降低成本，提升服务效率。新型中间业务有望逐步成为商业银行中间业务收入更重要的盈利增长点。

五、信用风险整体稳定，市场与流动性风险管理难度加大

2016年，商业银行信用风险形势整体稳定可控。商业银行资产质量基本稳定，不良贷款余额15122亿元，同比增加2378亿元；不良贷款率1.74%，同比提高0.07个百分点。风险抵补能力较强，资本充足率为13.28%，资本较为充足。拨备覆盖率尽管有所下降，但仍达176.4%。2017年，商业银行资产质量压力犹存，不良贷款可能继续小幅上升。商业银行将不断提升信贷资产管理能力，摸清风险底数，加大风险隐患排查力度，确保整体信用风险可控。

2016年，受国内外经济金融环境变化及利率汇率市场化的影响，商业银行市场风险和流动性风险压力加大。2016年第1~4季度，商业银行流动性比例分别为48.08%、48.14%、46.93%和47.55%，流动性水平整体稳健。2017年及未来一个时期，国内外形势依然复杂多变，利率汇率仍将波动，加之商业银行资产负债结构变化，商业银行市场与流动性风险管理难度可能持续增大。市场风险和流动性风险可能相互交织、相互影响，对银行全面风险管理带来新的挑战。

六、转型创新深入推进，运营效率稳步提升

2016年，银行业金融机构积极应对内外部经营环境变化，以转型创新推动发展方式及经营模式转变。国际化、综合化积极稳妥推进，事业部制改革、子公司制改革不断深化，银行内部经营管理效能得到提升，跨境跨业跨市场服务能力增强。公司业务、零售业务、金融市场业务及网点转型创新稳步推进。据不完全统计，2016年，银行业金融机构改造主要业务流程1.31万个，同比增长37.86%。

2017年，银行业金融机构将继续稳步推进体制机制改革和经营模式创新。公司金融业务将逐步向综合金融服务商转变，交易银行和投行业务日益成为公司金融业务转型创新的重要领域。零售业务将深耕客户关系管理，加强精准营销和个性化推荐，注重提升用户体验和服务效率。同业业务逐步回归流动性管理本源，理财业务回归资产管理本质，投资类业务注重提高交易型业务收入。网点社区化、特色化、智能化将是未来发展趋势。

七、聚焦行业热点，展望未来发展趋势

投贷联动业务试点启动是商业银行探索综合化经营的业务模式创新，也是实现金融供给侧改革的突破口。随着PPP制度的完善、项目科学性和可操作性的增强，PPP将进入重要发展机遇期。互联网、大数据及区块链技术的快速发展，推动金融与科技深度融

合，改变了金融业生态格局，也对传统商业银行经营模式提出了挑战。银行表外业务正在受到严格的监管，这将推动商业银行不断改变表外理财的资产配置和业务管理模式。新形势下，商业银行不良资产处置将更趋"市场化、多元化、综合化"，除自主清收、批量转让、债务重组等传统处置方式外，不良资产证券化及市场化债转股等新的不良处置方式日益受到重视。供给侧改革对银行业提出了新要求，商业银行在服务供给侧结构性改革中仍然存在供给同质化、风控难度加大等挑战。银行业积极落实"三去一降一补"政策，同时大力推进自身供给侧改革，着力提升服务实体经济效率。

Summary

2016 is starting year of China's 13th Five Year Plan, but also the crucial year of supply – side structural reform. In the face of the complicated domestic and international economic and financial environment, China's banking industry insisted on the overall tone of seeking improvement in keeping stable, taking on national strategies proactively, strongly supporting the key economic and social areas and livelihood projects, steadily promoting the reform and transformation, effectively strengthening the overall risk control, as well as actively meeting multiple challenges, and finally made a good start of the 13th Five Year Plan.

I. The internal and external environment tended to improve; the overall operation of the banking industry was stable

In 2016, the world economic recovery was still slow, the international financial market volatility had intensified. The trend has not changed that developed countries continued the slow growth and developing countries slowed down. China's economy was running smoothly as a whole, with annual GDP growth of 6.7%. Monetary policy was overall sound, with the regulatory effectiveness steadily improved. In 2017, the global economic growth is expected to increase slightly, but the potential risks of political, economic and geopolitical cannot be ignored. China's economic will tend to overall stabilizing, with annual GDP growth maybe basically the same as in 2016, and supply – side reform will be further advanced. Monetary policy will remain stable and neutral; macro and prudent management framework will keep improving. Regulatory policy will take promoting the supply – side structural reform as the main line, and strive to enhance the quality of serving real economy, solidly promoting risk prevention and control in the key areas.

In 2016, China's banking industry as a whole maintained steady development. At the end of 2016, the scale of assets and liabilities of commercial banks increased by 16.6% and 16.86% respectively; the net interest margin was 2.22%, 0.32 percentage points lower than that of 2015; the annual net profit reached 1 649 billion Yuan, an increase of 3.54% year on year, 1.11 percentage points higher than in 2015. In 2017 and 2018, China's banking sector will be generally sound, asset – liability scale will maintain steady growth, the NPL growth rate is expected to slow down, net interest margin will continue to decline, but the decline room will be narrowed; net profit will maintain steady growth.

In 2016, the banking market structure experienced further adjustment; the large – scale banks' market share continued to decline slightly, and market share of small and medium – sized banks increased steadily. Private banks have opened successively and entered into the rapid development stage. All kinds of banking financial institutions have been promoting the transformation based on sound operation. In 2017, the banking market structure and institutional layout will continue to be optimized, all kinds of institutions are expected to continue to maintain sound operation, with industry differentiation and development characteristics increasingly marked.

II. Asset size grew steadily; space for non – credit assets business is broad

In 2016, the asset size of banking industry grew steadily and the loan structure was further optimized. As of the end of 2016, the total assets of commercial banks were 181.7 trillion Yuan, an increase of 16.6% year on year. With a smooth growth of corporate loans, medium and long – term loan growth was significantly higher than that of short – term loans; at the end of 2016, balance of medium and long – term loan accounted for 53.2% of total. Loans to small and micro enterprise grew fast while loans to some industry of overcapacity has slowed down significantly. Personal loans also grew rapidly, with the balance of individual house purchasing loans grew 35% year on year, weighted average interest rate of housing loans was down slightly in a steady trend. In 2017, with the steady implementation of national strategies such as the Belt and Road, Beijing – Tianjin – Hebei Coordinated Development, as well as Yangtze River Economic Belt, the commercial bank loan business will accelerate the transformation and innovation. Affected by factors including the policy tightening of real estate, the personal loan business may return to a steady growth trend.

In 2016, non – credit assets business of commercial banks kept steady development. Non – credit assets size of listed banks increased by 16.41% year on year, accounting for an average of 36.2% of total assets. At small and medium – sized banks, non – credit assets business growth was significantly faster than that of large commercial banks, and accounted for a relatively high proportion. Investment business maintained rapid growth, with a steady increase of proportion in total. Buying – back the sale of financial assets growth slowed down overall, with a steady decrease of proportion in total. In 2017, commercial bank non – credit assets business will maintain a steady growth trend. But influenced by factors including the regulatory standardization and guidance, growth of inter-bank business such as buy-back may show a trend of slowdown; receivables investment may continue to shrink.

III. Deposit business developed smoothly; growth of non-deposit debts differentiated

In 2016, the debt scale of commercial banks grew steadily and the structure of debt was adjusted to some extent. As of the end of 2016, the total liabilities of commercial banks were 168.6 trillion Yuan, an increase of 16.86% year on year. The deposit saw a steady growth and of which the structure was basically stable; more fixed time deposits were changed into current deposits; RMB deposits at non-financial firms grew fast. In 2017, affected by the economic slowdown, monetary policy shift, deepening of interest rate market marketization and so on, competition pressure for banks' deposit business may further increase. Commercial banks will promote the smooth development of deposit business by innovating deposit products, optimizing business processes and other initiatives to actively expand low-cost liabilities.

In 2016, the non-deposit liability business of commercial banks maintained a steady growth overall. Among them, the interbank deposit growth slowed down; negotiable certificate of deposit (NCD) and size of borrowing from the central bank increased substantially; circulation of the secondary capital debt continued to decline. In 2017, the non-deposit liability business of commercial banks will continue to develop steadily, and growth of NCD may slow down. Given the trend of interest rate marketization, the commercial banks will, under the premise of compliance management, actively adjust the debt structure, flexibly use of a variety of non-deposit liability instruments, enrich non-deposit liability business types, and constantly strengthen the active liability management capacity, while building professional talent team.

IV. Growth of intermediary business slowed down overall, new business growth rate varies

In 2016, commercial bank's intermediary business growth slowed. At major listed banks, net income from charges and commissions increased 7.3% year on year, down 6.5 percentage points from 2015. Bank card business and agency business continued a rapid growth, of which the bank card business income accounted for 43.8% of the traditional intermediate business income, still the larger contributor. Income and proportion of settlement business and guarantee commitment business both declined in varying degrees. In 2017, as the resident income will grow steadily, and the scale and structure of financial markets will continue to expand and enrich, the traditional intermediary business will grow steadily.

In 2016, the new intermediate business of commercial banks maintained a smooth and fast development. At major listed banks, investment banking business continued to decline; custody and wealth management business grew rapidly, up 23.7% and 21.4% respectively. For the next period, as commercial banks will usher in a lot of opportunities to support people's livelihood infrastructure construction through investment banking business, PPP and so on; the development space of wealth management and private banking business will be vast. At the same time, the application of financial technology, such as big data and cloud computing, in commercial banks' hosting business system can also reduce costs and improve service efficiency. The new intermediate business is expected to gradually become a more important profit growth point of commercial banks' intermediary business income.

V. The credit risk was stable overall; it's more difficult to manage market and liquidity risk

In 2016, the credit risk situation of commercial banks was stable and controllable as a whole. Their asset quality is basically stable; the balance of non-performing loans was 1 512.2 billion Yuan, an increase of 237.8 billion Yuan year on year; non-performing loan ratio was 1.74%, an increase of 0.07 percentage points year on year. Their ability of risk offset and compensation remained strong with a capital adequacy ratio of 13.28%, meaning capital is more adequate. Provision coverage was 176.4% although it declined in 2016. In 2017, commercial banks still face asset quality pressure, NPL may continue to rise slightly. Commercial banks will continue to enhance the credit asset management capacity, and find out the source of NPL, reinforcing the investigation on risk and hidden danger, to ensure the overall credit risk is controllable.

In 2016, affected by changes of domestic and international economic & financial environment and deepening of the interest rate & exchange rate marketization, commercial banks faced bigger pressure from market risk and liquidity risk. From Q1 to Q4 of 2016, the liquidity ratio of commercial banks were 48.08%, 48.14%, 46.93% and 47.55% respectively, and the overall liquidity level was stable. For 2017 and the next period, the situation at home and abroad will be still complex and volatile, the interest rate and exchange rate will continue to fluctuate, coupled with changes in the structure of assets and liabilities of commercial banks, the difficulty in managing market and liquidity risk for commercial banks may continue to increase. Market risk and liquidity risk may be intertwined and interact with each other, posing new challenges to the overall risk management.

VI. Transformation and innovation was promoted in – depth; operational efficiency increased steadily

In 2016, the banking financial institutions actively responded to changes in internal and external business environment, and promoted the changes in development mode and business model through transformation and innovation. Internationalization and integration was actively boosted; divisional system reform and subsidiary system reform was constantly deepening; banks' internal management efficiency has been improved, service capacity of cross – border, cross – sector and cross – market was enhanced. Corporate banking, retail banking, financial market business and banking outlets transformation & innovation was boosted steadily. According to an incomplete statistics, the banking financial institutions transformed 13.1 thousands major business processes in 2016, an increase of 37.86%.

In 2017, the banking financial institutions will continue to steadily promote the reform of institutional mechanisms and business model innovation. The corporate banking will gradually be changed to comprehensive financial services; transactional banking and investment banking business will increasingly become an important area of corporate banking transformation and innovation. The retail banking will focus on deepening customer relationship management, strengthening the precise marketing and personalized recommendation, and paying attention to enhance the user experience and service efficiency. The interbank business will gradually return to the origin of liquidity management; wealth management will return to the nature of asset management; investment business will focus on improving the transactional business income. Communitization, specialization and intellectualization of banking outlets will be the future development trend.

VII. Focusing on industry hot spots, look ahead to the future development trend

Pilot of Investment – loan Linkage is a business model innovation by commercial banks to explore the comprehensive operation, and also a breakthrough point to complete the supply – side reform of financial industry. With the improvement of the PPP system and the enhanced scientificity and operability of projects, PPP will enter an important development opportunity period. The rapid development of Internet, big data and blockchain technology is promoting the deep integration of finance and technology, changing the ecological landscape of the financial industry, but also bringing challenges to bank's traditional business model. Bank's off – balance sheet business is being strictly regulated, which will prompt the commercial banks to continuously change the asset allocation and business management model of off – balance wealth management business. Under the new situation, the disposal of non – performing assets of commercial banks will become more market – oriented, diversified and comprehensive. In addition to the traditional disposal methods such as independent collection, batch transfer and debt restructuring, new ways including non – performing assets securitization and market – oriented debt – to – equity swap will gain increasing attention. The supply – side reform has brought new requirements to the banking industry, and the commercial banks still face challenges such as homogeneity of supply and the increased difficulty of risk control in the structural reform of the service supply – side. The banking industry will actively carry out the task of de – capacity, de – stocking, de – leveraging, cost reducing and improving weak links, while vigorously promoting its own supply – side reform, making great efforts to enhance the efficiency in serving the real economy.

目录

一、总体运行篇

第一章 行业经营环境趋于改善 　　3
一、全球经济增速小幅提升 　　3
二、中国经济稳中向好 　　5
三、2017年货币政策稳健中性 　　8
四、监管多措并举引领行业改革发展 　　9

第二章 行业经营态势总体良好 　　12
一、2016年行业经营态势良好 　　12
二、2017—2018年行业经营趋势稳健 　　16

第三章 行业结构持续调整和优化 　　19
一、银行业市场结构进一步调整 　　19
二、银行业机构布局进一步优化 　　20
三、各类机构在稳健经营中推进转型 　　21
专栏1 金融资产管理公司商业化改革转型深入推进 　　26
专栏2 新一轮银行业金融机构上市特点及其趋势 　　27

二、资产业务篇

第四章 公司贷款业务在结构调整中转型 　　33

一、公司贷款业务稳中有进　　33
　　二、公司贷款业务加快转型创新　　36

第五章　个人贷款业务发展步伐加快　　39
　　一、个人贷款业务快速增长中表现分化　　39
　　二、个人贷款业务将坚持稳中求进　　45

第六章　非信贷资产业务机遇与挑战并存　　47
　　一、非信贷资产业务占比小幅提升　　47
　　二、各类机构和各类非信贷资产业务出现分化　　48
　　三、非信贷资产业务将保持平稳增长　　51

三、负债业务篇

第七章　存款业务发展注重策略创新　　55
　　一、本外币各项存款稳步增长　　55
　　二、企业人民币存款增长加快　　57
　　三、活期存款占比小幅回升　　59
　　四、住户外币存款占比上升　　60
　　五、2017年存款业务增长压力较大　　62
　　六、以创新保持存款业务稳健发展　　62

第八章　非存款负债业务灵活主动发展　　64
　　一、同业存单发行量大幅增加　　64
　　二、非存款负债稳步增长　　66
　　三、创新负债管理模式同时优化负债业务结构　　67

四、中间业务篇

第九章　传统中间业务仍是重要支撑　　71

一、中间业务对营业收入的贡献继续上升　　　　　　　　　　71
二、传统中间业务地位尚难撼动　　　　　　　　　　　　　72
三、各子类业务发展差异化明显　　　　　　　　　　　　　73
四、传统中间业务有望保持平稳增长　　　　　　　　　　　76

第十章　新型中间业务平稳较快发展　　　　　　　　　　77
一、业务总体保持较快发展　　　　　　　　　　　　　　　77
二、多层面呈现业务分化　　　　　　　　　　　　　　　　79
三、新型中间业务将成为重要盈利增长点　　　　　　　　　81
专栏3　严格监管下的银行收费业务转型　　　　　　　　　82

五、风险管理篇

第十一章　信用风险总体可控　　　　　　　　　　　　　　85
一、总体形势稳定可控　　　　　　　　　　　　　　　　　85
二、管理工具不断丰富　　　　　　　　　　　　　　　　　86
三、信用风险管控仍面临一定挑战　　　　　　　　　　　　88
专栏4　打击逃废债，防范和化解金融风险　　　　　　　　90

第十二章　市场与流动性风险管控力度持续加强　　　　　93
一、市场与流动性风险压力加大但总体可控　　　　　　　　93
二、不确定性较大条件下风险管理难度加大　　　　　　　　95

六、转型创新篇

第十三章　跨境跨业转型和体制改革深入推进　　　　　101
一、国际化程度不断提高　　　　　　　　　　　　　　　101
二、综合化经营持续推进　　　　　　　　　　　　　　　102
三、事业部制改革深入开展　　　　　　　　　　　　　　104
四、子公司制改革稳步实施　　　　　　　　　　　　　　105

第十四章　公司业务转型聚焦综合金融　　107

- 一、公司金融业务转型创新势在必行　　107
- 二、多层面积极推进公司金融业务转型　　107
- 三、投资银行业务转型创新稳步推进　　108
- 四、交易银行成为公司业务转型创新的新目标　　110

第十五章　零售业务转型创新亮点纷呈　　112

- 一、零售业务转型取得较大进展　　112
- 二、客户管理精细化水平显著提升　　114
- 三、渠道数字化趋势日益明显　　115
- 四、业务综合化程度稳步提高　　117

第十六章　金融市场业务转型创新稳步推进　　119

- 一、金融市场业务平稳发展　　119
- 二、同业业务注重合规发展与互联网转型　　120
- 三、投资类业务深度挖掘与广度拓展并重　　122
- 四、资管业务聚焦产品创新与机制优化　　124
- 五、金融市场业务将继续加快转型创新　　125
- 专栏5　商业银行规模增速放缓不等于"缩表"　　126

第十七章　"互联网+"背景下银行网点重定位　　128

- 一、"互联网+"推动银行重塑网点功能定位　　128
- 二、"互联网+"背景下银行网点转型创新趋势　　129

七、专题篇

专题1　供给侧结构性改革与银行业转型　　135

- 一、供给侧结构性改革对银行业提出新要求和新挑战　　135
- 二、银行业积极支持供给侧结构性改革　　137
- 三、商业银行大力推进自身供给侧结构性改革　　139

专题 2	**投贷联动业务分析与展望**	**140**
	一、投贷联动业务迎来历史性发展机遇	140
	二、投贷联动业务在探索中不断推进	141
	三、高度重视并稳妥审慎开展投贷联动业务	143

专题 3	**PPP 的机遇和银行参与策略**	**146**
	一、PPP 市场发展前景广阔	146
	二、PPP 给银行带来业务发展机遇	149
	三、商业银行多种形式积极审慎参与 PPP	150

专题 4	**金融科技挑战与商业银行应对**	**154**
	一、金融科技改变了金融业生态格局	154
	二、金融科技蓬勃发展	155
	三、金融科技同时带来机遇和挑战	157
	四、借助金融科技实现自身转型发展	158
	专栏6 商业银行应在区块链金融领域充当领跑者	160

专题 5	**表外业务监管加强对银行业的影响**	**162**
	一、表外理财纳入广义信贷将降低其增速	162
	二、表外风险管理新政重塑银行表外业务模式	163
	三、表外业务发展将更加注重风险管控	165

专题 6	**新形势下不良资产处置策略分析**	**167**
	一、不良资产处置方式日益多元化	167
	二、积极推进不良资产证券化	168
	三、稳步探索市场化债转股	171
	四、不良资产处置将在市场化实践中逐步完善	174

附 录	**行业大事记**	**175**

后 记		**181**

中国银行业发展报告
(2017)

一、总体运行篇

  2016年全球经济增速小幅回落。2017年世界经济仍存在较大不确定性，但可能总体上较2016年有所改善。全球贸易及投资温和回暖的势头有望持续。中国经济运行的内外部环境不确定性并未完全消除，但经济运行中积极因素逐步增多，供给侧改革深入推进，经济增速有望保持在合理区间。银行业金融机构积极适应经济"新常态"，稳健经营的同时不断推进转型发展。未来两年，我国银行业市场结构将进一步调整，布局进一步优化，各类机构将保持稳健运行。

第一章
行业经营环境趋于改善

2016年全球经济增速小幅回落。发达国家低增长，发展中国家增速放缓。2017年，全球经济有望小幅改善，但潜在的政治、经济风险仍不容忽视。中国经济运行中积极因素逐步增多，经济增长结构持续改善，财政政策更加积极，供给侧改革深入推进，经济运行有望总体平稳。2017年货币政策将保持稳健中性，资金成本中枢整体将有所抬升。经济运行的不确定性因素仍然较多，货币政策大幅收紧可能性较小。

一、全球经济增速小幅提升

2016年全球经济增速小幅回落。发达国家低增长，发展中国家增速放缓。但2016年底以来，主要经济体经贸活动回暖，国际经济及贸易流动周期性回暖，大宗商品价格上涨。这主要得益于美国经济持续复苏以及中国经济稳中向好带来的需求改善。尽管如此，贸易保护主义抬头、政治事件干扰及政策风险仍使全球经济环境面临巨大的不确定性。

1. 全球经济回暖

2017年以来，世界经济稳步复苏，全球主要经济体经贸活动回暖，金融市场整体风险下降，稳定性增强。通胀预期也开始抬头。各国财政支出增加对世界经济复苏发挥了主要拉动作用。从拉动全球经济增长的主导力量来看，美国经济复苏及中国经济回暖仍然是本轮全球经济复苏背后的主要驱动力量。尽管世界经济开局良好，但对于2017年经济前景仍需要保持审慎乐观，潜在的政治、经济和地缘风险仍不容忽视，不确定性的主要来源包括美国政府的孤立主义和保护主义政策的落实状况，民粹主义对欧元区核心经济体选举的影响，以及英国脱欧谈判进程等。

2. 美国经济复苏持续

美国第一季度GDP环比折年率增长1.4%，经济增长好于预期。美国经济稳步复苏已经使得美联储于2017年3月和6月分别实施了年内的两次加息。目前市场预期2017年美联储还将有一次加息。随着终端消费需求改善，私人部门投资回暖，内生增长动力增强，预计第二季度之后经济增速将逐步回升。全年经济增长有望达到2%左右。但特朗普政府的政策组合是否能够切实提升美国的长期潜在增长率以及位于历史低点的自然利率仍存在不确定性（见图1–1）。

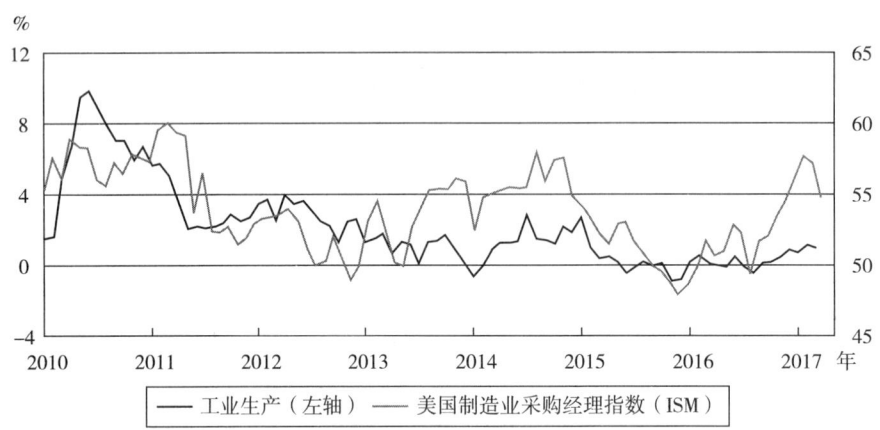

数据来源：美国制造业采购协会，汤森路透数据库。

图1-1 美国经济复苏持续

3. 欧元区经济周期性改善

欧元区第一季度GDP同比增长1.7%。随着制造业景气度提升、投资恢复性增长、消费零售回升，欧元区经济有望温和复苏。随着经济复苏及通胀水平的上升，欧洲央行货币政策或将边际收紧。尽管法国大选尘埃落定后欧洲政治不确定性下降，但经济结构不平衡、经济增长分化、债务问题、地缘政治等问题仍是其挥之不去的乌云，一定程度上或将拖累其复苏步伐。

4. 新兴经济体短期波动加大

2017年以来，新兴经济体的经济增长前景有所改善，但在美国步入加息周期和大宗商品价格波动较大的前景下，新兴经济体面临的外部风险和挑战不容忽视。2016年，不少新兴市场货币汇率都出现不同程度的贬值，随着美国步入加息周期，部分外债水平高企、外资参与度高的新兴市场国家货币汇率可能继续面临冲击。对于不存在巨额外债负担，但增长对信用扩张依赖大的经济体来说，美元强势以及美联储转向紧缩也意味着本国货币政策腾挪空间受到挤压。近期大宗商品市场进一步回暖，有助于新兴经济体中大宗商品出口国的经济增长。但全球经济增长不确定性犹存，加之贸易保护主义、民粹主义及地缘政治等影响，大宗商品价格未来回升的力度以及快慢依旧具有较大的不确定性，大宗商品价格的宽幅震荡依然不可避免，从而可能对新兴经济体的复苏态势造成影响。

尽管短期内不少新兴经济体面临一定的外部风险和冲击，但长期增长潜力仍然很大。相对于老龄化的发达经济体，大多数新兴经济体人口结构仍相对年轻，而且受教育水平和预期寿命均稳步改善。这意味着这些新兴经济体未来的增长潜力较大。随着增长日益转向国内需求驱动，新兴经济体的增长基础将不断强化。因此，尽管一段时期内新兴经济体仍可能面临多重挑战，但新兴经济体作为一个整体对全球经济增长将日益重要。

二、中国经济稳中向好

2016年中国经济运行缓中趋稳、稳中向好，实现了"十三五"良好开局。2017年经济运行中积极因素增多，财政政策更加积极，供给侧改革深入推进，经济增长有望保持在合理的区间内。

1. 经济运行保持平稳

2016年，GDP增速前低后高，全年增长6.7%。CPI同比增长2%，较2015年回升0.6个百分点；PPI在连续54个月同比负增长后于2016年9月首次转正。2017年，在补库存、出口回升等有利因素推动下，经济将继续保持平稳增长。

库存回补与基建加码确保投资稳定回升。PPI回升推动制造业补库存，制造业投资增速从2016年10月开始企稳并逐渐回升，2017年第一季度制造业投资同比增长5.8%。与此同时，PPP落地率不断提高，财政部还将推出第四批PPP项目库，基建投资有望保持较高增速（见图1-2）。

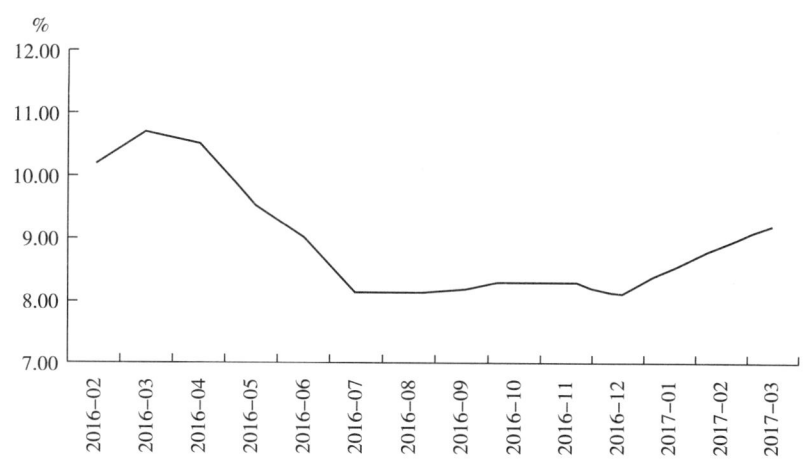

数据来源：万得资讯。

图1-2　固定资产投资完成额增速

收入改善推动消费增长。经济改善和生产扩张有利于扩大就业，改善居民收入，推动消费增长。2017年1—4月，全国新增城镇就业人口465万人，同比多增22万人。2017年第一季度，全国居民名义和实际人均可支配收入分别同比增长8.5%和7.0%，增速较上年全年分别提高0.1个和0.7个百分点。尽管汽车购置税优惠力度下降，但消费品整体保持稳定增长态势（见图1-3）。

外需回暖有望带动出口增长。2017年第一季度受益于外需回暖，以美元计价的出口

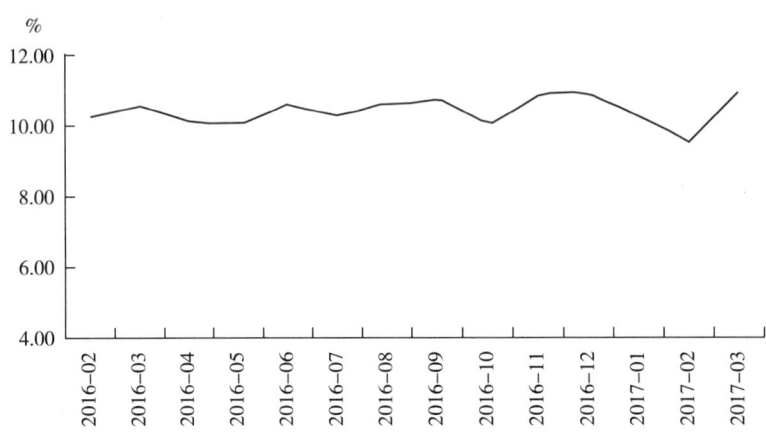

数据来源：万得资讯。

图 1-3 社会消费品零售总额增速

累计同比增长 8.2%，创最近两年的新高。2017 年世界经济增速有望小幅提升，全球经济回暖将带动外需持续回暖，并将进一步拉动中国出口增长（见图 1-4）。

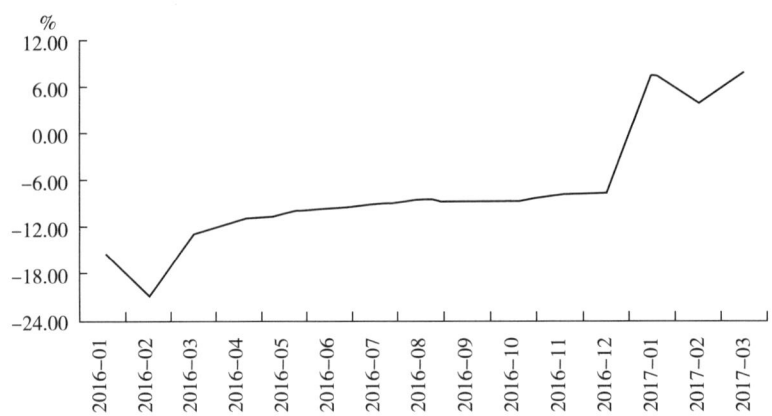

数据来源：万得资讯。

图 1-4 出口（以美元计）增速

2. 经济结构进一步优化

传统产业过剩有望缓解，新兴产业将继续保持较快增长。传统产业方面，传统产业经过长期产能压缩，大量中小生产者被淘汰出局，新增产能受到政策、环保、金融等诸多方面的限制，供给压力明显缓解。新兴产业方面，近期《"十三五"战略性新兴产业发展规划》正式出台，规划指出，到 2020 年我国战略性新兴产业增加值占国内生产总值比重达到 15%。2017 年新能源汽车、高端装备制造、通信、生物制药等相关产业投资项目的落地速度将明显加快，对经济增长的支撑作用预计将进一步增强。

上中游企业盈利将继续改善，下游企业成本预计会有所上升。尽管需求回暖推动绝大多数行业利润改善，但各行业受益程度显著差异。总体看，上游资源品行业（原油、煤炭）、中游制造业（钢铁、造纸、部分化工子行业）盈利状况改善更为明显，部分下游行业盈利则受挤压。2016年第四季度以来煤炭、钢铁等行业盈利大幅好转，印刷、金属制品、火电供应等行业受到成本上升的影响盈利状况明显恶化。

3. 供给侧改革深入推进

2017年是供给侧改革的深化之年，供给侧改革将实质推进，关键领域加快落地。一是继续深化"三去一降一补"五大任务。继续推动钢铁和煤炭去产能，并扩大至有色金属等过剩领域；去库存重点化解三、四线城市房地产库存，强化三、四线城市公共服务，提高三、四线城市与特大城市互通互联；降杠杆重点是降低企业杠杆率，推动市场化、法制化债转股，加大股权融资，加强企业债务约束；降成本主要是降低制度性交易成本，同时降低企业用能、用工、物流等成本；补短板方面，软硬发展短板并补，进一步推动精准扶贫、精准脱贫。二是强化农业供给侧改革。强化农产品质量监管，改革粮食补贴政策，消化政策性粮食库存，推动藏粮于地、藏粮于技战略加快落地；统筹推进农村土地征收、集体经营性建设用地入市、宅基地制度改革试点。三是以混合所有制为突破口深化国企改革。按照完善治理、强化激励、突出主业、提高效率的要求，在电力、石油、天然气、铁路、民航、电信、军工等领域迈出实质性步伐。加快推动国有资本投资、运营公司改革试点。四是深化财税和金融体制改革。推动中央与地方财政事权和支出责任划分改革，加快制订中央和地方收入划分总体方案，抓紧提出健全地方税体系方案，继续规范地方政府举债行为。推进金融监管体制改革，强化跨业监管，发展多层次资本市场，完善国有商业银行治理结构，推动民营银行发展。

4. 财政政策更加积极有为

2016年开始，财政政策在拉动经济增长中作用进一步强化。一是进一步扩大财政赤字规模。2017年将更加侧重财政托底经济增长，预计财政赤字率为3%，与2016年持平，由于经济总量增加，财政赤字预算规模为2.38万亿元，较上年提高2000亿元。如果出现经济下行压力加大，中央可能通过加大专项建设债等途径支持投资，而专项建设债等工具并不计入赤字。二是完成地方债置换，扩充地方财政实力。按照2015年确定的三年左右完成地方债务置换安排，2017年可能完成地方债务置换，置换规模在5万亿~6万亿元。同时，严肃地方举债纪律，地方政府将更多以设立政府性基金等方式支持当地经济发展。三是PPP成为投资重点。随着基本制度和运作机制完善，2016年进入执行阶段的项目比例不断提高，2017年PPP项目落地速度将加快，成为稳增长的重要力量。按照当前每月5400亿元新增入库项目测算，2017年底入库项目总投资额将达20万亿元，以15%执行率推算（截至2016年9月末为12.5%），拉动总投资额将达到3万亿元。四是金融业"营改增"政策不断完善。2016年金融业"营改增"后，为避免重复征税和提高社会融资成本，财政部先后两次"打补丁"，进一步完善了金融业营改增政策。2016年4月29日，财税〔2016〕46号文规定，质押式买入返售金融产品、政策性金融债券等利息收入免征增值税。2016年6月30日，财税〔2016〕70号文将同业存款、同业借款、同业代付、买断式回购、普通金融债、同业存单等列入增值税免征范围。金融业营改增政策的不断完善，有利于减轻金融业税负，避免金融机构将税负转嫁给实体经济。

三、2017年货币政策稳健中性

2016年货币政策边际上逐步偏紧，人民币各项贷款和广义货币（M_2）分别增长13.5%和11.3%，增速较2015年分别回落0.8个和2个百分点。当年新增社会融资17.8万亿元。考虑到地方债置换和表外融资规模急剧膨胀，2016年实际货币信贷仍处于较高水平。2017年货币政策将保持稳健中性，强调"调控好货币闸门"，预计资金成本中枢整体可能有所抬升。但考虑到当前经济回升基础仍有待夯实，经济面临的不确定性因素依然较多，货币政策大幅收紧可能性仍然较低。

1. 货币政策将优化工具组合，更多进行预调微调

2016年，除年初降准0.5个百分点外，央行主要通过逆回购、中期借贷便利（MLF）等广义再贷款工具释放流动性。随着经济形势变化，央行于2016年8月下旬和9月中旬先后重启14天和28天逆回购，通过收短放长逐步提高上游资金成本。

预计2017年央行将通过合理搭配政策工具组合，提高政策效率，确保经济稳健运行。一是管好流动性闸门。我国货币供应方式逐步走向多元化，因此，实现既定政策目标需要有效管理流动性闸门。预计央行将根据经济形势变化，平衡好量价关系，保持市场张力，既避免过度宽松，也避免过度收紧影响经济回升。二是优化工具期限搭配，更多进行微调。因长期融资工具资金成本高于短期工具成本，因此通过搭配调整流动性投放工具期限，可以达到微调市场利率的目标。2017年以来，央行继续通过缩短放长温和抬升资金成本，稳步推进防风险和降杠杆。三是完善利率走廊机制，引导市场预期。在实现有效监管的前提下，进一步提高利率走廊机制内资金可得性，提高MLF操作效率，有效发挥利率走廊上限作用。

2. 宏观审慎管理将进一步强化，稳步推进金融机构去杠杆

稳步推动金融机构去杠杆，引导资金脱虚向实，是货币政策的重要目标。一是完善宏观审慎监管（MPA）框架。将存款类机构表外业务纳入MPA考核范围；将同业存单逐步等同于同业负债监管考核；对MPA考核不合格的机构，参与央行MLF等操作将接受惩罚性利率，甚至取消一级交易商资格。二是形成大资管统一监管共识。人民银行会同"三会"正在搭建统一的资管业务监管框架，研究制定统一的资管业务标准规制，减少监管真空和套利，整顿金融秩序、防范金融风险。2017年或将成为大资管统一监管开局之年。三是限制资金跨市场无序流动。限制保险资金控股上市公司，严查保险公司虚增资本金等行为，限制银行理财资金以明股实债等形式参与地方平台融资和PPP项目。

3. 金融改革将进一步深化，改善货币政策传导机制

一是深化利率市场化改革。督促金融机构增强自主合理定价能力和提升风险管理水平，着力培育市场基准利率和收益率曲线，增强中央银行利率调控能力。二是扩大金融业竞争。继续降低金融业准入门槛，加快民营银行审批，扩大市场竞争，扩大金融供给，进而推动金融业让利实体经济。三是完善人民币汇率形成机制，完善针对外汇和资本流动的宏微观审慎政策框架。增强人民币汇率弹性，保持人民币汇率在合理均衡水平上的基本稳定，避免汇率波动对货币政策操作形成掣肘。

四、监管多措并举引领行业改革发展

面对复杂的国内外经济金融形势，中国银监会严格依法监管、强化制度引领，有力推动了银行业的改革发展。2016年，银监会在防范化解金融风险、支持实体经济发展、推进银行业改革等方面出台了多项监管政策，进一步完善了监管制度，明确了监管重点，提升了监管效率。2017年，银监会将以坚守不发生系统性风险为底线，继续推动商业银行发挥在促改革、稳增长、支持实体经济发展等方面的重要作用。

1. 防范和化解金融风险

一是加强商业银行信用风险管理。银监会陆续下发《关于加强票据业务监管促进票据市场健康发展的通知》、《关于进一步加强信用风险管理的通知》，并就《衍生工具交易对手违约风险资产计量规则（征求意见稿）》征求意见、制定《商业银行押品管理指引》，从票据业务、衍生工具资本计量、押品管理等方面有效防范和化解信用风险。

二是推动商业银行建立健全风险管理体系。银监会陆续发布《关于进一步加强银行业金融机构境外运营风险管理的通知》、《银行业金融机构全面风险管理指引》，就修订《商业银行表外业务风险管理指引》征求意见，全面提升我国银行业风险管理水平。

三是规范商业银行经营管理。银监会陆续发布《商业银行内部审计指引》、《关于规范商业银行代理销售业务的通知》、《关于银行业金融机构法律顾问工作的指导意见》，从提升内部审计的独立性和有效性、规范代理销售行为、完善法治建设等方面进一步规范商业银行经营管理。

四是促进互联网金融健康发展。银监会联合其他部委陆续发布《网络借贷信息中介结构业务活动管理暂行办法》、《电信网络新型违法犯罪案件冻结资金返还若干规定》和《P2P网络借贷风险专项整治工作实施方案》，全面加强对互联网金融的监督管理。

2. 加大服务实体经济力度

一是支持供给侧结构性改革。银监会发布《关于做好银行业金融机构债权人委员会有关工作的通知》、《关于钢铁煤炭行业化解过剩产能金融债权债务问题的若干意见》，要求银行业金融机构加强金融债权管理，继续给予钢铁煤炭行业信贷支持，鼓励开展并购重组。

二是支持地方经济发展。银监会联合其他部委印发《关于金融支持西藏经济社会发展的意见》、《河南省兰考县普惠金融改革试验区总体方案》，进一步推进西藏和兰考地区经济社会发展。

三是提升"三农"金融服务水平。银监会、国土资源部联合印发《农村集体经营性建设用地使用权抵押贷款管理暂行办法》，从多方面对集体经营性建设用地使用权抵押贷款业务的开展进行详细规定。

四是强化消费、养老等个人金融服务。银监会、央行联合发布《关于调整个人住房贷款政策有关问题的通知》、《关于加大对新消费领域金融支持的指导意见》、起草《关于修改〈汽车贷款管理办法〉的决定（征求意见稿）》、《关于金融支持养老服务业加快发展的指导意见》，提出一系列金融支持消费、养老领域的细化政策措施。

3. 深入推进银行业改革开放和转型发展

一是启动投贷联动试点工作。2016年4月，银监会发布《关于支持银行业金融机构加大创新力度开展科创企业投贷联动试点的指导意见》。5月，银监会牵头召开投贷联动试点工作启动会，标志着投贷联动试点正式进入实施阶段。

二是加强民营银行监管。银监会稳步推进民营银行的设立工作。截至2016年底，银监会共批准筹建12家民营银行。2016年12月，银监会印发《关于民营银行监管的指导意见》，针对民营银行关联交易管理、股权管理、股东监管等重点领域提出监管要求。

三是稳妥有序开放银行卡清算市场。银监会陆续发布《银行卡清算机构管理办法》和《关于促进银行卡清算市场健康发展的意见》，推动构建多层次、可持续的银行卡清算服务体系。

4. 金融监管能效进一步提升

2017年以来，监管部门陆续开展"三违反"、"三套利"、"四不当"专项治理工作，全面整治金融乱象，进一步防控金融风险。3月28日，银监会下发《关于开展银行业"违法、违规、违章"行为专项治理工作的通知》，促使银行业金融机构进一步深化合规文化建设，筑牢依法依章经营的制度基础和制度保障。3月29日，银监会下发《关于开展银行业"监管套利、空转套利、关联套利"专项治理工作的通知》，针对银行同业业务、投资业务、理财业务等跨市场、跨行业交叉性金融业务中存在的杠杆高、嵌套多、套利多等问题进行专项整治。4月6日，银监会下发《关于开展银行业"不当创新、不当交易、不当激励、不当收费"专项治理工作的通知》，对银行"四不当"现象进行专项治理。

总体来看，2017年，银监会将重点围绕服务实体经济、防控重点领域风险、推进银行业改革开放、提升监管能力四个方面强化金融监管。

一是切实提升服务实体经济质效。以推进供给侧结构性改革为主线，提升服务实体经济的质量和效率。着力支持农业供给侧结构性改革，完善小微企业金融服务，支持补短板。切实发挥债权人委员会作用，支持去产能。着力优化贷款结构，坚持有保有压的差异化信贷政策，支持去库存。鼓励优质企业稳妥开展市场化债转股工作，支持去杠杆。继续加强服务价格管理，支持降成本。

二是扎实推进重点领域风险防控。以坚守不发生系统性风险为底线，加大七大重点领域风险防控力度：严控不良贷款风险，严盯流动性风险，严管交叉性金融风险，严防地方政府融资平台贷款风险，严治互联网金融风险，严处非法集资风险，防范外部冲击风险。

三是深入推进银行业改革开放。重点围绕"本源导向、问题导向、风险导向、效果导向"四个导向，深化体制机制改革。深入推进公司治理改革，加快建设有中国特色银行公司治理体制机制。加快推进绩效考评改革，及时整治和纠正各类不合理考核行为。着力推进农村金融改革，积极稳妥组建农村商业银行，稳妥推进省联社去行政化和履职规范化，组织开展村镇银行投资管理模式试点。持续深化普惠金融机制改革，完善普惠金融发展机制和指标统计、考核评估体系；继续引导和支持商业银行设立普惠金融事业部，支持条件成熟的银行进行小微企业信贷子公司改革。扩大银行业对内对外开放，进一步推动民间资本进入银行业；支持中资银行在重点区域完善机构布局，同时支持符合条件的外国银行来华设立机构、开展业务。

四是全面提升监管能力。强化规制监管，加强内部规章制度建设。强化法人监管，落实"两会一层"风控责任、银行业金融机构总行（总部）负责人合规管理职责、属地监管主体责任。强化行为监管，将行为监管的内容融入日常经营管理和监管工作中。强化联动监管，从部委联动、地方联动、跨境联动等方面提升监管效率。强化监管处罚，开展监管套利、空转套利、关联套利的"三套利"专项整治，坚持将处罚结果与市场准入、履职评价、监管评级等监管措施挂钩。

第二章
行业经营态势总体良好

2016年，中国银行业总体保持稳健发展的良好态势。资产负债规模平稳增长，净利润增速小幅回升，不良贷款双升势头减缓。未来两年，我国经济仍将处于转型发展期，经济运行总体趋稳，银行业有望保持平稳增长。贷款不良率上升势头有望持续放缓，净息差仍面临挑战但可能接近底部，非息业务收入贡献度将显著提升。

一、2016年行业经营态势良好

1. 资产和负债规模继续保持平稳增长

2016年末我国银行业金融机构总资产、总负债规模达到232.3万亿元和214.8万亿元，较2015年末增长15.8%和16.04%。商业银行总资产、总负债规模分别为181.7万亿元和168.6万亿元，较2015年末增长16.6%和16.9%，增速较2015年分别上升1.0个和1.5个百分点。其中，大型商业银行规模增长平稳，资产、负债规模分别增长10.8%和11.0%。股份制银行资产、负债规模分别增长17.5%和17.7%，城市商业银行资产、负债规模分别增长24.52%和24.96%。

2016年银行业金融机构总资产占国内生产总值比重达312%，较2015年上升23个百分点，较2008年上升115个百分点，银行业在中国经济转型发展中的地位进一步强化（见图2-1）。

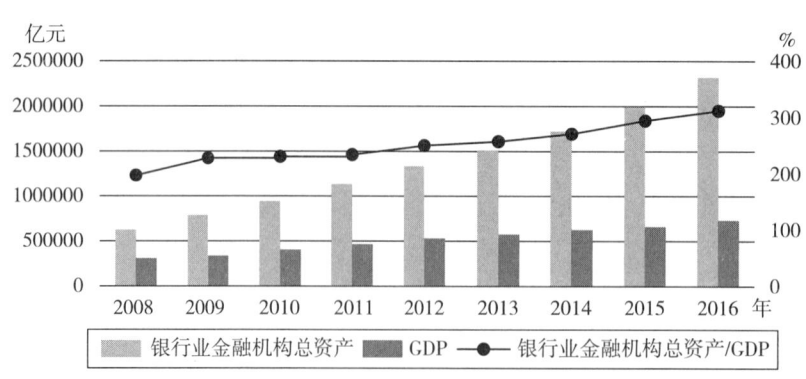

数据来源：中国银监会，国家统计局。

图2-1 银行业金融机构总资产与国内生产总值对比

2. 净利润增速有所回升，但 ROA、ROE 等盈利指标小幅下降

2016年商业银行累计实现净利润16490亿元，同比增长3.5%，增速较2015年上升1.1个百分点。但ROA、ROE等盈利指标小幅下降。2016年，商业银行ROA、ROE分别为0.98%和13.38%，较2015年分别下降0.1个和1.6个百分点（见图2-2）。

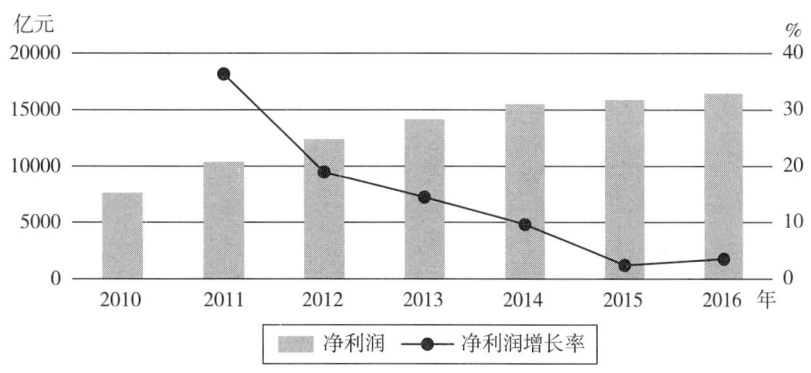

数据来源：中国银监会。

图2-2 商业银行净利润及增速

净息差持续下降和成本收入比小幅抬升是商业银行净利润增速相对较慢的主要原因。2016年末，我国商业银行净息差2.22%，较2015年下降32个基点。主要原因：一是受实体经济贷款需求放缓及存量贷款利率重定价影响，2016年贷款利率整体有所下降，虽然存款利率也有一定程度下降，但降幅明显小于贷款利率，存贷款利率的不对称调整使得利差下降。二是同业业务增长迅速，占比不断提升，而受多种因素影响，同业利差持续收窄，一定程度上拉低了总体净息差（见图2-3）。

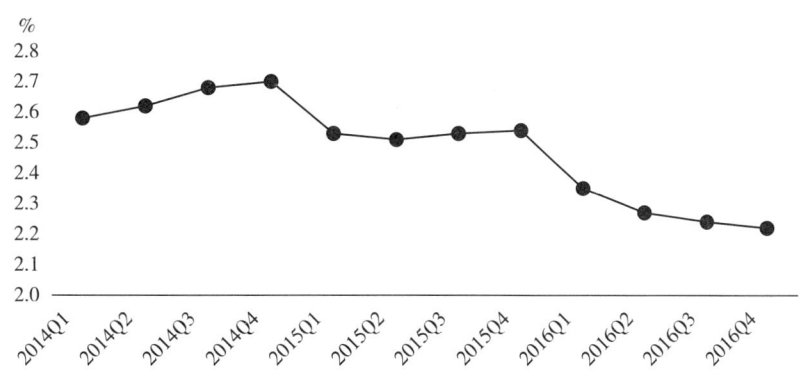

数据来源：中国银监会。

图2-3 商业银行净息差走势

2016年末，中国商业银行成本收入比为31.11%，较2015年上升0.62个百分点。

在"轻型银行"战略导向下,我国商业银行的主营业务正在从成本费用节约型的大中型企业贷款业务转向理财、资管、投资银行等智力密集型业务,一定程度上加大商业银行费用支出压力。较之国际同业,我国银行成本收入比已经较低,进一步下降的空间已经不大,未来却有逐步上升的可能(见图2-4)。

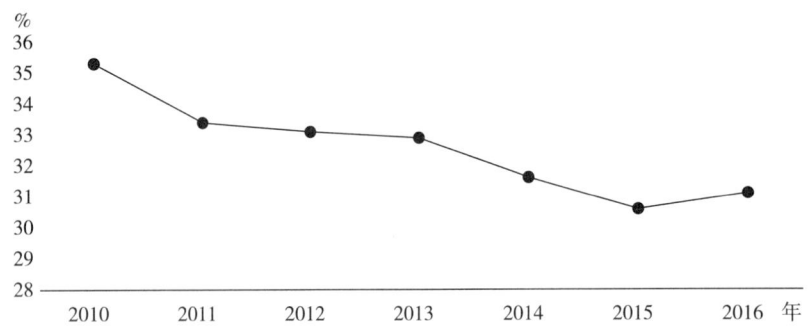

数据来源:中国银监会。

图2-4 商业银行成本收入比走势

3. 不良贷款"双升"势头减缓,拨备覆盖率降中趋稳

2016年末,商业银行不良贷款余额15122亿元,同比增加2378亿元。不良贷款率1.74%,同比提高0.07个百分点。其中,大型商业银行不良贷款余额为7761亿元,同比增长10.8%,增速较2015年下降0.4个百分点;不良贷款率为1.68%,较2015年末上升0.02个百分点。股份制商业银行不良贷款余额为3407亿元,同比增长34.3%,增速较2015年下降22.3个百分点,不良贷款率为1.74%,较2015年末上升0.2个百分点(见图2-5)。

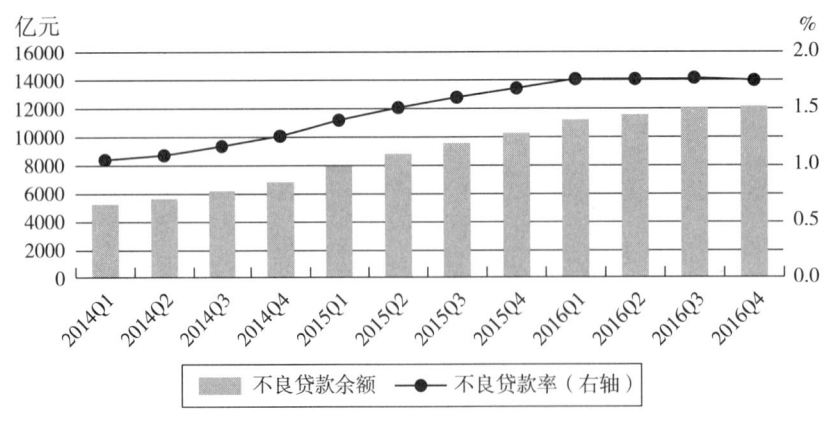

数据来源:中国银监会,国家统计局。

图2-5 商业银行不良贷款情况

商业银行不良贷款"双升"虽然有所减缓,但在经济结构调整的大背景下,仍然面临一定的上升压力。此外,商业银行关注类贷款余额与占比上升较快也是不良贷款上升的隐患。2016年末,商业银行关注贷款余额达到33524亿元,其占比在2016年前三个季度皆超过了4%,在2016年末才稍有下降至3.87%。在经济下行时期,关注类贷款向不良贷款迁徙率更高,不良资产规模上升压力犹存(见图2-6)。

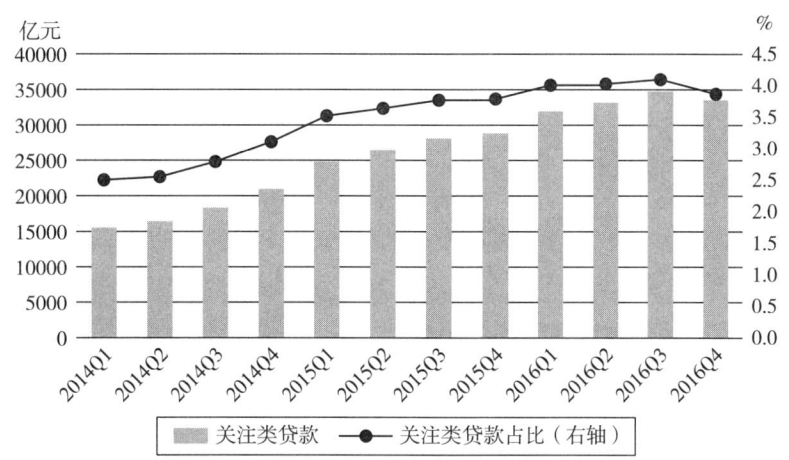

数据来源:中国银监会。

图2-6 商业银行关注类贷款情况

2016年末,商业银行拨备覆盖率为176.4%,较2015年末下降4.8个百分点。其中,大型商业银行拨备覆盖率为162.6%,较2015年末下降9.1个百分点;股份制商业银行拨备覆盖率为170.4%,较2015年末下降10.6个百分点。拨备覆盖率下行较为明显主要是因为我国经济增速放缓,商业银行盈利能力下降,叠加不良贷款上升的影响,造成了其拨备覆盖率的下降。

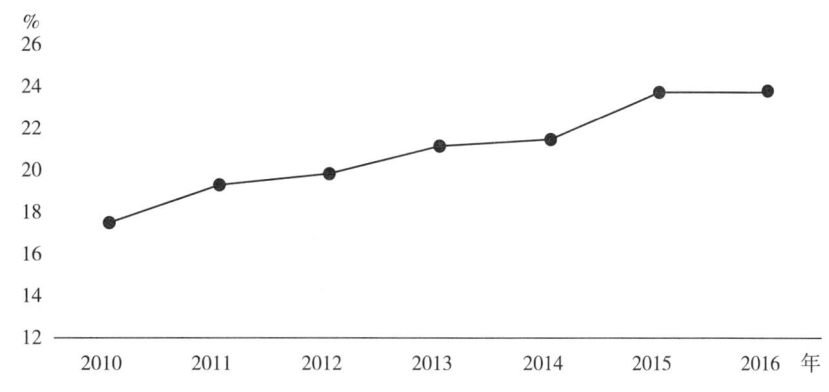

数据来源:中国银监会。

图2-7 商业银行非利息收入占比

4. 非利息收入占比稳步提高

2016年，商业银行非利息收入占比为23.8%，较2015年上升0.1个百分点，中间业务收入贡献度稳步提高。一方面，结算、担保承诺类等传统中间业务收入尽管增速放缓，但仍高于营业收入增速；另一方面，银行为开拓新的利润增长点，理财、托管等新型中间业务收入保持较快增长（见图2-7）。

二、2017—2018年行业经营趋势稳健

2017—2018年，我国经济运行将总体稳健，但仍存在一些深层次的矛盾和问题。在此背景下，银行业将依然面临经营环境深刻变化的考验，但随着改革转型稳步推进及适应能力持续增强，银行业仍将保持稳健发展。

1. 规模继续保持10%左右的增长

货币供应量、社会融资规模是银行规模增长的基础和重要决定因素。未来，我国货币供应量将平稳增长。根据对银行规模与货币供应量、社会融资规模的关系估计，并适当考虑行业结构等其他因素的影响，预计2017—2018年商业银行的资产规模和负债规模增速将保持在10%左右。此外，中小银行股改上市的步伐将继续推进，也将进一步壮大上市银行的规模。

2. 不良贷款率上升势头放缓

2016年，上市银行不良贷款双升势头已有所放缓，部分银行的不良贷款率已开始稳定甚至有所下降。从上市公司的利息保障倍数是否小于1、不良贷款率+关注类贷款率的变动以及上市银行股价与盈利偏离度测算出的潜在不良率走势看，我国银行业前期积累的不良资产得到了较大程度释放。不良贷款率呈现边际改善的迹象，新发生不良贷款率（新发生不良贷款/全部贷款）将与2016年保持相似的水平。同时，银行在不良贷款管理和化解上积累了更丰富的经验，加之资产证券化、债转股等市场化处置方式得到不断应用，不良贷款率上升势头将放缓。预计2017—2018年我国商业银行不良贷款率总体保持平稳。

3. 净息差有可能接近底部，利息收入仍面临挑战

2016年，上市银行息差继续下降，主要是受存量贷款重定价、实体经济需求乏力导致新增贷款收益率下行以及同业利差持续收窄等因素影响。2017—2018年，存量贷款重定价的影响已较小，随着我国经济运行稳中向好，实体经济信贷需求将保持平稳增长，生息资产收益率有望提升。此外，银行也在积极进行战略调整、改善净息差状况，比如将信贷资源投入到高收益的中小企业以及个人业务上，并积极吸收成本较低的活期存款。总体而言，2017—2018年，我国商业银行净息差仍将有所下降，但速度将明显放缓。

4. 非息业务收入贡献度稳中有升

2016年，上市银行的非息业务收入贡献度显著提升，这一方面得益于自身业务的快速增长，另一方面则是由于息差收入的下降。2017—2018年，商业银行中间业务收入有望保持平稳增长，考虑到商业银行息差收入增长仍面临挑战，预计2017—2018年上市银行的非息收入贡献度将站稳30%台阶。

5. 成本收入比面临长期拐点

近年来，上市银行成本收入比不断下降，主要有以下两个原因：一是营收增长乏力的情况下，商业银行不断压缩成本，以保持盈利稳定；二是信息技术的发展为改善成本效率创造了更好的条件。2016年，成本收入比下降的趋势明显放缓。2017—2018年，我国商业银行的成本收入比或将轻微下降，这仍将更多地体现在成本控制及信息技术快速发展背景下的各项费用节约上。但中长期来看，成本收入比会出现一定程度的上升，这是由于随着利率市场化向纵深推进，市场上对职业化管理人才和专业化业务人才的争夺日益激烈，激励机制将更趋市场化；同时，监管要求趋严，将迫使银行增加战略性费用和合规方面的投入。从国际经验来看，欧洲、美国、日本等国家领先大型银行的成本收入比一般在60%左右的水平（见表2-1）。

表2-1　2016年G-SIBs（全球系统重要性银行）成本收入比情况

	C/I
巴克莱银行	76.3
汇丰控股	83.0
渣打银行	73.0
瑞士银行	85.8
三菱日联金融集团	69.6
三井住友金融集团	65.6
瑞穗金融集团	68.6
摩根大通	57.6
富国银行	58.5
美国银行	65.0
花旗集团	59.6
高盛集团	63.3
摩根士丹利	73.0
荷兰国际集团	61.0
平均	68.6

数据来源：中国银行业发展报告课题组根据各行年报整理。

6. 净利润增速基本稳定

2017—2018年，银行净利润增长依然面临两大问题：一是营收能力面临挑战；二是信用成本持续增加。在营收方面，净息差仍将小幅下降，虽然规模稳健增长可以一定程度上实现"以量补价"，但息差收入增长依然乏力。非息收入虽然增长较快，但如果扣除掉保险等其他业务收入相应带来的"其他业务成本"，净收入可能仅保持个位数增长。在信用成本方面，上市银行不良贷款规模将持续上升，如果维持拨备覆盖率150%的水平，需要计提的拨备也在增加，一定程度上可能影响银行的利润增长。综合考虑，预计2017—2018年银行业整体净利润增速将与2016年基本持平。

第三章
行业结构持续调整和优化

2016年,银行业市场结构不断调整优化。大型商业银行的市场份额有所下降,中小银行发展迅速,民营银行步入快速发展阶段。银行业机构区域性战略布局进一步优化,海外布局进一步完善,线下线上布局协同效应进一步增强。2017年银行业金融机构仍将保持稳健运行,服务实体经济的质效将进一步提高。

一、银行业市场结构进一步调整

1. 市场主体格局持续调整,行业竞争逐渐激烈

2016年,银行业市场结构不断调整优化。大型商业银行的市场份额仍有所下降,中小银行发展迅速,市场份额逐年提升。2017年第一季度,从资产总额占比来看,大型商业银行的市场份额占比37.57%,较2015年末下降1.03个百分点;股份制商业银行占比18.4%,较2015年末下降0.09个百分点;城市商业银行占比12.27%,较2015年末增加0.85个百分点;农村金融机构占比13.17%,较2015年末增加0.12个百分点(农村金融机构包括农村商业银行、农村合作银行、农村信用社和新型农村金融机构);其他类金融机构占比18.59%,较2015年末增加0.16个百分点(其他金融机构包括政策性银行及国家开发银行、民营银行、外资银行、非银行金融机构和邮政储蓄银行)。各类银行金融机构资产总额占比见图3-1。

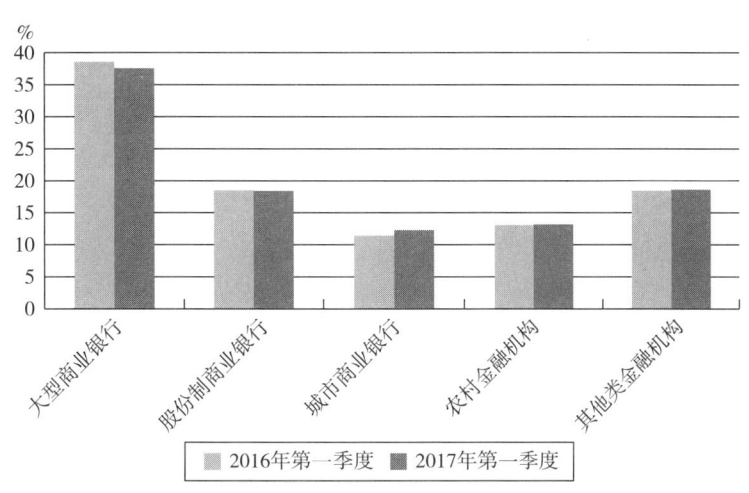

数据来源:中国银监会。

图3-1 各类银行金融机构资产总额占比

2. 民营银行陆续开业，进入快速发展阶段

2014年7月25日，银监会公布首批5家民营银行试点名单，正式启动了民营银行试点工作。截至2017年第二季度，银监会批准筹建的17家民营银行中，已有15家正式开业，辽宁振兴银行、安徽新安银行2家银行正在筹备开业中。民间资本进入金融业，对于动员社会资金进入实体经济，促进银行业市场结构多元化，激发市场竞争力具有重要意义。民营银行的试点，充分调动了民间资金的活力，有利于金融行业的不断发展，更利于破解中小企业、尤其是小微企业融资难的问题（见表3-1）。

表3-1　　　　　　　　　　17家民营银行第一股东及定位

名称	第一大股东	定位
深圳前海微众银行	腾讯	纯互联网银行
温州民商银行	正泰集团	中小微企业
天津金城银行	华北集团	中小企业融资
浙江网商银行	蚂蚁金服	纯互联网银行
上海华瑞银行	上海均瑶	自贸区金融改革、小微企业
重庆富民银行	瀚华金控	小微企业
四川新网银行	新希望集团	互联网银行
湖南三湘银行	三一集团	产业链金融
安徽新安银行	商翔集团	中小微企业
福建华通银行	永辉超市	"线上+线下"互联网银行
武汉众邦银行	卓尔控股	线上、线下交互模式运营
北京中关村银行	用友网络	扎根中关村，服务科创
江苏苏宁银行	苏宁云南	"科技驱动的O2O银行"线上线下高度融合
山东威海蓝海银行	威高集团	特存特贷、上下游产业链
辽宁振兴银行	荣盛中天	小微企业、社区经济
吉林亿联银行	中发金控	为生活随行的智能网络银行
梅州客商银行	宝丽华新能源	"三农"、小微企业、小区居民

数据来源：中国银行业发展报告课题组根据公开材料整理。

二、银行业机构布局进一步优化

2016年，银行业机构区域性战略布局进一步优化，海外布局进一步完善，线下线上布局协同效应进一步增强，服务实体经济效率稳步提升。

1. 区域性布局进一步优化，海外布局稳步发展

在国内区域发展战略中，处于京津冀、长江经济带、"一带一路"、自贸试验区等发展区域内的银行机构，紧紧抓住区域发展的契机，加大在本域内的营业机构布局力度。商业银行加快在"一带一路"沿线国家及主要国际金融中心、与中国往来密切的新兴市

场的机构筹设。在已设立机构的国家增加经营网点数量，有序推进下一级机构的设立，进一步完善全球服务网络，加大业务辐射力，海外机构布局稳步发展。

2. 网点线下线上协同布局，全面提高网点服务效率

线下持续优化物理网点布局，使其朝着轻型化、小型化、智能化的方向演变。根据投入产出测算，将一些老城区网点迁建至高新区、开发区、新建大型社区和城市综合体等新兴市场区域。加大普惠金融支持力度，扩大物理网点在大型社区、小微企业富集地、乡镇覆盖面，进一步下沉金融服务。在网点内部，以客户为中心优化功能布局，实行分区服务，实施网点智能化改造升级，推动智慧银行建设，投用智能柜员机。中国银行业协会数据显示，2016年银行业金融机构离柜交易达1777.14亿笔，较2015年增幅63.68%；离柜交易额达到了1522.54万亿元，行业平均离柜率达到了84.31%，比2015年增长了近7个百分点。

线上渠道布局与功能不断完善，手机银行、微信银行、网上银行业务爆发式增长，直销银行获得快速发展。全年网上银行交易849.92亿笔，较2015年增幅98.06%，网上银行个人客户数量为12.19亿户，较2015年增幅13.32%，企业户为0.27亿户，较2015年增幅31.71%。大型商业银行电子渠道替代率都在90%以上。

纯线上渠道进展良好。以特定平台为获客渠道和数据源，无线下网点、无营业柜台的纯粹网络银行获得良好进展。借助平台优势与核心互联网技术，互联网银行在服务效率及成本方面已经凸显出差异化优势。2016年底网商银行服务的小微企业数接近250万户，户均贷款额1.69万元，年底贷款余额较2015年增幅311%，不良率不到1%。

三、各类机构在稳健经营中推进转型

1. 政策性银行和中国邮政储蓄银行：积极服务国家战略

2016年，政策性银行认真贯彻落实党中央、国务院大政方针和各项决策部署，按照职能定位和业务范围，充分发挥逆周期调节作用，加大对经济社会重点领域和薄弱环节的支持力度，有效服务了国家战略。国家开发银行围绕服务国家战略精准发力，坚持有所为有所不为，倾力推进新型城镇化建设，支持棚户区改造、扶贫开发、国家重大工程包等领域，促进区域协调发展，支持产业转型升级，助力"一带一路"倡议实施，年末资产总额达到14万亿元，不良贷款率控制在1%以下，服务国家战略的能力进一步增强，开创了开发性金融发展的新局面。中国农业发展银行坚持服务发展、深化改革、加强管理、防控风险和带好队伍"五位一体"，秉承家国情怀，主动服务农业供给侧结构性改革，聚焦"三农"发展和重点领域、薄弱环节，坚持用服务脱贫攻坚统揽支农工作全局，全力服务国家粮食安全，创新支持农业现代化，大力支持城乡发展一体化和国家重点战略，各项工作取得新成效，实现了跨越式发展。全年累放贷款1.77万亿元，对"三农"领域净投放1.15万亿元，年末资产规模达到5.61万亿元，质量效益保持稳定，处于同业较好水平。中国进出口银行聚焦实体经济，大力推进供给侧结构性改革，积极服务国家战略，加大对"一带一路"建设、国际产能和装备制造合作和企业"走出去"的支持力度，大力落实"三去一降一补"，有效体现政策性定位和对商业性金融的引导作用，年末贷款余额较2015年增幅17%，表内贷款不良率和拨备覆盖率均优于商业银行平均水平，质量、规模、效益、结构和管理持续优化，服务国家战略和实体经济的水平不断提升，更好地促进了经济社会平稳健康发展。

2016年，中国邮政储蓄银行坚守大型零售银行的战略定位，主动适应经济发展新常态，深化改革、调整结构、严控风险，经营管理保持平稳发展。一是加快改革步伐，激发发展动能。按照改革初期明确的"股改—引战—上市"三步走计划，圆满完成H股发行上市，募集资金591.5亿港元，是近两年全球最大IPO项目，有效提升了公司治理水平；落实"中央一号"文件精神，成立"三农"金融事业部，奠定了"三农"金融服务进一步做大做强、做专做精的坚实基础。二是优化业务结构，增强服务实体经济能力。着力服务现代农业、民生领域和"双创"领域小微企业，推进零售金融业务转型；优先支持国家战略产业和新兴产业发展，快速拓展公司业务；创新金融市场业务模式，服务稳增长、调结构、惠民生、防风险大局。三是推进全面风险管理，积极构建内部评级体系和数据集市，提升风险量化管理水平与决策支持能力。推进内控体系建设，持续夯实内控管理基础。

2. 大型商业银行：稳健发展，积极应对全球经济金融波动

2016年，大型商业银行沉着应对内外部经济环境变化，以服务实体经济为己任，着力抓好业务发展、收入增长和风险管控，经营业绩平稳增长，转型发展呈现出诸多亮点。

坚守风险底线，在持续发展中夯实基础。持续加强风险防控，夯实资本基础、着眼可持续增长。资本状况以及不良贷款拨备情况良好，风险抵补能力进一步增强。强化集团管控，在重要领域和关键环节，进一步完善体制机制，推进经营管理更加精细化、专业化。

坚持业务转型，在市场竞争中实现新突破。积极支持"一带一路"倡议和"走出去"等国家重大战略，力推中国企业加快融入全球产业链、价值链。进一步强化个人金融的战略地位，加大对住房按揭贷款、信用卡分期以及消费贷款业务的资源投入。

紧扣时代发展脉搏，在科技变革中提升服务水平。以持续提升客户体验为目标，运用前沿技术和互联网思维，加大技术创新和商业模式创新，塑造竞争的新优势。智能柜台、手机银行不断提速，支付、资管、交易、融资四大产品线持续丰富，金融服务效率进一步提升。

截至2016年底，五家大型商业银行合计实现净利润9472.57亿元，较2015年增长1.46%。其中，工商银行净利润2791.06亿元，较2015年增长0.05%。农业银行净利润1840.60亿元，较2015年增长1.82%。中国银行净利润1840.51亿元，较2015年增长2.58%。建设银行净利润2323.89亿元，较2015年增长1.53%。交通银行净利润676.51亿元，较2015年增长1.69%。

3. 股份制商业银行：转型深化，探索新经营模式

2016年，股份制商业银行大力推进战略转型，走差异化、特色化经营之路；顺应金融科技发展，充分应用大数据、云计算、区块链、人工智能等创新技术，提升客户体验；不断强化风险防控，加强问题资产经营管理，总体保持平稳增长。

一是资产负债规模保持增长，市场份额稳步扩大。截至2016年末，股份制商业银行资产和负债总额分别为42.89万亿元和40.22万亿元，较2015年末增幅分别为17.23%和17.36%。资产端，贷款仍是占比最大的部分，资产的增长主要得益于投资类资产的大幅增加。负债端，存款仍是最主要的资金来源，已发行债券的大幅增长拉动了总负债的增长。股份制商业银行的资产总额占我国银行业金融机构的比例为18.96%，较2015年提高了0.13个百分点。

二是盈利增速放缓，非息占比持续提升。受经济增速放缓、重定价等因素影响，股份制商业银行盈利增速放缓。利息收入仍是主要收入来源，但在长期利率下行的环境下，股份制商业银行的净息差继续收窄。不过，随着各银行向轻资本、轻资产模式的转型深化，互联网金融布局加快以及不断探索新的盈利模式，股份制商业银行的非息业务发展势头突出，占比显著提高。

三是资产质量总体可控。2016年，股份制商业银行不良贷款余额为3407亿元，不良贷款率1.74%，较年初小幅上升。但拨备覆盖率和资本充足率分别为170.40%和11.62%，均处于国际同业良好水平。

4. 城市商业银行：立足本地，多措并举促发展

规模增速放缓，盈利能力承压。截至2016年底，我国城市商业银行总资产增速较2015年降低0.9个百分点，总负债增速较2015年降低了0.54个百分点。净息差不断收窄，使得城商行国内盈利能力和净利润增速持续下滑。截至2016年末，城市商业银行的资产利润率从年初的1.08%下滑至年末的0.88%。

不良贷款仍处于上升周期，风险整体可控。受经济下行等影响，城商行不良贷款余额和不良率小幅上升。截至2016年末，城商行不良贷款余额为1488亿元，较年初增加275亿元；贷款不良率1.51%，较年初上升0.11个百分点。拨备覆盖率为219.89%，较上年下降1.38%。

拓展综合金融服务实体经济。2016年，城市商业银行不断加大服务实体经济力度，一方面积极对接国家战略，利用国家战略带来的政策红利和机遇，整合自身各类业务和资源，逐步构建综合化金融服务体系，支持实体经济发展；另一方面，立足当地，深耕区域经济，抓住区域重点项目，开创多元化业务模式，提供多元化服务。

顺应大势打造"绿色银行"。2016年，城商行继续致力于打造"绿色银行"、从研发绿色金融产品及服务创新机制、重塑绿色信贷审核投放体系，培养绿色金融专业化团队等方面入手，在创新绿色中间业务、推进轻型化转型的同时，推动我国绿色经济发展。

科学定价资本负债管理提上议程。目前，各家城商行采取了更加差异化的定价策略，逐渐完善自身内部资金转移定价体系。未来，城商行的资本负债管理将被提上议程，城商行必将通过引入工具、开发系统建立规则来实现风险科学计量、成本有效分摊以及经济资本精准计算，形成与自身发展相适应的资产负债管理理念和体系。

聚焦核心业务突破困境。2016年，城商行回归本源，将核心业务作为战略重心，通过改革组织架构，整合内部资源，逐步夯实发展基础。进一步创新运作模式，推陈出新，以夯实核心业务突破发展困境。

多措施加快推动全面风险管理。伴随我国经济下行，城商行过去粗放式发展积累的风险隐患开始爆发，不良贷款持续双升，风险案件明显增多。目前，各家城商行已采取相应措施防控风险，部分城商行已明显控制住不良贷款上升态势。未来，城商行在进一步加强传统信贷风险管理的同时，将加快对操作性风险、市场性风险、流动性风险等的研究，构建相应的管理流程和政策制度，以形成完善的全面风险管理体系。

5. 农村金融机构：改革转型创新与抓实风险防控并举

2016年，农村金融机构围绕供给侧结构性改革，全力支农支小，深化普惠金融发展，抓实风险防控、创新转型和优化服务，用发展新理念破解"三农"新难题，助力补齐发展短板，助推农业现代化、农村产业融合和农民持续增收。

规模效益实现稳定增长。2016年末，资产总额29.9万亿元、负债总额27.7万亿元，较年初分别增长16.5%和16.7%，年末余额均占银行业的13.5%；全年实现净利润2449亿元，同比增长4%；资产利润率0.9%，资本利润率12%，总体保持较好水平。

普惠金融和基础服务持续深入，支农支小成效显著。全年承担了87%的基础金融服务和"村村通"任务，新设营业网点999个，新增便民服务点1.8万个。年末涉农贷款余额8.7万亿元，较2015年末增幅6.1%，小微企业贷款余额7.3万亿元，较2015年增幅12.3%，分别实现了总量持续增长和"三个不低于"的目标。

狠抓风险防控及处置，不良贷款实现双降。全年累计处置不良贷款3238亿元，创近5年来新高；132家监管评级四级以下的农村信用社改制组建为农商行，消化不良资产和历年亏损512亿元。年末资本充足率12.5%，比年初提高0.5个百分点，拨备覆盖率143.5%，比年初提高18.6个百分点，不良贷款余额和占比分别下降了36亿元和0.4个百分点，实现4年来首次双降。

农合机构股改稳步推进，村镇银行覆盖面扩大。全年新组建农商行256家，农商行总数达到1222家，资产和负债占农合机构比重双双突破70%，比年初上升28个百分点。全年新组建村镇银行142家，村镇银行总数达到1519家，县市覆盖面达到67.4%。

6. 外资银行：保持稳健经营，资产质量较高

2016年，在华外资银行整体经营稳健。截至2016年末，外资银行资产负债总额分别为2.93万亿元和2.56万亿元，同比分别增长9.19%和9.73%。净利润127亿元，较2015年末下降16%，降幅有所收窄。同时，在银行业整体信用风险继续承压的大背景下，外资银行严防新增风险，积极处置存量风险，不良贷款实现了"双降"。截至2016年底，外资银行不良贷款余额103亿元，较2015年末下降20%，不良贷款率0.93%，较2015年末下降0.22个百分点，低于商业银行整体水平。拨备覆盖率244%，较2015年末增加57个百分点，风险抵补能力保持较好水平。

外资银行渠道建设平稳有序推进。截至2016年末，外资法人银行和外国银行分行数量分别是39家和121家，数量基本稳定。外资银行营业性机构总数1031家，较2015年末略有减少。随着外资银行网点达到一定规模，外资银行网络管理重点逐步从扩张转变为提升网点经营效益，并关闭了部分经营效益相对较低的网点。

2017年将是多家在华外资银行实施法人化改制十周年的重要历史节点。为进一步深化改革开放，更好地发挥在华外资银行在"一带一路"倡议实施以及我国经济结构转型调整中的积极作用，2017年3月，银监会发布《关于外资银行开展部分业务有关事项的通知》，明确在华外资银行可以与母行集团开展内部业务协作，为"走出去"的企业在境外发债、上市、并购、融资等活动提供综合金融服务，发挥外资银行的全球化综合服务优势。按照中外一致原则，在华外资法人银行可依法投资境内银行业金融机构。同时，按照国务院简政放权要求，明确在华外资银行开展国债承销业务、财务顾问业务、大部分托管业务不需获得银监会的行政许可，采取事后报告制。上述政策将为外资银行带来新的发展动力。

7. 金融资产管理公司：积极发挥服务实体经济的独特功能

2016年四家金融资产管理公司基于自身优势，充分发挥"逆周期"金融救助和金融稳定器功能，有力地支持了以"三去一降一补"为重点的供给侧结构性改革，在服务实体经济方面发挥了独特优势。

2016年，华融以"创新+稳健"引领加大市场化转型发展，A股上市申请获得受理，并成功入选"中国企业500强""2016中国服务业企业500强"和"《财富》中国500强"。截至2016年末，华融总资产突破1.4万亿元，净资产突破1500亿元，实现归属公司股东的净利润196.1亿元，继续成为资产规模最大的金融资产管理公司。信达成功收购南洋商业银行，成为拥有银行、证券、保险、信托、金融租赁、期货等全牌照的综合化金融集团，经营业绩实现稳步提升。截至2016年末，信达总资产达到1.17万亿元，实现归属公司股东的净利润155.1亿元。东方致力于"资产管理+银保"双轮驱动的战略定位，顺利完成股份制改革，逐步建成为客户提供多元化、全价值链的领先的金融服务集团。截至2016年末，东方资产总额8233亿元，全年实现净利润89.5亿元。长城公司顺利完成股份制改革，并在积极拓展不良资产经营处置主业基础上，努力构建"大资管""大投行""大协同"的综合化金融集团。截至2016年末，长城表内外总资产规模接近7000亿元，净资产505亿元，实现拨备前利润155亿元。

2017年，四家金融资产管理公司将努力发挥集团综合化优势和协同优势，积极支持供给侧结构性改革和服务实体经济转型升级，不断加大化解金融风险力度，在推进经济健康发展和维护金融稳定中继续发挥"安全网"和"稳定器"的重要作用。

专栏1 金融资产管理公司商业化改革转型深入推进

1999年，为帮助国有企业脱困、支持商业银行改制和防范金融风险，我国成立华融、信达、长城和东方四家金融资产管理公司，顺利完成了1.4万亿元政策性不良资产处置任务。2006年，随着原有政策性处置任务的完成，四家金融资产管理公司开始探索商业化转型之路，并搭建了银行、证券、保险、信托、租赁等金融平台，在坚持做强做优不良资产主业的同时，逐步发展成为市场化、多元化、综合化、国际化的现代金融控股集团。

信达于2010年6月完成改制，并于2013年12月12日在香港联合交易所主板上市，成为我国首家登陆国际资本市场的金融资产管理公司。目前信达已经成为拥有金融全牌照的金融集团，可通过多元化业务平台，为客户提供全方位、差异化的综合金融服务。华融坚持"专业的资产经营管理者、优秀的综合金融服务商"的市场定位，顺利完成"五年三步走"发展战略，成为第二家在香港联合交易所主板上市的金融资产管理公司，并发展为中国资产规模最大的金融资产管理公司。目前华融已启动A股上市申请并被受理，未来将致力于打造"治理科学、管控有序、主业突出、综合经营、业绩优良"的一流资产管理公司。东方在积极探索资产管理、保险、银行、评级和海外业务等多领域业务的同时，依托不良资产管理和特殊机遇投资的核心能力，明确了专业资产管理和银行、保险的双轮驱动战略。东方在完成财务重组和股份制改造后，未来将努力打造业内领先的全价值链金融服务集团。长城完成股份制改革后，明确了以不良资产经营和第三方资产管理为核心构建"大资管"，以并购重组为核心构建"大投行"，实现全牌照综合金融服务的"大协同"，积极推进"大资管""大投行""大协同"三位一体的战略布局，未来将致力于打造具有国际影响的"百年金融老店"。

专栏2 新一轮银行业金融机构上市特点及其趋势

2016年是我国银行业金融机构上市的"大年",A股和H股共计新增11家中资上市银行。其中,A股新增8家上市银行,总数从16家扩容至24家;H股延续了过去三年的平稳发展态势,新增3家中资上市银行。值得注意的是,除在H股上市的中国邮储银行外,其余上市银行多为城商行、农商行等中小银行。因此,2016年又可以称为"中小银行上市年"。

1. A股银行上市迎来增长

2012年以后,中国股市IPO节奏显著放缓。A股市场在六年时间里未能迎来新的上市银行,城商行更是无缘A股长达近九年。2016年8月2日,江苏银行正式挂牌上市,成为A股第17家上市银行。贵阳银行、江阴银行、无锡银行、常熟银行、杭州银行、上海银行、吴江银行等紧随其后,纷纷登陆A股市场,也使得2016年A股上市银行数量从多年不变的16家跃增至24家。

从2016年8家A股新增上市银行的情况看,呈现四个显著特征:

一是类型大致平均。城商行、农商行各占半壁江山,但体量相差明显。从上市前的2015年末资产规模来看,城商行普遍较高,多的如江苏银行、上海银行均在万亿元以上,少的如贵阳银行也超过2000亿元。相比之下,农商行规模总体偏小,无锡银行、常熟银行都是刚跨越千亿元,吴江银行为700亿元出头。从2016年上市时募集资金规模来看,城商行方面,江苏银行和上海银行分别高达72.38亿元、104.5亿元;而四家农商行募集资金规模均低于10亿元,合计为33.88亿元。

二是地域分布不均。东部沿海地区占压倒性优势,但盈利能力反而是中西部银行更突出。A股新上市银行多集中于江浙沪长三角地区,表明这些东部地区银行机构的公司治理较为规范,达到了监管部门认可的上市要求。从盈利能力看,尽管贵阳银行是唯一一家来自中西部地区的上市银行,但在部分业绩指标上,却高于东部沿海地区的银行同业。2015年,在衡量盈利能力的净资产收益率(ROE)指标上,贵阳银行为26.3%,比其他七家银行高出至少10个百分点。除地方政府支持力度大外,中西部地区银行具有较强的贷款议价权也是一个重要原因。2015年,贵阳银行净息差虽比2014年的4.05%下滑43个基点至3.62%,但仍明显高于东部地方银行,特别是东部城商行。如2015年江苏银行净息差低至1.94%,这在一定程度上也折射出东部一、二线城市金融生态相对发达,银行业竞争较为激烈,同时企业议价能力也更强。

三是不同程度"缩量发行"。本轮A股上市银行IPO的实际发行股数远少于原计划发行股数,如江苏银行、上海银行等均采取了"减半发行"策略。上市银行缩减发行规模的主要原因,一方面是监管部门综合考虑近年来市场承受力、投资者信心等因素,为减少银行集中上市对二级市场可能造成的冲击,采取了"贴地发行"的审批模式;另一方面是部分银行认为IPO发行价在一定程度上受到管制,相对偏低,发行过多的股份反而划不来,等上市后可采取定向增发等再融资方式募集资金。此外,少数银行自行选择了"贴地发行"。

四是推迟发行较为普遍。由于早期已上市的国有银行和股份制商业银行市值较大,估值与其他上市板块相比较低,新上市银行即使按每股净资产确定发行价,对应市盈率也很有可能高于行业均值。2016年,除贵阳银行外,其余7家新上市银行均因发行价对应的2015年摊薄后市盈率高于同行业平均市盈率,触发了监管关于"拟定发行市盈率偏高的发行人在申购前三周连续提示风险"的规定,不得不将网上、网下申购时间推迟三周。

2. H股银行上市热度不减

近年来,中资银行在H股上市数量较为稳定地保持在2~3家。例如,2013年,重庆银行、徽商银行、光大银行赴香港上市;2014年,哈尔滨银行、盛京银行赴港上市;2015年12月,青岛银行、郑州银行、锦州银行几乎同步在H股上市。

2016年中资银行在H股上市数量同样为3家。3月,天津银行、浙商银行同时在H股上市,募集资金分别为74亿港元、116亿港元。9月28日,中国邮政储蓄银行在港交所主板正式挂牌,定价为每股4.76港元,扣除全球发售相关承销佣金及其他开支后,募集资金总额高达566.27亿港元,成为2016年全球最大IPO。

3. 2017年银行上市将保持较快增长

一是A股、H股上市齐头并进势头不会改变。H股上市的时效性和A股上市的高溢价将各具吸引力。A股方面,2017年1月29日,江苏张家港农商行在深圳证券交易所上市。截至2017年3月末,在22家排队等待上市的银行中,8家银行进入上市辅导阶段,9家银行的IPO申请处于受理状态;3家进入了"已反馈"阶段。H股方面,2017年1月,九台农商行已成功登陆H股。根据公开报道,恒丰银行、江西银行等均已提出了H股上市计划;2017年1月4日,广州农商行正式向港交所提交了上市申请。

二是H股上市银行回流A股意图明显。截至2017年3月末,多家在H股上市银行均表达了回归A股的意愿。其中,哈尔滨银行、徽商银行、青岛银行、郑州银行已经在A股排队;锦州银行、重庆银行、重庆农商行等已获得当地银监局批准发行A股;浙商银行也已公布了A股上市计划。在香港上市有助于银行获得更多国际专业机构投资者的关注和认同,两地上市则有利于完善上市银行股票的价值发现功能,有助于打造境内外双平台的融资渠道。

三是新三板有望推出转板机制并继续扩容。2017年2月，证监会主席刘士余在2017年全国证券期货监管工作会议上提到新三板定位问题时表示，新三板挂牌企业还需优化分层制度和方法，让一批创新能力强、诚实守信、市场前景好的企业，能够转板的就转板，不愿意转板的就在新三板里面绽放。深交所也发文表示，未来将深化创业板改革，推动新三板向创业板转板试点。允许转板无疑将进一步激励部分中小银行机构借道新三板进入资本市场。截至2016年末，新三板共有4家以吸收公众存款、发放贷款为主营业务的银行业存款类金融机构落户，分别为齐鲁银行、鹿城银行、客家银行和琼中农信。2017年1月，象山国民村镇银行拿到全国中小企业股转系统同意挂牌函。2017年2月，全国中小企业股转系统同意新疆喀什农商行拟挂牌，喀什农商行将成为在新三板挂牌的第一家农商行。此外，吉林榆树农村商业银行和天津华明村镇银行也正着手申请挂牌新三板。

二、资产业务篇

2016 年,商业银行资产业务继续在稳健发展中转型,业务结构进一步优化。公司贷款业务规模稳步提升,增速稳中放缓,行业投放结构更为合理;个人贷款业务在银行信贷规模中占比进一步提升,个人住房贷款受房地产市场火热影响增速大幅提高;非信贷资产业务继续保持较快增长,不同业务及不同银行非信贷资产业务出现分化。2017 年,随着供给侧结构性改革的持续深化和金融改革稳步推进,商业银行资产业务机遇和挑战并存。商业银行将紧密围绕支持实体经济的宗旨,有效把握客户需求变化,回归业务本源,动态摆布传统信贷业务和非信贷资产业务的平衡关系,聚焦普惠金融和新消费领域,打磨特色,切实提升金融服务的质量和效率。

第四章
公司贷款业务在结构调整中转型

2016年,银行业金融机构公司贷款业务规模继续扩大,但增速有所放缓。商业银行信贷结构不断优化,对小微企业信贷支持力度进一步加大,产能过剩行业信贷明显压缩。2017年,公司贷款业务机遇和挑战并存。商业银行公司贷款业务将在保持战略定力和聚焦业务核心的基础上进一步加强联动、打磨特色,发挥业务协同效应,形成差异化发展路径。

一、公司贷款业务稳中有进

1. 公司贷款仍是银行信贷主力,增速有所放缓

2016年末,金融机构本外币贷款余额112.1万亿元,同比增长12.8%。其中,对公贷款余额74.47万亿元,同比增长8.3%,增速较2015年下降了3个百分点。对公贷款占比为66.46%,同比下降2.75个百分点。票据融资和融资租赁的同比增速大大高于一般贷款增速,分别达到19.65%和24.43%。

2016年金融机构对非金融企业及机关团体的实际资金支持多于对公贷款披露数据,支持实体经济成效突出。2016年以来地方政府债务置换较多、不良资产核销处置力度较大,使得存量贷款减少,实际新增贷款被低估。从社会融资规模来看,企业债券融资、股票融资等直接融资方式对企业贷款的替代性进一步增强(见表4-1)。

表4-1　　　　银行业金融机构非金融企业及机关团体贷款结构表　　单位:万亿元,%

	2016年	2015年	增速
非金融企业及机关团体贷款	74.47	68.77	8.29
其中:公司贷款	67.18	62.67	7.20
票据融资	5.48	4.58	19.65
融资租赁	1.63	1.31	24.43
各项垫款	0.19	0.21	-9.52

数据来源:中国人民银行。

2. 短期贷款占比下降,中长期贷款占比上升

2016年末,对公短期贷款余额27.57万亿元,同比增长2.06%,对公中长期贷款余额39.61万亿元,同比增长11.1%。从期限上看,中长期贷款增速明显高于短期贷款增速,短期贷款占比持续下降,较上年末下降2.3个百分点,中长期贷款占比则逐渐提高，达到53.2%。而在经济下行和资产荒背景下，企业短期流动资金贷款需求下降，商业银行也更倾向于长期锁定优质项目贷款（见图4-1）。

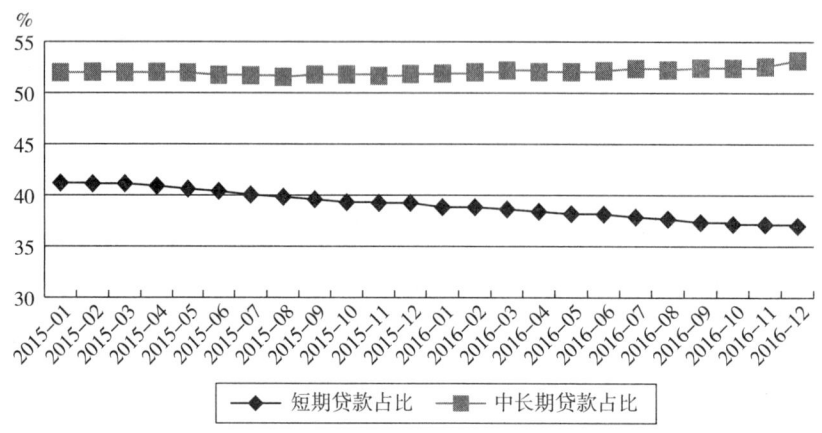

数据来源：中国人民银行。

图4-1　银行业金融机构对公贷款期限结构

3. 小微企业信贷支持力度进一步增大

商业银行积极加大对小微企业的支持力度，截至2016年末，全国小微企业贷款余额26.7万亿元，占各项贷款余额的24.07%，增速较各项贷款平均增速高0.78个百分点，贷款户数达到1361.1万户，较上年同期增加38.5万户，申贷获得率达到93.6%，较上年同期上升0.8个百分点。

从机构类型来看，国家大型银行均完成了"三个不低于"目标，充分发挥了服务小微企业的主力军作用。城商行和农商行坚持"立足当地、服务小微"的发展定位，小微企业贷款增速保持在20%以上，且占其各项贷款比重较高。从区域上分析，江苏、浙江、广东、山东、四川、上海等地小微企业贷款余额保持在全国前列水平（见表4-2）。

表4-2　　　　　　银行业金融机构小微企业贷款分机构情况表　　　　　单位：亿元，%

项目	小微企业贷款余额	占全国小微企业贷款余额的比重	占其各项贷款比重	较年初增量	同比增速
全国	267009	100	24.07	32411	13.82
政策性银行	28037	10.50	17.47	6889	32.58
国有大型银行	66483	24.90	15.41	6289	10.45
股份制银行	39194	14.68	20.30	948	2.48
城商行	45063	16.88	44.38	7848	21.09
农商行	49944	18.70	52.89	10714	27.31

数据来源：中国银监会。

4. 汇率和贸易因素导致外币对公贷款下降

截至 2016 年末,外币对公贷款余额 3776.14 亿美元,同比下降 18.52%。从趋势上看,外币对公贷款基本呈现逐月下降的态势。外币贷款萎缩的主要原因有两方面,一是受人民币对美元汇率贬值等影响,企业外币贷款的未来还款成本增加,人民币质押外汇贷款的利差空间缩小,导致企业不愿叙做外币贷款。二是全球经济低迷,进出口形势疲软,导致贸易融资需求下降(见图 4-2)。

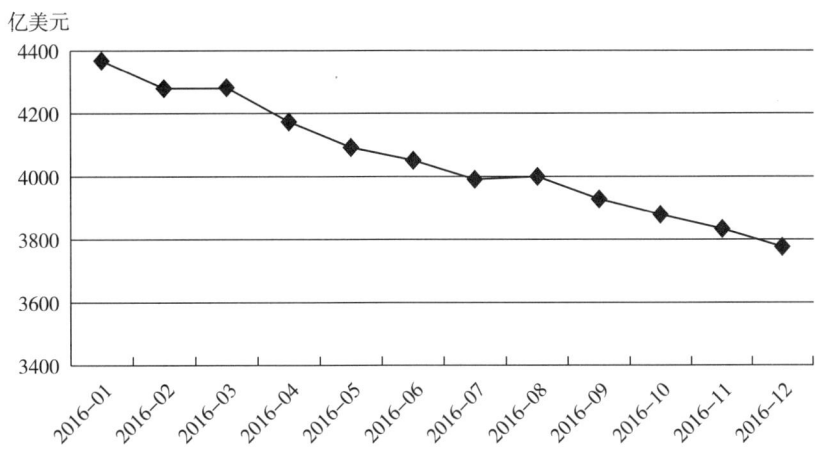

数据来源:中国人民银行。

图 4-2 银行业金融机构对公外汇贷款走势

5. 信贷结构不断优化,产能过剩行业信贷明显压缩

从 2016 年 A 股上市大型银行和股份制银行披露的分行业公司贷款情况分析,商业银行公司贷款在行业分布上主要集中在以下几个行业:制造业,交通运输、仓储和邮政业,电力、热力、燃气及水生产和供应业,租赁和商务服务业,批发和零售业,水利、环境和公共设施管理业,房地产业,采矿业,建筑业。与 2015 年相比,行业分布的情况总体没有发生大的变化,制造业仍然是占比最大的投放行业,采矿业在去产能的背景下占比明显缩小,房地产业随着行业风险逐渐加大投放力度也有所下降,新兴行业各行仍处于探索阶段。

6. 公司贷款资产质量总体可控

公司类贷款的资产质量总体可控,但部分行业、地区和企业的贷款不良率仍可能出现上升。公司贷款不良率继续上升受经济结构调整和产业结构升级等多重因素影响,部分企业资金紧张加剧,贸易类企业和传统产业中的中小企业经营困难。不良贷款增加比较多的行业是批发零售业和制造业。批发零售业不良贷款余额增加主要是受商贸市场供需结构未有实质性改善、商品流通和进出口贸易延续下行走势、社会消费品零售总额增速逐年下降等因素影响，批发零售业企业贷款违约增加。从区域上看，长三角地区不良贷款出现企稳迹象，而环渤海地区不良贷款仍在不断上升（见表4-3）。

表4-3　　　　　　　　　　　　公司类贷款不良率　　　　　　　　　　　单位：%

	2016年	2015年
中国工商银行	1.96	1.72
中国农业银行	3.52	3.30
中国建设银行	2.60	2.50
招商银行	2.92	2.28
中信银行	2.19	1.64
上海浦东发展银行	2.39	1.71
光大银行	1.99	2.10
平安银行	1.87	1.08

注：本表统计A股上市大型银行和股份制银行中披露相关数据的银行。
数据来源：各上市银行年报。

7. 贷款重心向薄弱环节倾斜，补短板效果显现

银行业金融机构加大对公租、廉租及棚户房贷款、经济适用住房开发贷款、农村危房改造贷款、游牧民定居工程贷款的支持力度，着力提升薄弱领域金融服务水平。截至2016年末，商业银行保障性安居工程贷款余额达到6074亿元，同比增长58.7%。

银行业金融机构积极贯彻五大发展理念，继续完善绿色信贷机制，逐步退出"两高一剩"产业，增加绿色信贷有效供给，为清洁能源、新能源汽车、污水处理等绿色产业及其上下游企业提供绿色贷款。

二、公司贷款业务加快转型创新

1. 公司贷款业务进入转型发展新阶段，机遇和挑战并存

中央经济工作会议明确指出，把防控金融风险放到更加重要的位置。商业银行表外资产将面临强监管约束，资金"脱实向虚"将受到遏制，部分资金将重新回到表内。因此，商业银行公司贷款业务仍有望保持较快发展。供给侧结构性改革深入推进，经济结构加速转型升级和新旧动能转换接续将驱动银行公司贷款配置调整，为商业银行带来业务结构调整和差异化经营的机遇。"一带一路"、"京津冀协同发展（雄安新区）"、"长江经济带"等国家战略，以及新批的7省自由贸易试验区将带来产业布局、基础设施建设、生态环保等重大工程类贷款项目，PPP、国企改革等也将带来新的公司业务机遇。

公司贷款业务也面临一系列挑战：一是公司贷款业务作为最为传统的商业银行业务之一，已成为银行业务的"红海"。如何在这片"红海"中挖掘出更多机会已成为银行业金融机构的重要经营挑战。部分银行通过提升业务细分专业化能力，深入发掘客户痛点，开展更有针对性的产品创新。创新型业务模式搭配传统公司贷款业务能更高地满足客户多元化金融需求，在传统"红海"中开辟新"蓝海"，例如浙商银行公司贷款业务通过迭代创新的池化融资模式，形成了一套完整的企业流动性服务解决方案。二是MPA考核对商业银行广义信贷的约束在一定程度上限制了贷款投放能力。对广义信贷增速约束等于对银行资产扩张速度的刚性约束，银行公司贷款作为银行资产结构中最大组成部分，其增速也会受到相应制约，在经济基本面逐渐改善过程中，如何将有限资源满足企业融资需求回升将是银行业面临的挑战之一。三是部分行业和企业的公司贷款资产质量仍面临挑战。批发零售、产能过剩等行业和企业的对公资产质量仍面临上升压力。

2. 新阶段要在保持战略定力和聚焦业务核心方面加强联动、打磨特色

保持战略定力，重视发挥公司信贷业务基石作用。近年来社会融资结构中直接融资比例一直呈现上升趋势，但中短期内以商业银行传统信贷为代表的间接融资主体仍是实体经济，特别是广大传统行业及中小企业获取金融支持的主要渠道。牢牢抓住公司贷款有助于商业银行摒弃"脱实向虚"的逐利心态，通过创新商业模式和服务手段更好地服务公司客户，服务实体经济。从银行业乃至金融业发展趋势看，回归主业专注满足客户金融需求是未来较长时间内商业银行的主要发展方向。2017年，随着我国经济的稳健增长，公司金融业务将面临更多机会，公司金融业务将是商业银行优化资产负债结构表、加快转型升级的关键。

聚焦业务核心，稳步推进供给侧结构性改革。商业银行将在服务实体经济的过程中发现机会、把握机会、创造机会。一是形成正确的业务拓展理念。在经济转型大背景下不断挖掘客户需求，同时，充分考虑国家、社会和企业的利益，承担必要的社会责任。二是顺应经济结构调整优化业务结构。经济转型升级将驱动银行资产配置结构调整，未来商业银行资产配置需要更多地和经济增长新动力挂钩。这种背景下，行业整合、并购重组、技术改造等衍生金融需求会大量增加，需要银行在流动性贷款、项目贷款等传统公司信贷业务范围基础上形成更有针对性和适用性的创新产品和服务方案，有效满足这种变化趋势。三是深耕细作，脱虚向实。坚持"实质重于形式"原则和穿透原则，摒弃"热衷当通道、做过桥、加链条"的错误做法，对资金的实际投向和合规性进行严格审查，坚持金融服务实体经济、实体企业。

做好业务联动，发挥业务协同效应。做好不同业务板块间、不同金融市场间、银行表内外资产间的统筹管理与集约经营，强化条线联动与交叉营销，通过产品组合与产品创新，及时、有效满足客户动态的、多样化的需求。一是继续推进投贷联动模式创新和实践。在贷款业务上打破抵押、担保等传统风险控制手段束缚，并与多层次资本市场联动发展，通过与各类资本市场交易主体的合作服务企业生命周期的各个阶段，服务要素的交易整合和资本形成。二是把握企业产能整合及转型升级的发展趋势，提供综合性并购金融服务。整合并购贷款、银团贷款、供应链融资等各类信贷产品体系，进一步融合结构化融资、并购基金、并购债券和财务顾问业务等投行业务，为客户提供覆盖并购重组前后的综合融资方案和服务。三是做好公司贷款业务条线内部的联动协同，前中后台全流程接触市场和客户，在金融产品创新、风险控制及相应的制度流程设计上找到适合企业客户的金融服务方式，避免因闭门造车导致与现实需求格格不入的情况。

打磨特色，形成差异化发展路径。商业银行需要跳出拼价格的低层次竞争模式，聚焦若干个细分市场做深做透，变"数量优势"为"质量优势"，根据不同行业商业运作模式和融资需求，探索制订差异化的金融服务方案，实施专业化的经营管理。一是行业政策上有进有退，压缩过剩产业，优先支持新兴行业，在各项资源上予以倾斜。二是客户服务上，针对不同细分领域的行业特征和金融需求形成差异化的金融服务方案和相匹配的风险管控措施。三是在业务流程上，持续优化授信流程，加强前中后台平行作业机制，采用扁平化的流程机制来保证业务高效处理。

第五章
个人贷款业务发展步伐加快

2016年,商业银行零售业务在渠道建设、科技创新、客户服务等方面稳步发展,个人信贷在总信贷规模中的占比进一步提升,成为银行利润来源的稳定剂。2017年,商业银行将继续加强渠道建设,丰富创新产品种类,提高客户营销能力,保持零售业务平稳健康发展。

一、个人贷款业务快速增长中表现分化

1. 住户贷款规模持续扩张,新增个人贷款涨幅明显

2016年末,银行业本外币口径境内住户贷款达33.37万亿元,增速为23.46%,同比提高6.7个百分点。住户贷款占境内贷款比例由年初的27.9%升至30.7%。从新增人民币贷款来看,2016年我国银行业金融机构新增个人贷款累计达6.33万亿元,同比增加2.46万亿元,增幅高达63.57%,占到全部贷款增量的一半。这主要是因为2016年房地产市场火热,按揭贷款大幅增长(见图5-1)。

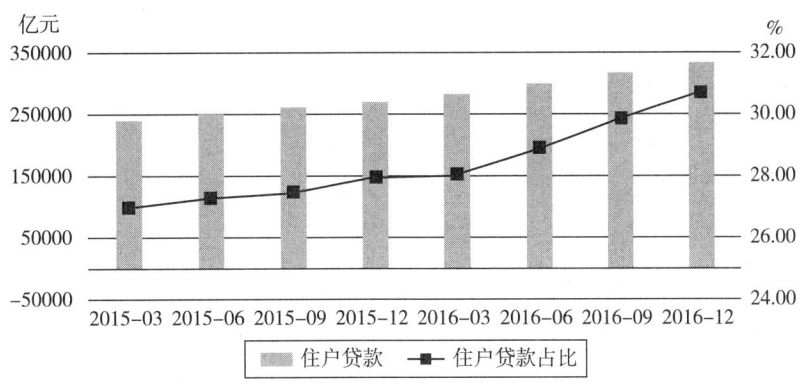

数据来源:中国人民银行。

图5-1 住户本外币贷款余额及占比变化

从上市银行看,2016年个人贷款保持了强劲的增长势头。各类银行个贷占比均有不同程度提高。大型商业银行、股份制商业银行和城商行个人贷款增速分别较2015年提高了6.16个、14.29个和11.93个百分点(见表5-1)。

表5-1　　　　　　　　　　上市银行个人贷款增长情况①　　　　　　　　　单位:%

银行机构	个人贷款增速			个人贷款占比		
	2016年	2015年	2014年	2016年	2015年	2014年
中国工商银行	18.47	15.62	12.31	32.14	29.68	27.78
中国建设银行	25.17	20.31	17.20	37.60	33.69	30.99
中国银行	23.08	13.47	12.42	34.13	30.28	28.74
中国农业银行	22.37	13.90	14.57	34.43	30.69	29.65
交通银行	19.42	14.39	15.58	28.91	26.69	25.30
大型商业银行小计	21.70	15.54	14.42	33.44	30.21	28.49
招商银行	25.59	26.29	21.38	47.23	43.43	38.64
浦发银行	65.20	26.36	17.95	35.12	26.15	22.91
兴业银行	46.62	32.64	9.14	36.09	28.77	24.23
民生银行	23.75	11.20	8.12	36.60	35.55	36.12
中信银行	43.07	20.57	25.88	33.24	26.44	25.35
光大银行	26.31	14.54	17.12	36.94	34.69	35.28
平安银行	22.62	14.58	18.22	36.65	36.27	37.57
华夏银行	22.28	14.97	22.41	20.19	18.79	18.59
股份制商业银行小计	34.43	20.14	17.53	35.26	31.26	29.83
北京银行	34.02	23.65	27.27	28.20	24.42	22.67
南京银行	54.84	24.82	28.17	18.76	16.00	18.44
宁波银行	12.53	17.14	36.62	31.69	33.32	34.63
城市商业银行小计	33.80	21.87	30.69	26.22	24.58	25.25

数据来源：万得资讯。

2. 住户消费贷款快速增长，短期品种占比下降

2016年银行业本外币口径境内住户消费贷款继续保持快速增长趋势，余额达25.09万亿元，同比增长32.15%。从住户贷款占比看，消费贷款占比达75.09%，同比上升4.95个百分点，展现出强劲增长势头。从住户贷款期限看，2016年短期消费贷款占比为19.72%，同比下降1.95个百分点，这同样由房地产火热带动的按揭贷款快速增长所致（见图5-2，图5-3）。

3. 住户经营贷款增速放缓，中长期化趋势明显

2016年银行业本外币口径境内住户经营贷款余额达8.31万亿元，同比增长3.03%，继续保持低增长态势。从住户贷款占比看，经营贷款由2015年末的29.85%下降到2016年末的24.91%，占比进一步下降。从贷款期限看，中长期经营贷款占比达44.42%，同比提升3.9个百分点，经营贷款中长期化趋势进一步加强。2016年以住房按揭贷款为主的中长期消费贷款快速增长，或对经营类贷款额度形成了一定程度的挤压（见图5-4，图5-5）。

---

① 鉴于数据的完整性和可得性，运用16家上市银行的数据进行分析，下同。

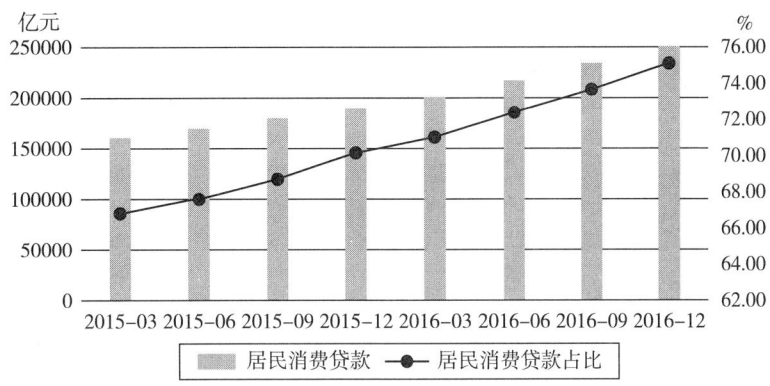

数据来源：中国人民银行。

图 5-2　居民户本外币消费贷款余额及占比变化

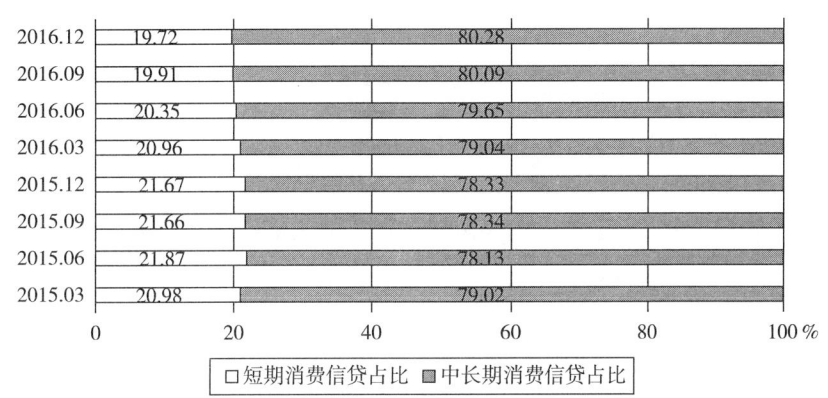

数据来源：中国人民银行。

图 5-3　居民户本外币消费贷款期限占比

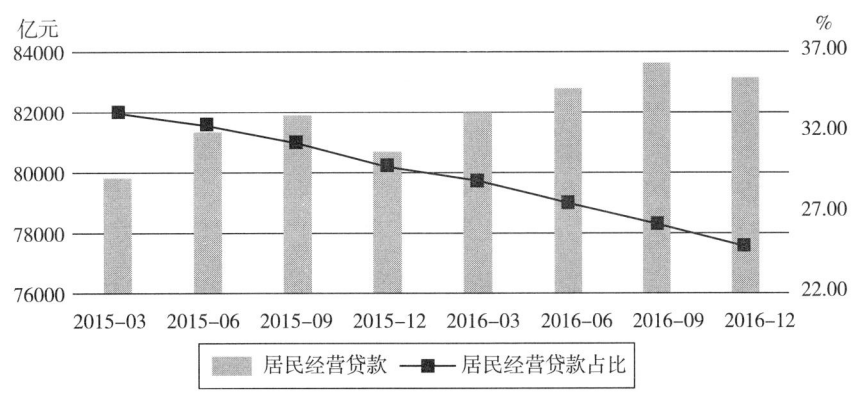

数据来源：中国人民银行。

图 5-4　居民户本外币经营贷款余额及占比变化

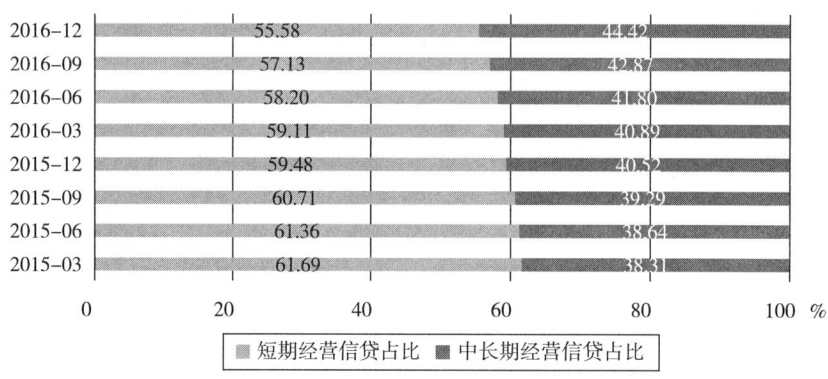

数据来源：中国人民银行。

图 5-5　居民户本外币经营贷款期限占比

4. 房地产市场火热，个人住房贷款增速大幅提高

2016 年银行业人民币个人住房贷款余额达 19.14 万亿元，较年初增加 4.96 万亿元，同比多增 2.3 万亿元，同比增长 35%，增速较 2015 年末提高 11.8 个百分点。从业务增速看，大型商业银行、股份制商业银行和城市商业银行的平均增速均明显提升，分别提高了 10.73 个、40.42 个和 18.96 个百分点。从业务占比来看，大型商业银行个人住房贷款占比达 75.62%，同比增加 4.43 个百分点。股份制商业银行和城市商业银行的个人住房占比同比分别增加了 5.58 个和 2.37 个百分点（见图 5-6，表 5-2）。

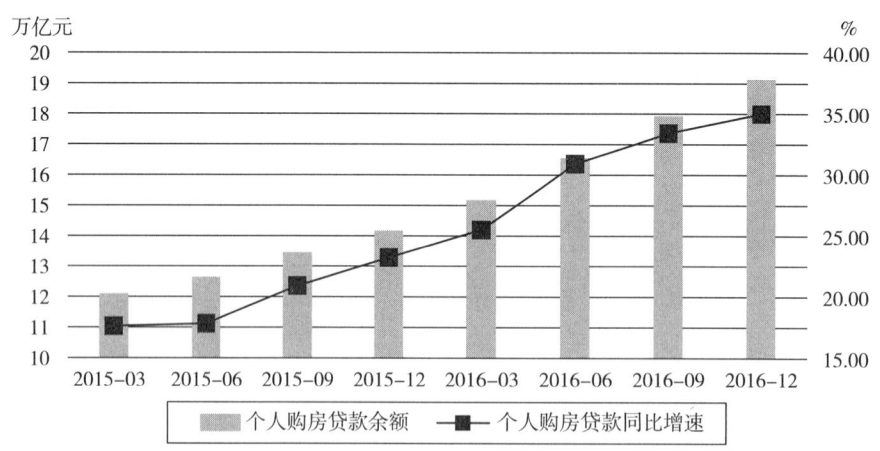

数据来源：中国人民银行。

图 5-6　人民币个人住房贷款变化情况

表 5-2　　　　　　　　上市银行个人住房贷款增长情况　　　　　　单位:%

银行机构	个人住房贷款增速			个人住房贷款占比		
	2016 年	2015 年	2014 年	2016 年	2015 年	2014 年
中国工商银行	28.80	21.53	20.33	77.23	71.42	67.58
中国建设银行	29.61	23.06	19.88	82.01	79.20	77.43
中国银行	28.85	20.75	12.42	77.43	74.00	70.00
中国农业银行	32.85	24.27	20.02	76.50	70.47	64.59
交通银行	27.45	4.31	15.03	64.94	60.84	66.72
大型商业银行小计	29.51	18.78	17.53	75.62	71.19	61.01
招商银行	45.82	51.73	22.55	47.28	40.72	33.89
浦发银行	75.85	24.07	12.56	47.23	44.37	45.18
兴业银行	73.51	22.75	7.41	68.96	52.64	51.50
民生银行	158.79	64.25	12.09	32.84	15.70	10.63
中信银行	61.09	15.86	5.33	45.29	40.22	41.86
光大银行	22.01	19.38	12.54	43.75	45.29	43.45
平安银行	85.41	-16.97	-14.77	15.76	10.42	14.38
华夏银行	11.32	2.11	11.86	50.41	55.37	62.35
股份制商业银行小计	66.73	26.31	8.70	43.94	38.09	37.91
北京银行	43.03	28.34	15.25	69.42	65.04	62.67
南京银行	63.70	13.29	19.45	58.07	54.93	60.52
宁波银行	-13.79	-5.58	-7.67	1.35	1.76	2.19
城市商业银行小计	30.98	12.02	9.01	42.95	40.58	41.79

数据来源:万得资讯。

5. 信用卡业务稳步增长

2016 年,我国信用卡累计发卡量 4.65 亿张,同比增长 7.6 个百分点。信用卡授信总额为 9.14 万亿元,同比增长 29.06%;信用卡卡均授信额度 1.96 万元,授信使用率 44.45%,同比增加 0.68 个百分点。在信用卡市场快速发展的过程中,信用风险同样值得重视。2016 年,信用卡逾期半年未偿信贷总额达 535.68 亿元,同比增加 155.41 亿元,增长率高达 40.87%。信用卡逾期半年未偿信贷总额占期末应偿信贷总额的 1.40%,较 2015 年末上升 0.17 个百分点。2016 年,上市银行的信用卡应收账款业务表现有所分化。从业务占比来看,股份制商业银行应收账款占个人贷款的比重最高,达到 26.78%。从业务增速来看,大型商业银行和股份制商业银行较上年同期分别提高了 0.24 个和 4.46 个百分点,达到 11.14% 和 45.45%(见表 5-3)。

表 5-3　　　　　　　上市银行个人信用卡应收账款业务增长情况　　　　　　单位：%

银行机构	应收账款业务增速			应收账款对个人贷款占比		
	2016 年	2015 年	2014 年	2016 年	2015 年	2014 年
中国工商银行	7.76	14.54	19.25	10.77	11.84	11.96
中国建设银行	13.07	18.47	22.20	10.12	11.20	11.37
中国银行	12.41	0.33	20.66	8.88	9.72	11.00
中国农业银行	9.11	-0.30	14.68	7.25	8.13	9.28
交通银行	13.37	21.44	36.36	25.95	27.34	25.75
大型商业银行小计	11.14	10.90	22.74	12.59	13.65	14.50
招商银行	30.63	42.46	41.65	26.56	25.54	22.64
浦发银行	140.53	87.81	79.62	27.53	18.91	12.72
兴业银行	41.52	17.47	9.92	14.70	16.18	17.19
民生银行	21.33	15.73	30.34	23.02	23.48	22.56
中信银行	35.22	39.38	45.83	24.85	26.29	22.75
光大银行	22.87	23.75	33.34	32.02	32.92	30.47
平安银行	22.57	43.58	18.50	33.48	33.49	26.73
华夏银行	48.91	57.70	82.52	32.11	26.37	19.22
股份制商业银行小计	45.45	40.99	42.71	26.78	25.40	21.78
北京银行	—	—	—	—	—	—
南京银行	-9.82	31.89	51.24	2.90	4.98	4.71
宁波银行	—	—	—	—	—	—
城市商业银行小计	-9.82	31.89	51.24	2.90	4.98	4.71

数据来源：万得资讯。

6. 个人住房贷款加权平均利率稳中微降

2016 年贷款加权平均利率与个人住房贷款加权平均利率的走势基本保持平稳。2016 年 12 月，非金融企业及其他部门贷款加权利率为 5.27%，与年初持平。个人住房贷款加权平均利率 4.52%，同比下降仅 0.18 个百分点（见图 5-7）。

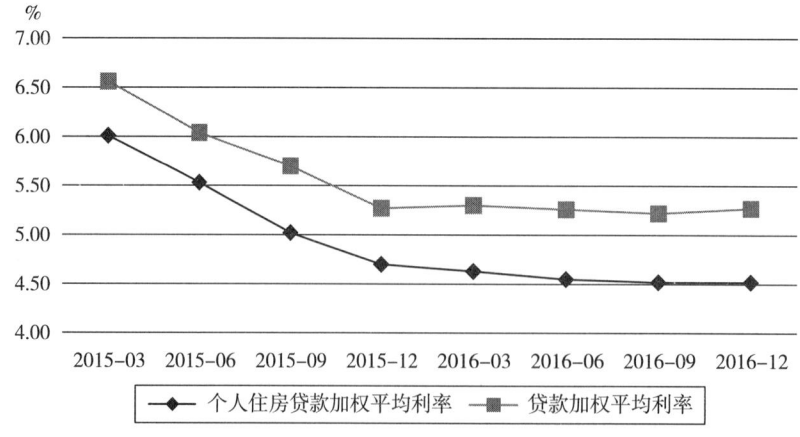

数据来源：中国人民银行。

图 5-7　人民币个人住房贷款利率

二、个人贷款业务将坚持稳中求进

2017年，我国商业银行将继续把零售业务作为转型发展的着力点，切实加强渠道建设，丰富创新产品种类，提高客户营销能力，保持零售业务平稳健康发展。

1. 个人贷款业务面临挑战

近年来，个人贷款业务由于服务对象广泛，风险相对分散，成为银行利润的稳定剂。2016年，国内一、二线城市的房价上涨较快，个人住房贷款成为了商业银行信贷资产的主要增长来源，但受房地产政策逐步收紧等影响，2017年个人住房贷款增速可能放缓。

在个人储蓄率逐年下降的同时，居民的消费水平不断提高，个人消费信贷市场竞争愈发激烈。电商凭借其渠道优势大举加入到消费金融的市场竞争中来。商业银行需找准自身优势，加大创新力度，推出特色化的产品，才能在消费信贷市场中建立起竞争优势。

2. 个人贷款业务应坚持稳中求进，创新发展

一是保持个贷业务健康发展。2016年，个人住房贷款成了商业银行新增贷款的主要力量。随着一、二线城市房贷政策的不断收紧，未来个人住房贷款的投放将呈现区别对待，以防止热点城市的房价上涨过快，同时满足三、四线城市去库存的需求。当前，消费金融正处于快速发展时期，消费金融可在一定程度上满足长尾群体的信贷需求。商业银行可发挥自身客户基础优势，围绕居民衣、食、住、行消费升级的契机，聚焦新能源汽车、旅游、教育等消费领域，推进消费贷款规模增长。在有条件的情况下，商业银行可成立银行系消费金融公司，促进自身消费金融业务的发展。近三年信用卡的信贷规模保持较快增长，但却面临着产品同质化严重以及渗透率不高等问题。未来，商业银行可通过大数据分析方式来找准用户偏好，进行有针对性的营销；同时，通过布局线上支付工具，提高用户体验度，以应对"支付脱媒"的挑战；在风险管理方面，还可应用资产证券化的方式来提高资产流动性，降低资金运用的成本，提升资本充足率，达到稳健经营的效果。为应对互联网金融对零售业务的冲击，商业银行可积极布局移动互联网产品，依托自身的客群优势，基于大数据技术进行授信评价和贷款审批，为客户提供无抵押、无担保的小额短期线上信用贷款。

二是建立高效的客户关系管理体系。商业银行可根据产品收益，对客户进行分层管理，建立客户权益系统，提供多元化、差异化、信息化的增值服务；同时，推进家庭金融项目建设，提供社区化、平台化、个性化的场景服务。在渠道建设方面，商业银行要着重提升客户体验度。丰富电子银行的业务功能，优化在线缴费、理财、贵金属等产品功能，实现权益的在线查询、申请和使用，增加客户黏性。加快智慧网点建设，推广无纸化、智能化金融服务。优化平台建设，完善个人结算账户的功能，如账户开户、代付代收、人脸识别等，为平台金融、家庭金融提供渠道支撑。

三是提高产品创新和科技研发能力。金融科技深刻影响银行业发展，在支付技术、消费金融、智能投顾、大数据风控等领域都有着很大发展潜力。区块链技术具有去中心化、去信任化、可扩展、匿名化和安全可靠等特点，在支付清算、身份验证、个人征信等领域有着广泛的应用前景。通过大数据征信来进行信用风险管理，数据来源更为广泛，采用机器学习、神经网络等数据挖掘方法综合处理数据，同时可通过互联网或第三方机构获取无信用记录人员的有价值信息，服务群体更为广泛，可有效解决交易双方信息不对称等问题。智能投顾作为一种新兴的数字化资产配置服务，具有费率低、透明度高、投资分散度高、高效便捷等特点，在私人银行领域可为高净值客户提供个性化、智能化、自动化的资产配置建议。在金融科技涉及的业务发展和产品创新方面，积极提高专业能力，加快人才引进，增强自身的竞争力。

四是提高风险管控能力。不断提高风险防范意识，加强问责机制建设。注重对第一还款来源的审核，防止以抵押物作为第二还款来源，在处置过程中产生的纠纷。同时，加强内控机制建设，严惩违规操作，增强员工的合规意识，努力提高贷款五级分类的准确性。积极盘活不良资产，充分利用市场机制有序进行重组，加大对于存量不良贷款的处置力度。

第六章
非信贷资产业务机遇与挑战并存

2016年,上市银行信贷资产业务稳步发展①,占比小幅提升。各类机构和各类业务发展出现一定的分化。2017年,随着利率汇率市场化、多层次资本市场建设及供给侧结构性改革的不断发展,商业银行非信贷资产业务将继续保持平稳增长,但不同业务增速可能进一步分化。

一、非信贷资产业务占比小幅提升

1. 上市银行非信贷资产规模同比和环比均呈增长之势

2016年末,20家沪深上市银行②非信贷资产规模达到494792.42亿元,同比增长16.41%。非信贷资产在总资产中的占比为36.20%,同比上升1个百分点。分季度看,20家上市银行非信贷资产规模环比均为正增长,呈逐季扩大之势,占比稳步提升。这主要由于经济增速放缓、经济结构转型升级以及金融领域改革开放全面深化过程中,商业银行传统业务受限、利差空间和盈利空间收窄,商业银行增加非信贷资产配置。同时,一系列国家重大战略稳步推进,新兴产业不断壮大,以及信息科技的不断进步也给商业银行非信贷资产业务带来了新的业务机遇和增长点(见表6-1)。

表6-1　　　　　　　　　上市银行非信贷资产规模及占比　　　　　　　　单位:亿元,%

指标	2016年第一季度	2016年第二季度	2016年第三季度	2016年第四季度
非信贷资产规模	435619.93	461187.91	467861.22	494792.42
环比增长	2.48	5.87	1.45	5.76
非信贷资产占比	34.78	35.54	35.37	36.20

数据来源:万得资讯。

2. 规模越小的上市银行非信贷资产占比越大

总体来看,股份制商业银行和城市商业银行的非信贷资产增速明显高于大型商业银

---

① 本章所分析的非信贷资产业务,是反映在商业银行资产负债表上的买入返售、拆出资金、存放同业及其他金融机构款项、交易性金融资产、可供出售金融资产、持有至到期投资、应收款项类投资、衍生金融资产和贵金属等业务。
② 20家沪深上市银行指5家大型商业银行:工商银行、农业银行、中国银行、建设银行和交通银行,8家股份制商业银行:招商银行、浦发银行、兴业银行、中信银行、民生银行、平安银行、光大银行和华夏银行,7家城市商业银行:北京银行、南京银行、宁波银行、上海银行、江阴银行、无锡银行和贵阳银行(不含张家港银行、江苏银行、杭州银行、常熟银行和吴江银行,因其相关数据不全)。

行。规模越小的上市银行，非信贷资产在总资产中的占比越大。大型商业银行的非信贷资产占比最小，基本维持在31%左右。城市商业银行的非信贷资产占比最高，基本保持在53%以上。这主要是由于规模越小的银行，体制机制上越有动力发展包括交易性金融资产、可供出售金融资产、持有至到期投资等非信贷资产业务，以扩大资产规模、改善盈利能力（见表6-2）。

表6-2　　　　　　　　不同类型上市银行非信贷资产规模及占比　　　　　　单位：亿元，%

银行机构		2016年第一季度	2016年第二季度	2016年第三季度	2016年第四季度
大型商业银行	非信贷资产规模	258719.98	275019.36	278255.00	290280.52
	环比增长	0.83	6.30	1.18	4.32
	非信贷资产占比	30.48	31.42	31.21	31.82
股份制商业银行	非信贷资产规模	146689.36	154449.20	156819.16	169345.41
	环比增长	3.88	5.29	1.53	7.99
	非信贷资产占比	42.27	42.56	42.36	43.38
城市商业银行	非信贷资产规模	30210.59	31719.35	32787.06	35166.49
	环比增长	10.83	4.99	3.37	7.26
	非信贷资产占比	53.25	53.43	53.71	54.76

数据来源：万得资讯。

二、各类机构和各类非信贷资产业务出现分化

1. 同业拆借及投资业务整体呈增长之势

2016年前三个季度，上市银行买入返售资产规模逐季大幅下降，其中，第三季度减少至全年最低，在非信贷资产中的占比也跌至全年最低值3.98%，第四季度有所回升，但在非信贷资产中的占比仍低于年初。拆出资金规模从第二季度开始逐季增长，第四季度，拆出资金规模在非信贷资产中的占比增至6.94%。存放同业和其他金融机构款项基本保持增长态势（第三季度除外）。这主要是由于2016年商业银行资金面整体上较为充裕，尤其是大型商业银行，因而上市银行全年拆出资金、存放同业和其他金融机构款项规模呈增长之势。各项投资持续增长，2016年第四季度，各项投资规模在非信贷资产中的占比上升到80.76%。这主要是由于投资类业务收益率较高，在生息资产收益率整体下行背景下，商业银行调整资产结构，加大投资类资产配置（见表6-3）。

表6-3　　　　　　　　上市银行非信贷资产构成规模及占比　　　　　　单位：亿元，%

指标名称		2016年第一季度	2016年第二季度	2016年第三季度	2016年第四季度
买入返售	规模	28963.44	25238.13	18615.87	22616.75
	环比增长	-28.55	-12.86	-26.24	21.49
	占比	6.65	5.47	3.98	4.57

续表

指标名称		2016年第一季度	2016年第二季度	2016年第三季度	2016年第四季度
拆出资金	规模	28840.13	29839.45	32325.88	34333.77
	环比增长	-7.88	3.47	8.33	6.21
	占比	6.62	6.47	6.91	6.94
存放同业和其他金融机构款项	规模	32120.84	36280.89	32184.62	38256.09
	环比增长	5.81	12.95	-11.29	18.86
	占比	7.37	7.87	6.88	7.73
各项投资	规模	345695.51	369829.43	384734.85	399585.81
	环比增长	7.07	6.98	4.03	3.86
	占比	79.36	80.19	82.23	80.76

注：各项投资包括交易性金融资产、可供出售金融资产、持有至到期投资、应收款项类投资、衍生金融资产和贵金属投资。

数据来源：万得资讯。

2. 银行之间非信贷资产构成及变化差异明显

从买入返售业务来看，2016年前三个季度，大型商业银行逐季下跌，其中第三季度跌幅高达24.83%，第四季度则大幅回升21.31%，达到13600.14亿元，但低于年初水平，各季在非信贷资产中的占比均相对较低。股份制商业银行与大型商业银行的变动基本相仿，各季在非信贷资产中的占比也处于较低水平。城市商业银行在第一、第二季度环比大幅下跌，第三、第四季度则大幅回升，但各季在非信贷资产中的占比处于低水平。城市商业银行的买入返售占比低于大型商业银行和股份制商业银行。

从拆出资金业务来看，2016年第一季度，大型商业银行环比负增长，后三个季度则逐季正增长，第四季度达到各季最高水平，在非信贷资产中的占比也达到7.99%。股份制商业银行拆出资金规模仅在第三季度实现正增长，其余各季均为负增长，占比基本呈下降态势。城市商业银行前三个季度均为正增长，但第四季度环比大幅下降12.73%，在非信贷资产中的占比也降至5.32%。大型商业银行的拆出资金占比明显高于股份制商业银行和城市商业银行。

从存放同业和其他金融机构业务来看，2016年各季度，大型商业银行环比增长负正交错，第四季度在非信贷资产中的占比为7.41%。股份制商业银行基本保持正增长态势（第三季度除外），占比基本稳步提升，第四季度在非信贷资产中的占比达7.82%。城市商业银行前两个季度均为正增长，但后两个季度则均为负增长，第四季度在非信贷资产中的占比降至全年最低水平的10.01%。城市商业银行的存放同业和其他金融机构占比明显高于大型商业银行和股份制商业银行。

从各项投资业务来看，各类型商业银行规模均呈逐季增长的态势。其中，大型商业银行规模遥遥领先,各季均不低于20万亿元,第四季度达到23.2万亿元,同比增长17.69%,在非信贷资产中的占比达到79.91%,占比在各类型银行中最低。股份制商业银行规模次之,第四季度为13.92万亿元,同比增长31.24%,在非信贷资产中的占比为82.18%,占比在各类型银行中最高。城市商业银行规模最小,第四季度为2.84万亿元,同比增长高达44.34%,在非信贷资产中的占比为80.90%。

总体来看,在买入返售、拆出资金、存放同业和其他金融机构款项以及各项投资业务上,不同类型银行之间所表现出的差异主要是由于业务规模、客户基础、经营能力和体制机制等因素的不同造成的(见表6-4)。

表6-4　　　　　不同类型上市银行非信贷资产构成规模及占比　　　　　单位:亿元,%

银行机构			2016年第一季度	2016年第二季度	2016年第三季度	2016年第四季度
大型商业银行	买入返售	规模	15635.68	14915.61	11211.32	13600.14
		环比增长	-19.06	-4.61	-24.83	21.31
		占比	6.04	5.42	4.03	4.69
	拆出资金	规模	18083.42	19233.66	20578.58	23207.54
		环比增长	-9.32	6.36	6.99	12.78
		占比	6.99	6.99	7.40	7.99
	存放同业和其他金融机构款项	规模	19226.69	22398.40	19224.73	21497.28
		环比增长	-4.89	16.50	-14.17	11.82
		占比	7.43	8.14	6.91	7.41
	各项投资	规模	205774.19	218471.69	227240.37	231975.56
		环比增长	4.39	6.17	4.01	2.08
		占比	79.54	79.44	81.67	79.91
股份制商业银行	买入返售	规模	12219.18	9431.97	6191.79	7688.95
		环比增长	-35.85	-22.81	-34.35	24.18
		占比	8.33	6.11	3.95	4.54
	拆出资金	规模	9023.02	8623.71	9605.31	9257.02
		环比增长	-6.77	-4.43	11.38	-3.63
		占比	6.15	5.58	6.13	5.47
	存放同业和其他金融机构款项	规模	8672.09	9583.88	9151.09	13237.89
		环比增长	34.54	10.51	-4.52	44.66
		占比	5.91	6.21	5.84	7.82
	各项投资	规模	116775.07	126809.64	131870.97	139161.55
		环比增长	10.13	8.59	3.99	5.53
		占比	79.61	82.10	84.09	82.18

续表

银行机构			2016年第一季度	2016年第二季度	2016年第三季度	2016年第四季度
城市商业银行	买入返售	规模	1108.58	890.55	1212.76	1327.66
		环比增长	-48.87	-19.67	36.18	9.47
		占比	3.67	2.81	3.70	3.78
	拆出资金	规模	1733.69	1982.08	2141.99	1869.21
		环比增长	2.91	14.33	8.07	-12.73
		占比	5.74	6.25	6.53	5.32
	存放同业和其他金融机构款项	规模	4222.06	4298.61	3808.80	3520.92
		环比增长	14.21	1.81	-11.39	-7.56
		占比	13.98	13.55	11.62	10.01
	各项投资	规模	23146.25	24548.10	25623.51	28448.70
		环比增长	17.44	6.06	4.38	11.03
		占比	76.62	77.39	78.15	80.90

数据来源：万得资讯。

三、非信贷资产业务将保持平稳增长

随着金融市场对内对外开放的不断扩大，多层次资本市场建设的稳步推进，供给侧结构性改革的深化，居民投资理财意识的不断提高，商业银行的非信贷资产业务仍面临良好的发展机遇。在中央明确要求降低企业杠杆率，同时加快国企改革步伐的背景下，资本市场业务包括权益类融资、企业并购重组、资产证券化等将继续保持活跃，这将为商业银行特别是多牌照、综合服务能力较强的银行集团带来更多的非信贷业务转型机会。在货币政策稳健中性、金融市场、大宗商品市场波动加剧的背景下，交易性业务机会将进一步增多。但受监管趋严、利率汇率波动加大及内外部不确定性较大等因素影响，商业银行非信贷资产业务面临的信用风险、市场风险、流动性风险及合规风险可能加大，从而可能对非信贷资产业务发展构成一定挑战。尤其是部分银行的投资类资产占比已经超过贷款，金融市场波动可能对其市场风险、流动性风险管理等构成较大挑战，这值得关注。

总体来看，2017年商业银行非信贷资产业务仍将保持平稳增长之势。但在同业监管加强、业务盈利性下降等因素影响下，买入返售等同业业务增速或将趋势性放缓，应收款项投资可能继续收缩。在去产能、降杠杆及货币政策稳健中性、市场利率中枢提高等因素影响下，债券市场可能承压，但考虑到流动性管理、资本成本、税收优惠以及"资产荒"等因素的影响，债券投资有望保持平稳增长。

三、负债业务篇

2016年，受经济增速放缓、利率市场化提速、金融脱媒加剧等因素的影响，银行业负债增速放缓。本外币各项存款稳步增长，增速有所放缓；个人存款平稳增长，占比上升；存款出现活期化趋势。同业存款增速放缓，同业存单发行量和向央行借款大量增加，二级资本债发行量下降。2017年，银行业负债规模将平稳增长，但增速仍可能放缓。为了应对更加复杂多变的行业内外环境，银行将创新负债管理模式，强化整体金融服务能力，实施差异化存款定价策略，综合运用多种负债工具，不断优化银行的负债结构。

第七章
存款业务发展注重策略创新

2016年银行业存款规模稳步增长但增速放缓。企业人民币存款增长加快,个人存款平稳增长,活期存款占比小幅回升,外币存款增速放缓。2017年,受货币政策稳健中性、利率市场化等因素影响,存款业务增长压力可能增大,商业银行将创新存款产品,实施差异化定价策略,推动存款业务平稳发展。

一、本外币各项存款稳步增长

1. 各项存款稳步增长,增速略有放缓

2016年12月末,金融机构本外币各项存款余额为155.5万亿元,比年初增加13.5万亿元,增速为11.27%,比2015年下降1.13个百分点。其中人民币存款余额为153.8万亿元,比年初增加11.44%。从各月份来看,全年本外币各项存款增速呈V字形,2月份存款的增速最快,达到12.98%,7月份增速最慢,为9.51%,随后又有所上升。这主要是受以下因素影响:一是居民可支配收入持续增长,推动存款进一步增长。二是受经济增速放缓、互联网金融等影响,银行业存款增长压力加大。但市场流动性较为充裕,因此,虽然存款增速有所下滑,但整体仍保持较快增长(见图7-1)。

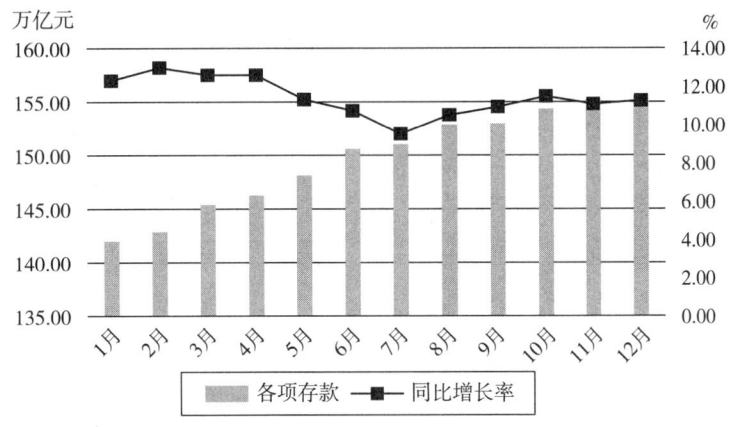

数据来源:中国人民银行。

图7-1 2016年金融机构本外币存款余额及同比增长情况

2. 存款结构基本稳定

2016年金融机构存款结构整体基本稳定。截至2016年底,金融机构本外币境内存

款为 153.79 万亿元，占全部存款的 98.88%；本外币境外存款 1.74 万亿元，占比为 1.12%。其中，住户存款 60.66 万亿元，占全部存款的 39%；非金融企业存款 53.09 万亿元，占比 34.14%；政府存款 27.11 万亿元，占比 17.43%，；非银行金融机构存款 12.94 万亿元，占比 8.32%（见表 7-1）。

表 7-1　　　　　　　　2016 年金融机构本外币存款结构状况　　　　　　单位：万亿元，%

境内存款		1月	占比	12月	占比
		140.2	98.7	153.8	98.9
其中	住户存款	56.1	39.5	60.7	39.0
	非金融企业存款	46.3	32.6	53.1	34.1
	政府存款	24.9	17.6	27.1	17.4
	非银行业金融机构存款	12.9	9.1	12.9	8.3
境外存款		1.8	1.3	1.7	1.1
各项存款		142.0	100.0	155.5	100.0

数据来源：中国人民银行。

3. 存款成本变动存在差异

受流动性充裕等影响，2016 年商业银行的存款成本整体有所下降。从行业结构来看，股份制商业银行的存款成本要高于大型商业银行。不同银行的存款成本有一定的差异，主要由于大型商业银行在规模、渠道和信誉等方面上具有优势，在经营中为其带来了大量的低成本存款，拉低了其整体存款成本水平（见表 7-2）。

表 7-2　　　　　　　　　　各行存款平均成本率情况　　　　　　　　　单位：%

银行名称	个人定期存款		个人活期存款		公司定期存款		公司活期存款	
	2015 年	2016 年	2015 年	2016 年	2015 年	2016 年	2015 年	2016 年
工商银行	3.3	2.7	0.3	0.3	3.2	2.5	0.7	0.7
建设银行	3.1	2.4	0.3	0.3	3.0	2.4	0.7	0.7
农业银行	3.2	2.7	0.4	0.4	3.2	2.6	0.7	0.6
招商银行	2.9	2.3	0.4	0.4	3.2	2.4	0.7	0.7
浦发银行	2.9	2.2	0.3	0.3	3.3	2.6	0.8	0.7
中信银行	3.0	2.3	0.3	0.3	3.1	2.6	0.7	0.7
民生银行	2.8	2.2	0.4	0.4	3.1	2.5	0.8	0.7
光大银行	3.5	2.8	0.5	0.4	3.3	2.7	0.7	0.7
平安银行	3.7	2.9	0.4	0.3	3.6	2.8	0.6	0.6

注：部分银行未公布相关数据。
数据来源：根据各行年报整理。

4. 存款"活期化"趋势有所加强

2016 年末的活期存款占比与 2015 年同期相比普遍要高 1~2 个百分点，存款活期化趋势有所加强。其主要原因：一是由于利率水平总体较低，投资者对于活期与定期存款差异敏感度有所下降，导致客户资金出现"活期化"现象；二是利率市场化过程中银行的定期存款流失，以非银行金融企业存款的形式回流银行业，其中一部分为活期存款，提高了存款活期化水平（见表7-3）。

表7-3　　　　　　　　各行活期存款总额及占比情况　　　　　　　　单位：亿元，%

银行机构	2015年			2016年		
	活期存款	存款总额	占比	活期存款	存款总额	占比
工商银行	78981.8	162819.4	48.5	89920.6	178253	50.5
建设银行	67981.7	136685.3	49.7	81317.4	154029.2	52.8
农业银行	71211.4	135383.6	52.6	84278.7	150380	56
中国银行	52234.7	117291.7	44.5	61112.5	129397.5	47.2
交通银行	20284.8	44848.1	45.2	24481.7	47285.9	51.8
大型商业银行小计	290694.2	597028.2	48.7	341110.9	659345.6	51.7
招商银行	20025.3	35717	56.1	23928.4	38020.5	62.9
浦发银行	10862.5	29541.5	36.8	13761.5	30020.2	45.8
中信银行	13668.5	31827.8	43	19167.9	36392.9	52.7
民生银行	9630.3	27322.6	35.3	13087.8	30822.4	42.5
光大银行	6614.9	19938.4	33.2	8406.2	21208.9	39.6
平安银行	5485.6	17339.2	31.6	7978.7	19218.4	41.5
华夏银行	5997.7	13517	44.4	6732.8	13683	49.2
兴业银行	10632	24839	42.8	11850	26948	44.0
股份制商业银行小计	82982.76	200042.4	41.5	104985.28	216313.81	48.5

注：部分银行未公布相关数据。

数据来源：根据各行年报整理。

二、企业人民币存款增长加快

1. 对公存款稳步增长

对公存款分为非金融企业存款、政府存款、非银行业金融机构存款三个部分。2016年底，对公存款总额93.14万亿元，较1月份增长9.1万亿元，增长了10.81%，同比2015年底增长12.48%。从季度数据来看，第二季度环比增速最快，达到5.9%，第三季度环比增长速度最慢，仅为1.4%。从月份上来看，仅2月、9月、12月环比增长为负值，其他月份增速均为正值（见表7-4）。

表7-4　　　　　　　　2016年金融机构本外币对公存款情况　　　　　　单位：万亿元，%

月份	非金融企业存款	政府存款	非银行业金融机构存款	合计	非金融企业存款占比	政府存款占比	非银行业金融机构存款占比
1	46.26	24.94	12.85	84.05	55.04	29.68	15.29
2	44.82	24.52	13.66	83.00	54.00	29.55	16.46
3	47.15	25.06	12.67	84.89	55.55	29.52	14.93
4	47.37	26.22	13.06	86.65	54.67	30.26	15.07
5	47.89	26.97	13.56	88.42	54.17	30.50	15.34
6	49.16	27.26	13.46	89.88	54.69	30.33	14.98
7	48.77	27.92	13.92	90.61	53.83	30.81	15.36
8	50.15	28.10	13.72	91.97	54.53	30.55	14.92
9	50.64	27.83	12.65	91.12	55.57	30.55	13.88
10	50.94	28.80	13.17	92.91	54.83	31.00	14.18
11	51.89	28.71	12.85	93.44	55.53	30.72	13.75
12	53.09	27.11	12.94	93.14	57.00	29.10	13.89

数据来源：中国人民银行。

2. 非金融企业人民币存款增长加快

2016年非金融企业存款增加较快。截至2016年底，非金融企业存款53.09万亿元，同比增加7.57万亿元，同比增长16.63%，比2015年的同比增速高2.93个百分点。其中，活期存款同比增加4.4万亿元，同比增长24.04%；定期存款增加3.16万亿元，同比增长11.63%。

非金融企业人民币存款增长速度比本外币各项存款整体增长速度高5.36个百分点，特别是非金融企业的活期存款同比大幅度增加24.04%，整体显示出较快的增长趋势。非金融企业人民币存款快速增加主要有三个影响因素：一是经济增速下滑，企业缺乏投资意愿和投资机会，导致企业存款增加；二是政府主导的大量投资项目处于准备阶段，资金暂时闲置产生存款，导致非金融企业人民币存款增加；三是2016年房地产市场火爆，大量企业通过竞拍获得地块，相关开发项目仍在进行中，部分资金成为企业存款。

3. 非银行业金融机构存款占比有所下降

2016年末，非银行业金融机构存款余额12.94万亿元，比1月末增加了0.09万亿元，比2015年年末减少了0.09万亿元，同比下降0.68%。非银行业金融机构存款余额在同期的对公存款占比13.89%，同比下降了1.84个百分点。从环比增长数据来看，非银行金融机构存款环比增长率波动较大，特别是在季度末波动性更大。

4. 政府存款增速有所回升

截至 2016 年末,政府存款 27.11 万亿元,比 2015 年年末增长 2.85 万亿元,同比增长 11.76%。其中,财政性存款增加 0.08 万亿元,同比增长 2.44%;机关团体存款增加 2.77 万亿元,同比增长 13.30%。1 月和 11 月财政性存款增速出现负值。1 月的财政存款可能是受春节放假时间变动的影响,而 11 月的财政性存款变动可能与房地产调控和营改增改革有关(见表 7-5)。

表 7-5　2016 年金融机构本外币政府存款情况　单位:万亿元,%

月份	政府存款	财政性存款	机关团体存款	政府存款同比	财政性存款同比	机关团体存款同比
1	24.9	4.0	21.0	7.8	-6.4	11.0
2	24.5	3.8	20.7	10.1	0.9	12.0
3	25.1	3.6	21.4	11.4	5.3	12.5
4	26.2	4.6	21.7	14.6	28.3	12.1
5	27.0	4.7	22.3	14.3	19.9	13.2
6	27.3	4.4	22.9	12.4	7.9	13.3
7	27.9	4.9	23.1	11.8	6.4	13.0
8	28.1	4.7	23.4	12.1	6.2	13.3
9	27.8	4.3	23.5	10.9	4.5	12.1
10	28.8	5.0	23.8	11.4	7.7	12.2
11	28.7	4.7	24.0	10.3	-4.5	13.7
12	27.1	3.5	23.6	11.8	2.4	13.3

数据来源:中国人民银行。

三、活期存款占比小幅回升

1. 个人存款平稳增长

截至 2016 年末,我国金融机构本外币住户存款余额为 60.65 万亿元,较 2015 年增加了 5.46 万亿元,增幅为 9.89%,增速提高了 1 个百分点。其中,活期存款 23.67 万亿元,较 2015 年增加了 3.05 万亿元,增幅为 14.80%;定期及其他存款 36.99 万亿元,较 2015 年增加了 2.41 万亿元,增幅为 6.96%。居民存款增速平稳增长,增速小幅上浮受利率市场化和货币政策的影响。一是较高的 M_2 增速,带动了居民收入的快速提高,进而带动存款提高;二是利率市场化改革稳步推进,市场竞争激烈,银行主动上浮利率,吸引居民存款(见图 7-2)。

2. 活期个人存款占比有所提高

2016 年底,金融机构本外币住户活期存款余额 23.67 万亿元,较 2015 年增加了

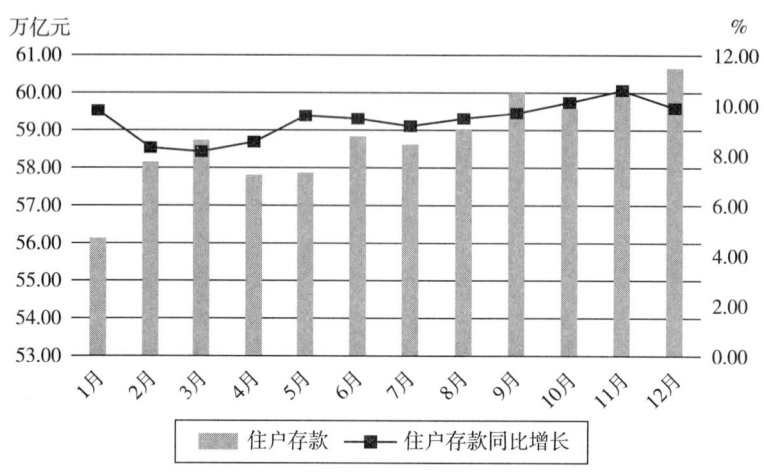

数据来源：中国人民银行。

图7-2 2016年金融机构本外币住户存款情况

3.05万亿元，增幅为14.80%。活期存款占整个住户存款的比例为39.02%，比2015年同期高1.67个百分点。由于房地产市场、理财产品市场、股市等波动，活期存款增速也会有所波动，部分月份可能存在负值（见表7-6）。

表7-6　　　　　　　　2016年本外币活期、定期住户存款情况　　　　　　单位：万亿元，%

月份	住户存款	活期存款	定期及其他存款	活期存款占比	定期存款占比
1	56.1	21.2	35.0	37.7	62.3
2	58.2	21.8	36.3	37.6	62.4
3	58.7	22.1	36.7	37.6	62.5
4	57.8	21.4	36.4	37.1	62.9
5	57.9	21.5	36.4	37.1	62.9
6	58.8	22.1	36.8	37.5	62.5
7	58.6	22.0	36.7	37.4	62.6
8	59.0	22.3	36.8	37.7	62.3
9	60.0	22.9	37.1	38.2	61.8
10	59.6	22.7	36.9	38.0	62.0
11	60.0	23.0	37.0	38.3	61.7
12	60.7	23.7	37.0	39.0	61.0

数据来源：中国人民银行。

四、住户外币存款占比上升

1. 外币存款扭转下降趋势，并迅速增长

截至2016年底，金融机构外币存款余额为7118.82亿美元，较2015年增长了846.41亿美元，增幅为13.49%。2016年的前8个月，外币存款呈下降趋势，其中3月下降幅度为 4.04%。自 9 月起，外币各项存款快速增加，11 月、12 月增幅高达 10%。这一变化主要是由人民币汇率变动和对外贸易回暖导致。一方面，随着人民币贬值预期增强，个人购汇热情提高，产生大量外汇存款；另一方面，外贸回暖使得外贸型企业收入增加，企业持汇带来一定的外币存款（见图 7-3）。

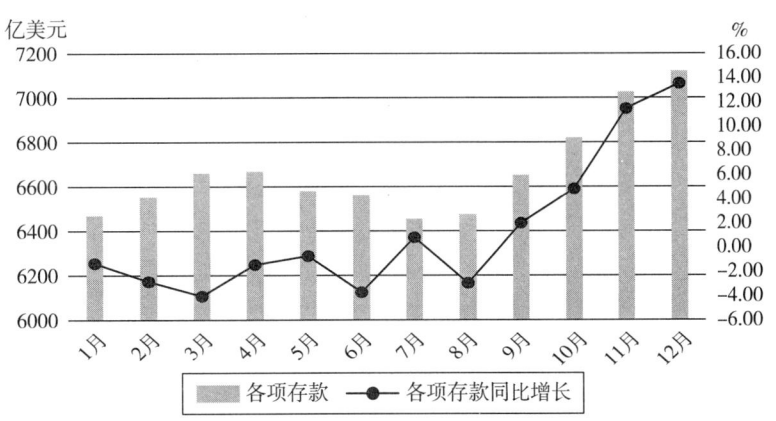

数据来源：中国人民银行。

图 7-3　2016 年金融机构外币存款情况

2. 住户外币存款增长迅速，在外汇存款中占比上升

截至 2016 年末，住户外币存款 1264.4 亿美元，同比增长 40.32%；住户外币存款占比为 17.8%，同比增长了 3.39 个百分点。这主要是由于 2016 年下半年开始，人民币贬值压力和贬值预期加大，居民购汇持汇增加，导致住户外币存款增加（见表 7-7）。

表 7-7　　　　　　　　　　2016 年外币存款占比情况　　　　　　　　单位：亿美元,%

月份	各项存款	住户存款	非金融企业存款	政府存款	非银行业金融机构存款	住户存款占比	非金融企业存款占比	政府存款占比	非银行业金融机构存款占比
1	6469	974	3940	127	419	15.1	60.9	2.0	6.5
2	6552	992	4009	98	415	15.1	61.2	1.5	6.3
3	6660	1016	4069	99	419	15.3	61.1	1.5	6.3
4	6668	1019	4075	97	415	15.3	61.1	1.5	6.2
5	6580	1014	3969	96	411	15.4	60.3	1.5	6.2
6	6562	1031	3958	102	403	15.7	60.2	1.6	6.1
7	6454	1052	3827	102	391	16.3	59.3	1.6	6.1
8	6475	1044	3802	105	378	16.1	58.7	1.6	5.8
9	6652	1067	3902	98	372	16.0	58.7	1.5	5.6
10	6822	1131	3989	98	369	16.6	58.5	1.4	5.4
11	7026	1187	4086	96	375	16.9	58.2	1.4	5.3
12	7119	1264	4140	99	365	17.8	58.2	1.4	5.1

数据来源：中国人民银行。

3. 非金融企业和非银行业金融机构外币存款占比下降

截至 2016 年末，非金融企业外币存款 4139.68 亿美元，同比增长 7.69%。由于其增速小于整体外币存款增速，其在整个外币存款中的份额下降了 2.75 个百分点。其中，政府外币存款 98.86 亿美元，同比下降 10.04%，在整个外币存款中份额下降了 0.58 个百分点。非银行业金融机构存款 364.7 亿美元，同比下降 10.60%，其在整个外币存款中的份额下降了 1.36 个百分点。

五、2017 年存款业务增长压力较大

1. 存款业务压力进一步加大

2017 年，受经济增速放缓、货币政策转向、利率市场加深及互联网金融快速发展等的影响，银行资金来源将受到一定程度的影响。银行业存款竞争将更加激烈，存款业务压力可能进一步加大。

2. 存款利率将实行更加灵活差异化定价策略

新的经济金融环境下，银行业吸收存款压力不断增大。民营银行和互联网金融公司进一步加剧了存款竞争压力，储户对利率敏感性增强，银行的存款营销压力不断增大。金融机构应实施更加灵活的差异化竞争策略，针对客户群体的需求特点制定不同的存款定价策略。

3. 住户存款对银行的负债业务重要性进一步增强

随着居民理财意识不断增强，银行存款流动性加强，资金不断从银行流向股市、债市、基金信托、互联网金融公司等渠道，形成非银行金融企业存款回流到银行。2016 年住户存款虽然占比有所增加，但整体份额依然较低。对互联网金融等重点领域的监管加强将导致非银行金融企业存款占比进一步下降，住户存款对银行的负债业务重要性进一步增强。

六、以创新保持存款业务稳健发展

2017 年，在内外诸多因素的影响下，银行业的盈利增长持续面临压力，低成本存款依然是商业银行提高盈利能力的重要基础。

1. 创新存款产品，推动存款业务发展

一是通过创新、整合存款产品发展存款业务。在利率市场化的大背景下，面对不断增大的存款营销压力，要升级服务理念，加强对存款产品的创新力度，利用新技术、新渠道、新产品为用户提供更好的服务。

二是深化公私业务联动，拓宽客户来源。在加强对核心客户的专项产品研发的同时，积极发展代收代缴、第三方存管、支付业务等，拓宽存款来源。积极发展交易银

行、流程银行，为客户提供一体化、全方位的支付、融资、汇兑等金融服务，以此带动存款业务发展。

三是积极推进综合化经营，通过交叉销售发挥银保、银证、银期合作，深化公私联动，推动存款业务和其他业务协调发展。

2. 提升银行流程化水平，以整体服务能力带动存款业务发展

提升综合金融营销能力，以综合金融服务平台为依托，为客户提供全方位、一体化的金融服务方案，从单纯的存款理财服务转向更加丰富、多样、优质、立体化的综合金融服务。加强存款业务与理财、投资银行、互联网金融等业务的良性互动。

3. 增强科技能力，打造综合金融服务平台

随着互联网、大数据、人工智能技术的进一步发展和成熟，金融科技对银行业的影响越来越大。银行应顺应互联网金融大潮，进一步加大对科技信息技术的投入力度，积极加强科技能力，增强基础性科技研发能力，并加大对科技人才的培养和引进。通过打造综合金融服务平台，为客户提供更加高效、低成本、高质量的金融服务。不断开拓新的获客方式，延伸业务触角，带动传统负债业务向互联网金融渠道转型。

4. 提高存款业务精细化管理水平，实施差异化存款定价策略

存款营销压力的不断增大，对存款业务管理的精细化水平提出了较高要求。一是可以加强公司内部的存款成本转移定价机制建设，构建以风险管理为基础的负债成本收益核算体系。二是强化内部考核，建立更加合理的营销考核机制，提高人均营销效率。三是建立客户分层管理机制，根据客户的忠诚度、贡献水平制订存款差异化策略。四是增强贷款主动定价能力。综合考虑资金供需、同业竞争、市场风险等情况，合理确定存款利率。

第八章
非存款负债业务灵活主动发展

2016年,商业银行非存款负债业务总体保持平稳增长。其中,同业存款增速放缓,同业存单发行量和向央行借款规模大幅增加,二级资本债发行量继续下降。2017年商业银行非存款业务将继续稳步增长,同业存单业务增速或将放缓。商业银行将积极创新负债管理模式,进一步优化负债结构。

一、同业存单发行量大幅增加

1. 同业和其他金融机构存放款项增幅放缓,不同规模机构增幅出现分化

2016年末,16家上市银行同业和其他机构存放资金为14.72万亿元,同比增长0.8%。其中,大型商业银行的同业和其他机构存放资金69108亿元,同比减少6.8%。股份制商业银行的同业和其他机构存放资金73554亿元,同比增长10.9%。城市商业银行的同业和其他机构存放资金4522亿元,同比减少18.8%。不同银行的流动性状况、流动性管理能力和流动性管理策略是造成分化的主要原因(见表8-1)。

表8-1　　　　　2016年同业和其他金融机构存放款项情况　　　　单位:亿元,%

银行机构	2015年	2016年	新增额	增长率
工商银行	17883	15167	-2716	-15.2
农业银行	12219	11560	-659	-5.4
中国银行	17462	14012	-3451	-19.8
建设银行	14423	15829	1406	9.8
交通银行	12142	12540	398	3.3
大型银行小计	74129	69108	-5021	-6.8
中信银行	10685	9814	-871	-8.1
浦发银行	10429	13420	2991	28.7
民生银行	9204	13076	3872	42.1
招商银行	7116	5556	-1560	-21.9
平安银行	3111	3924	813	26.1
兴业银行	17657	17210	-447	-2.5
光大银行	5411	8304	2893	53.5
华夏银行	2702	2251	-451	-16.7
股份制商业银行小计	66315	73554	7239	10.9

续表

银行机构	2015年	2016年	新增额	增长率
南京银行	984	615	-369	-37.5
北京银行	3897	3461	-436	-11.2
宁波银行	686	446	-240	-35.0
城商行小计	5567	4522	-1046	-18.8
上市银行合计	146011	147184	1173	0.8

数据来源：根据各行年报整理。

2. 同业存单发行量大幅增加

随着银行间市场的不断活跃，同业存单已经成为银行优化负债结构、获取主动负债的重要工具。2016年同业存单发行数量激增，全年共发行12.99万亿元的同业存单，比2015年的5.3万亿元激增145%。其中，有近四成是由总资产规模在7000亿元（2015年末）以下的中小银行发行的。

同业存单发行量大增，受多方面因素影响。一是资金市场供给较为充裕，价格下行刺激了同业存单需求；二是中小银行将同业存单作为重要的主动负债工具，随着利率市场化的推进，中小银行存款营销难度上升，同业存单迅速增长成为中小银行资产负债表扩张的重要工具；三是由于发行同业存单不计入同业负债，负债结构不受监管限制，因此存在一定的套利空间。2017年年初以来，央行强化了MPA考核，同时拉长了资金期限，一定程度上压缩了套利空间。

3. 拆入资金增速有所放缓

2016年，16家上市银行拆入资金总计2.5万亿元，比2015年增加2937亿元，同比增长13.4%，增速较2015年下降23.1个百分点。其中，大型商业银行拆入资金17338亿元，同比增长5.6%。股份制商业银行拆入资金6805亿元，同比增长39.7%。城商行拆入资金725亿元，同比增加88亿元，同比增幅13.8%（见表8-2）。

表8-2　　　　　　　　　2016年各行拆入资金情况　　　　　　　单位：亿元,%

银行机构	2015年	2016年	新增额	增长率
工商银行	4776	5001	225	4.7
农业银行	3158	3020	-137	-4.4
中国银行	3029	2663	-366	-12.1
建设银行	3042	3111	69	2.3
交通银行	2418	3543	1124	46.5
大型银行小计	16423	17338	915	5.6
中信银行	492	837	345	70.0
浦发银行	710	599	-110	-15.6

续表

银行机构	2015年	2016年	新增额	增长率
民生银行	681	1004	323	47.4
招商银行	1788	2489	701	39.2
平安银行	121	526	404	333.1
兴业银行	103	130	27	26.2
光大银行	334	489	154	46.2
华夏银行	641	731	90	14.0
股份制商业银行小计	4871	6805	1934	39.7
南京银行	50	29	-22	-42.9
北京银行	385	348	-37	-9.6
宁波银行	202	348	146	72.4
城商行小计	637	725	88	13.8
上市银行合计	21930	24868	2937	13.4

数据来源：各行年报整理。

4. 二级市场资本债发行额连续下降

2014—2016年二级资本债发行总额分别为3448.5亿元、2698.64亿元和2273.5亿元。虽然发行的总笔数上升，但发行总额逐年下降。究其原因，是因为在《巴塞尔新资本协议》考核体系下，许多银行一级核心资本考核压力较大。目前我国商业银行补充资本主要靠优先股、定增和二级资本债。考虑到融资成本以及对二级市场冲击的担心、股市低迷等因素，在补充资本方面，优先股要优于二级资本债。

5. 向央行借款大幅增长

2016年上市银行向央行借款余额为37157亿元，同比增长27393亿元，增速为281%。部分银行向央行借款规模增长数倍。在外汇占款流入减缓的情况下，向央行借款快速增长显示出央行对银行间市场的流动性支持进一步增强。

6. 卖出回购金融资产增速呈现分化

2016年，商业银行卖出回购业务出现了明显的分化。部分大型银行和部分股份制银行卖出回购金融资产维持正增长，其他商业银行的卖出回购金融资产规模则出现了不同程度的下滑。分化的原因可能是商业银行根据经营策略对相关业务进行调整导致的。

二、非存款负债稳步增长

1. 非存款负债将会逐步增加

非存款负债具有主动性、灵活性和针对性的特点，有利于商业银行拓展资金来源，方便其进行日常流动性管理,提高流动性管理的主动性和灵活性;同时,非存款负债还可以帮助银行调整和提升资产负债匹配度,减少期限错配风险。

一是在存款业务增长压力较大,资本约束越来越紧的情况下,许多银行都面临着资产配置模式转型的问题,许多银行向资本需求较低的中间业务收入转型,资产端创新为主动负债管理创造了更大的空间。二是利率市场化的持续推进,非存款负债和存款负债成本差异减少,有利于商业银行积极进行主动负债操作。三是同业存单等业务给予中小银行主动负债较大的灵活性。

2. 同业存单发行规模将有所放缓

银行发行同业存单吸收资金,与传统的吸收线下同业存款相比,手续更为便捷,流程更为高效,且同业存单可在市场上转让流通,因此更受投资者欢迎。随着传统的同业存款到期,有一部分同业存款陆续以新发同业存单替代。部分中小银行大量发行同业存单吸收资金,然后主要投放于同业资产,比如购买同业理财产品,赚取利差。但随着防风险、去杠杆的稳步推进,以及 MPA 考核正式实施,同业存单的增速或将逐步放缓。

三、创新负债管理模式同时优化负债业务结构

1. 多种非存款负债工具运用更加灵活

面临着利率市场化和互联网金融带来的激烈市场竞争,商业银行资产负债管理也面临着挑战。当前商业银行负债主要以存款为主,存款业务增速逐步放缓限制了商业银行发展。存款具有一定刚性,资产端需要与之被动相适应,缺乏相应的灵活性和主动性,容易带来期限错配和流动性风险。同业存单、协议存款、短期融资等非存款负债工具,具有灵活、高效的特点,大大增强了商业银行管理流动性的主动性和灵活性。但在防风险、去杠杆背景下,相关业务的合规监管将加强,进而可能对部分商业银行的非存款负债业务造成一定的影响。在合规管理前提下,未来商业银行可以积极调整负债结构,灵活运用多种非存款负债工具,丰富非存款负债业务品种类型,创新利率衍生、资产证券化等金融工具。

2. 主动负债管理能力不断强化

主动负债具有"蓄水池"的功能,有利于增强商业银行管理的主动性和灵活性,减少存款刚性带来的流动性波动,实现风险和收益的动态平衡。主动负债能力涉及三个方面:一是要开源,即拓宽非存款负债工具的种类和规模;二是要加强成本核算和资金运用测算,健全内部资金使用机制,实现资金运用渠道在规模、成本和期限上的合理匹配;三是强化主动负债管理的风险管理。要针对市场利率波动进行提前预判,适当安排流动性,加强交易对手集中度管理,确保同业业务稳健发展。

3. 专业人才队伍建设更加完善

非存款负债业务具有较强的专业性和创新性，要积极培养专业人才队伍，打造能够对行业发展态势做出前瞻性判断的研究人员队伍，减少市场风险并适当获取风险收益。构建非存款负债管理工具设计和发行的专业队伍，依靠创新不断提高非存款负债规模和比重。保持非负债业务人员队伍稳定性，减少业务实施过程中的操作风险。

四、中间业务篇

2016年，主要上市银行传统中间业务收入增速放缓，但仍然是最大的中间业务收入来源。新型中间业务总体保持平稳较快发展，但呈现出多重分化的特点。2017年，随着居民收入的稳步增长，金融市场规模和结构的不断扩大和丰富，传统中间业务将保持平稳增长。随着金融市场对内对外开放深入推进，资产证券化、PPP等快速发展，新型中间业务将保持较快增长，并有望成为商业银行重要的盈利增长点。

第九章
传统中间业务仍是重要支撑

2016年，商业银行传统中间业务收入增速有所放缓，但依然是最大的中间业务收入来源。银行卡类业务与代理类业务继续保持较快增长，结算类业务与担保承诺类业务收入及占比均出现不同程度下降。2017年，随着居民收入的稳步增长，金融市场规模和结构的不断扩大和丰富，传统中间业务将保持平稳增长。

一、中间业务对营业收入的贡献继续上升

1. 中间业务收入增速跑赢"大市"

2016年，商业银行进一步加强产品、服务与渠道创新，拓宽多元化中间业务收入来源。2016年，12家上市大型商业银行和股份制商业银行[①]共实现手续费及佣金净收入7394亿元，较2015年增幅7.3%，增速有所放缓，但仍高于营业收入和净利润的增长速度（见图9–1）。

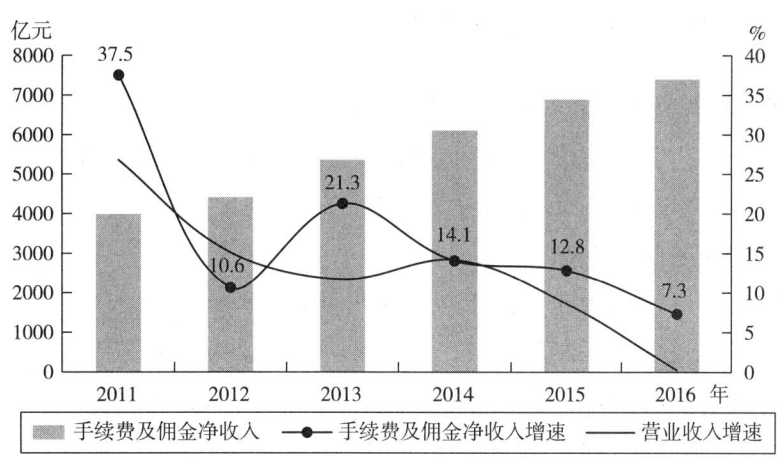

数据来源：中国银行业发展报告课题组根据各行定期报告整理。

图9–1　12家上市银行手续费及佣金净收入、营收增速

---

① 第九章和第十章提出的12家银行是指：工商银行、农业银行、中国银行、建设银行、交通银行、浦发银行、民生银行、招商银行、中信银行、光大银行、平安银行、浙商银行。

2. 中间业务贡献继续上升

由于多数银行在净利息收入增长方面面临着信贷需求不足、利率市场化深化及息差收窄等压力,使得手续费及佣金收入的占比继续上升。2016年,12家上市银行的手续费及佣金净收入对营业收入的占比达21.9%,较2015年继续上升1.4个百分点(见图9-2)。

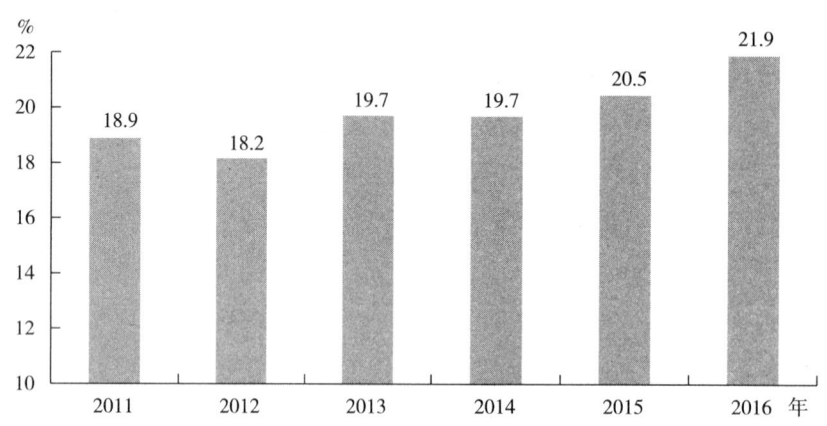

数据来源:中国银行业发展报告课题组根据各行定期报告整理。

图9-2　12家上市银行手续费及佣金净收入占比

二、传统中间业务地位尚难撼动

1. 传统中间业务仍是最大的中间业务收入来源

2016年,12家上市银行实现传统中间业务收入4969亿元,较2015年增长7.0%,增速有所下降。尽管如此,传统中间业务收入在全部手续费及佣金收入中的占比高达61.2%[①],仍是最大的中间业务收入来源。

分银行类别看,5家大型商业银行合计实现传统中间业务收入3389亿元,较2015年增幅3.1%,增速下降4.5个百分点,占比下降0.4个百分点至63.7%;7家上市股份制银行实现传统中间业务收入1580亿元,较2015年增幅16.6%,增速较上年下降14.4个百分点,占比下降0.5个百分点至56.5%(见图9-3)。

2. 银行卡类业务仍然占据"大头"

分业务子类看,银行卡类业务收入在传统中间业务收入中的"大头"地位进一步凸显。2016年,12家上市银行的银行卡类业务收入在中间业务收入中的占比达43.8%,

---

① 传统中间业务收入占比是指结算类、银行卡类、担保承诺类、代理类业务手续费及佣金收入在全部手续费及佣金收入中的比重。后文的"新型中间业务收入占比"是指理财业务类、托管类、投行(咨询与顾问)类业务手续费及佣金收入在全部手续费及佣金收入中的比重。由于各行年报"手续费及佣金净收入"项下的"其他"项目未作具体披露,因而两者之和略小于1。

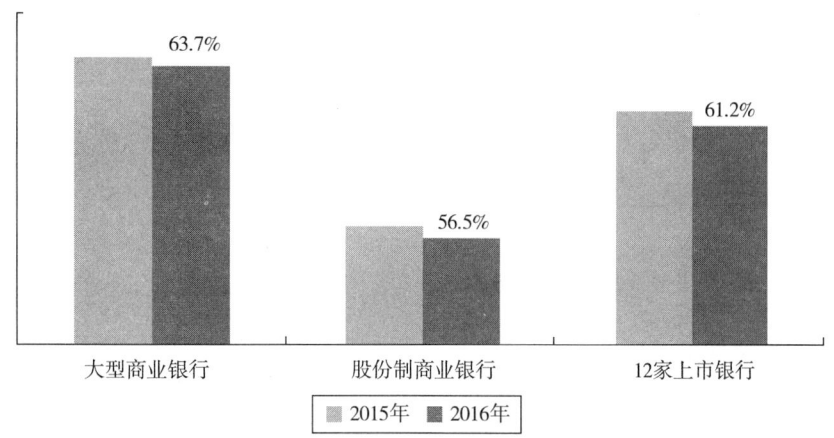

数据来源:中国银行业发展报告课题组根据各行定期报告整理。

图9-3　12家上市商业银行传统中间业务收入占比比较

较2015年提升了1.7个百分点。代理类业务也保持了较快增长,收入占比较2015年提升了1.3个百分点至26.6%。结算类业务和担保承诺类业务由于绝对收入下降,导致其占比分别降至20.4%和9.2%(见图9-4)。

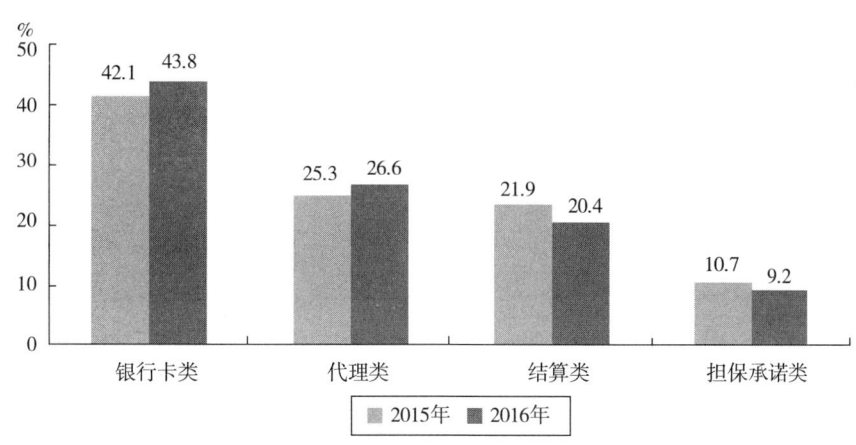

数据来源:中国银行业发展报告课题组根据各行定期报告整理。

图9-4　12家上市商业银行传统中间业务分项收入占比情况

三、各子类业务发展差异化明显

1. 银行卡类业务保持平稳发展

2016年,12家上市商业银行银行卡类业务收入2175亿元,较2015年增长11.2%,

增幅基本与2015年持平①。这主要得益于消费金融热潮下,银行卡收单、刷卡及分期业务获得快速发展(见图9-5)。

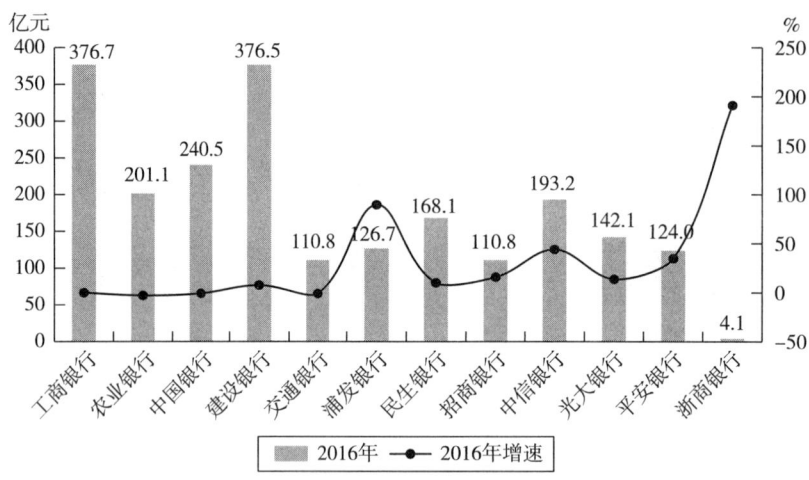

数据来源:中国银行业发展报告课题组根据各行定期报告整理。

图9-5　12家上市商业银行银行卡类业务收入情况

2. 代理类业务保持较快增长

2016年,12家上市银行代理类业务收入1323亿元②,较2015年增长12.6%,保持了较快增长。这主要得益于保险行业爆发式增长、居民避险需求增加和投资需求旺盛等影响,保险、基金、信托代销等业务增长良好(见图9-6)。

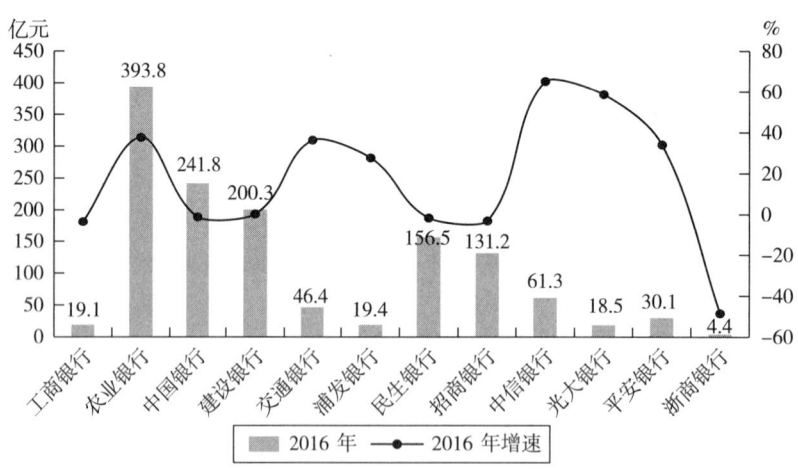

数据来源:中国银行业发展报告课题组根据各行定期报告整理。

图9-6　12家上市商业银行代理类业务收入情况

---

① 出于数据可得性和可比性需要,在不显著影响结论前提下,此处对交行2016年的"银行卡类业务收入"和"结算类业务收入"做了估算(2016年年报披露的是两者合计数,此处按照2015年的比例进行分拆)。
② 为相对准确、科学地统计传统与新型中间业务收入,此处将农行、建行的"电子银行业务收入"分别归入了其"结算类业务收入"。

3. 结算类业务收入出现下降

2016年，12家上市商业银行支付、结算和清算业务收入1013亿元，较2015年下降0.2%，是近年内的罕见性下降。这主要是由于监管规范收费下，银行下调部分人民币结算服务收费标准，同时，不少银行积极担当社会责任、支持实体经济发展，不断主动减免部分服务收费，导致商业银行在结算业务量增长的同时收入出现下降（见图9-7）。

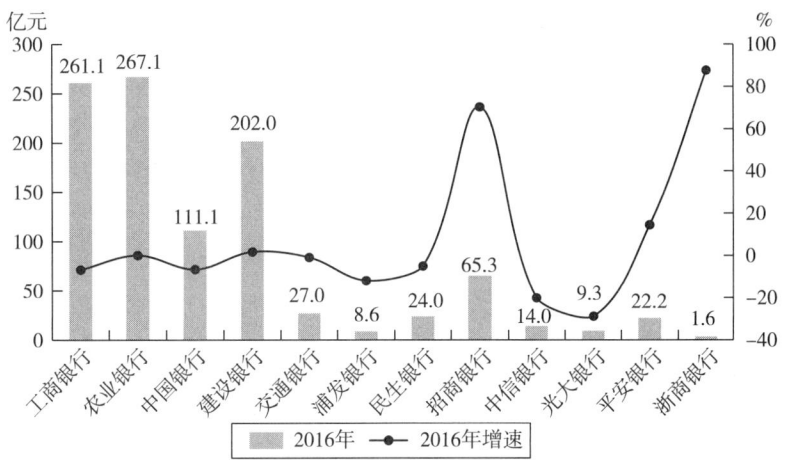

数据来源：中国银行业发展报告课题组根据各行定期报告整理。

图9-7　12家上市商业银行结算类业务收入情况

4. 担保承诺类业务明显收缩

2016年，12家上市商业银行担保承诺类业务收入458亿元，较2015年大幅下降7.8%。这主要是受银行加大对企业收费的优惠减免力度，取消与贷款相关的部分担保承诺类收费，及真实贷款议价能力有所减弱等因素影响（见图9-8）。

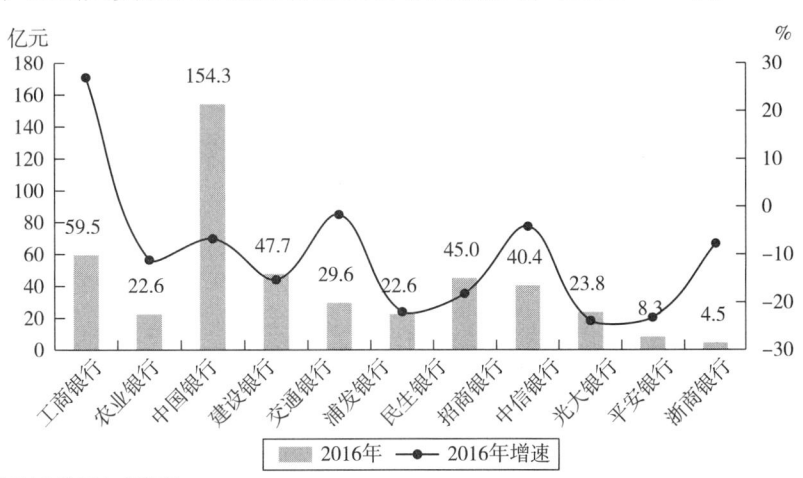

注：平安银行未披露相关数据。

数据来源：中国银行业发展报告课题组根据各行定期报告整理。

图9-8　11家上市商业银行担保承诺类业务收入情况

5. 不同银行业务发展各有侧重

随着转型发展内生驱动力的不断增强,商业银行更加重视中间业务的发展,并根据外部环境和自身特点,有所侧重地布局和发展传统中间业务细分领域。2016 年,股份制商业银行在银行卡类和结算类业务领域的收入增速远高于大型商业银行,较 2015 年分别增长 30.2% 和 16.7%。而大型商业银行代理类和担保承诺类业务收入分别增长了 14.8% 和 -3.2%,高于股份制商业银行的 8.1% 和 -16.5% 的增速(见表 9-1)。

表 9-1　　　　　12 家上市银行传统中间业务收入增速、占比情况　　　　　单位:%

细分业务	大型商业银行			股份制商业银行		
	2016 年增速	2016 年占比	占比变动	2016 年增速	2016 年占比	占比变动
银行卡类	1.4	38.5	-0.6	30.2	55.0	5.7
代理类	14.8	26.6	2.7	8.1	26.7	-2.1
结算类	-2.6	25.6	-1.5	16.7	9.2	0
担保承诺类	-3.2	9.3	-0.6	-16.5	9.2	-3.6

数据来源:中国银行业发展报告课题组根据各行定期报告整理。

四、传统中间业务有望保持平稳增长

中国经济稳中向好,积极因素逐步增多,全球经济逐步回暖,主要经济体复苏势头强劲。未来,"一带一路"建设、京津冀协同、雄安新区开发等国家发展战略将深入推进,金融市场规模和结构将不断扩大和丰富,国民财富亦将持续增长和积累。

这些长期、重大积极因素的出现,无疑将带动居民、企业、对外部门的金融交易、资产交易和资金管理需求的持续增长,创造出更多的境内、境外结算和清算、担保和承诺、借记卡和信用卡、代理等业务机会,从而支持商业银行传统中间业务收入保持较快增长。

从银行业自身发展看,随着息差不断收窄、盈利增速持续放缓、监管不断收紧趋严,商业银行必将继续深入推进"轻资本化"的内涵式发展和改革转型,着力优化收入结构,加大中间业务布局和发展力度。

第十章
新型中间业务平稳较快发展

2016 年,商业银行新型中间业务总体实现了平稳较快发展①。同时也呈现出了多重分化的特点,不同业务增速各异,不同类型银行的细分业务优势不同。2017 年,随着金融市场对内对外开放深入推进,资产证券化、PPP 等快速发展,新型中间业务将保持较快增长。新型中间业务有望成为商业银行重要的盈利增长点。

一、业务总体保持较快发展

投行(咨询与顾问)类、托管类和理财业务凭借"轻资产、轻资本"特征,已然成为商业银行实施转型战略的"三剑客",也是目前商业银行发展新型中间业务的主要着力点和驱动力。总体而言,上市银行的新型中间业务在 2016 年实现了平稳较快发展(见图 10 - 1)。

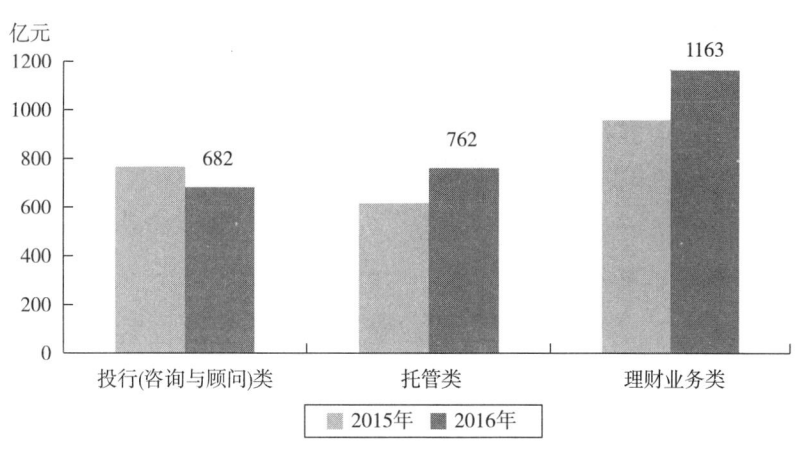

数据来源:中国银行业发展报告课题组根据各行定期报告整理。

图 10 - 1 上市商业银行新型中间业务手续费及佣金收入情况

1. 投行类业务收入继续下降

主要受实体经济融资需求疲弱(特别是对公信贷需求下降)的影响,与融资相关的

---

① 新型中间业务创新层出不穷,其内容和形式都在不断丰富。本章对新型中间业务的统计描述以投行(咨询与顾问)、托管和理财三项业务为主,因为这三项业务目前是新型中间业务的主要内容,具有代表性,且各商业银行的年度报告中有较为全面的数据,便于统计分析;而其余新型中间业务开展时间较短,业务占比小,且数据统计不全面。

债务承销、财务顾问等投行类业务收入继续下降。2016年,12家银行中披露相关数据的11家上市银行合计实现投行类业务收入726亿元,较2015年继续下降12.3%,降幅与2015年基本相当(见图10-2)。

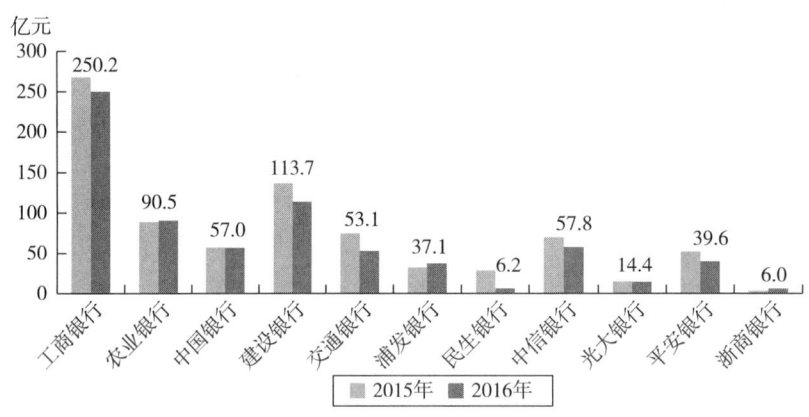

数据来源:中国银行业发展报告课题组根据各行定期报告整理。

图10-2 上市商业银行投行类业务收入情况

2. 托管类业务加速发展

受股权融资、福利计划、互联网金融、跨境金融等业务快速发展的带动,商业银行托管类业务规模和收入快速增加。2016年,12家银行中披露相关数据的11家上市银行合计实现托管类业务收入762亿元,同比增长23.7%,增幅较2015年提高1.4个百分点。这11家银行中,有8家的托管类业务收入较2015年出现不同程度的增长(见图10-3)。

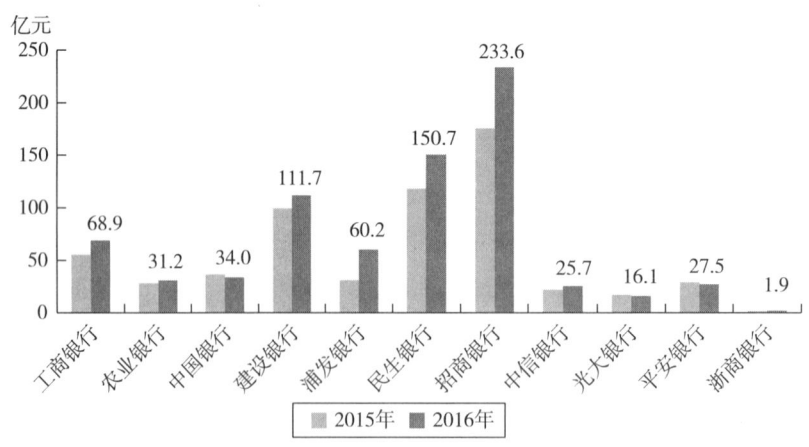

数据来源:中国银行业发展报告课题组根据各行定期报告整理。

图10-3 上市商业银行托管类业务收入情况

3. 理财业务保持较快发展

得益于"大资管"时代下加大理财资产投放,不断创新和丰富理财产品体系,全方位满足客户理财和财富管理需求,商业银行理财业务保持了较快发展。2016 年,12 家银行中披露相关数据的 8 家上市银行合计实现理财业务收入 1163 亿元。尽管受保险业监管收紧和理财规模增长放缓等不利因素影响,理财业务收入增速低于 2015 年,但仍然取得 21.4% 的较高速度(见图 10-4)。

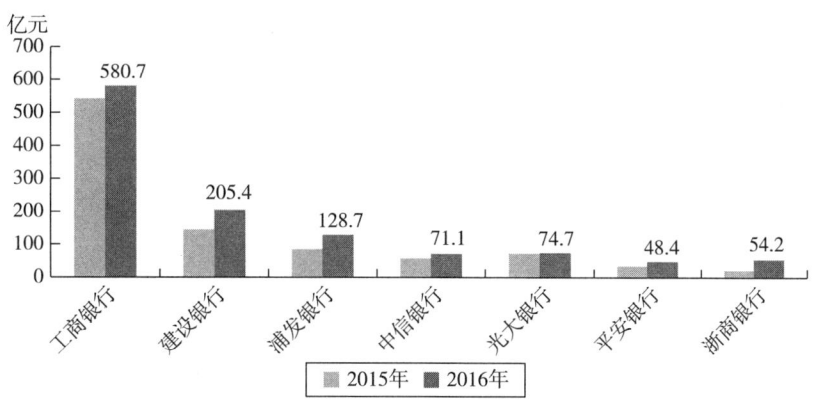

数据来源:中国银行业发展报告课题组根据各行定期报告整理。

图 10-4　上市商业银行理财业务收入情况

二、多层面呈现业务分化

1. 不同银行的业务发展速度差异明显

在 11 家披露投行(咨询与顾问)类业务收入的上市商业银行中,大多数银行的投行(咨询与顾问)类业务收入较 2015 年有所下降,部分银行的降幅超过 20%。但也有个别银行出现较快增长,增速两极分化较明显。相对而言,各行托管和理财业务方面的发展速度差异较小。托管业务方面,在 11 家披露数据的上市商业银行中,仅有 3 家银行的收入增幅略有下降,其余多数银行保持较快增长。理财业务方面,在披露数据的上市商业银行中,各家银行的收入均保持了不同程度的增长,且增速大都出现不同程度下降。可见,各上市银行的托管类业务和理财业务发展速度差异相对投行类业务较小(见表 10-1)。

表 10-1　　　　　　　　上市商业银行新型中间业务增速及其变动　　　　　　　单位:%

银行机构	投行(咨询与顾问)类业务收入			托管类业务收入			理财业务收入		
	2015年增速	2016年增速	增速变动	2015年增速	2016年增速	增速变动	2015年增速	2016年增速	增速变动
工商银行	-12.09	-6.60	5.49	-6.40	24.33	30.73	52.27	7.10	-45.17
农业银行	-19.39	1.78	21.17	-8.25	9.17	17.42	—	—	—
中国银行	-34.84	-0.97	33.87	7.33	-7.61	-14.94	—	—	—
建设银行	-26.74	-16.75	9.98	12.50	12.39	-0.11	33.17	42.06	8.89

续表

银行机构	投行（咨询与顾问）类业务收入			托管类业务收入			理财业务收入		
	2015年增速	2016年增速	增速变动	2015年增速	2016年增速	增速变动	2015年增速	2016年增速	增速变动
交通银行	-2.24	-28.99	-26.75	—	—	—	—	—	—
大型商业银行	-18.34	-9.78	8.56	3.38	11.64	8.26	47.81	14.46	-33.35
浦发银行	0.47	15.06	14.59	10.74	92.83	82.08	104.01	51.63	-52.38
民生银行	-21.31	-78.27	-56.95	32.42	27.73	-4.69	—	—	—
招商银行	—	—	—	34.62	33.13	-1.49	—	—	—
中信银行	23.66	-17.14	-40.80	46.39	15.17	-31.22	46.74	22.49	-24.25
光大银行	-11.11	-4.63	6.48	63.38	-7.24	-70.62	116.57	3.02	-113.55
平安银行	40.75	-24.51	-65.26	109.18	-6.60	-115.78	73.92	41.33	-32.59
浙商银行	21.42	78.48	57.06	-40.40	21.00	61.39	502.24	154.17	-348.07
股份制商业银行	10.85	-19.99	-30.84	36.22	30.44	-5.77	96.55	39.14	-57.41
全体行	-12.75	-12.27	0.48	22.32	23.72	1.40	58.96	21.44	-37.52

数据来源：中国银行业发展报告课题组根据各行定期报告整理。

2. 不同类型银行的细分业务优势不同

大型商业银行的优势主要集中在投行业务和理财业务，而股份制商业银行的优势则在托管业务上。投行（咨询与顾问）业务和理财业务方面，大型商业银行的收入在手续费及佣金收入中的占比分别为10.6%和26.9%，高于股份制商业银行的7.5%和23.9%（2015年亦如此）。这表明，大型商业银行凭借自身的大中型客户基础、专业和人才等优势，在投行（咨询与顾问）业务和理财业务领域的发展优势相对明显。

托管业务方面，股份制商业银行的收入在手续费及佣金收入中的占比为18.4%，高于大型商业银行的5.0%（2015年亦如此）。这表明，股份制商业银行依托灵活的体制机制，创新流程和产品，提升运营效率，快速响应市场（见表10-2）。

表10-2　　　　　　　上市商业银行新型中间业务占比及其变动　　　　　　单位:%

银行机构	投行（咨询与顾问）类业务收入			托管类业务收入			理财业务收入		
	2015年占比	2016年占比	占比变动	2015年占比	2016年占比	占比变动	2015年占比	2016年占比	占比变动
工商银行	16.57	15.19	-1.38	3.43	4.18	0.76	33.53	35.25	1.72
农业银行	9.83	8.98	-0.85	3.16	3.09	-0.06	—	—	—
中国银行	5.71	5.80	0.09	3.64	3.46	-0.19	—	—	—
建设银行	11.25	8.89	-2.36	8.19	8.74	0.55	11.91	16.06	4.15
交通银行	19.54	13.30	-6.24	—	—	—	—	—	—
大型商业银行	12.20	10.62	-1.58	4.64	5.00	0.36	24.26	26.87	2.61

续表

银行机构	投行（咨询与顾问）类业务收入			托管类业务收入			理财业务收入		
	2015年占比	2016年占比	占比变动	2015年占比	2016年占比	占比变动	2015年占比	2016年占比	占比变动
浦发银行	11.01	8.59	-2.42	10.65	13.93	3.27	28.96	29.77	0.81
民生银行	5.15	1.10	-4.06	21.41	26.79	5.37	—	—	—
招商银行	—	—	—	30.73	35.39	4.66	—	—	—
中信银行	18.52	12.74	-5.79	5.92	5.66	-0.26	15.43	15.68	0.25
光大银行	5.45	4.82	-0.63	6.27	5.39	-0.88	26.14	24.96	-1.18
平安银行	19.68	12.66	-7.02	11.02	8.77	-2.25	12.82	15.44	2.62
浙商银行	7.98	7.79	-0.19	3.79	2.51	-1.28	50.82	70.66	19.84
股份制商业银行	11.14	7.54	-3.61	16.63	18.43	1.81	21.58	23.94	2.36
全体行	11.93	9.73	-2.19	8.64	9.87	1.23	23.44	25.84	2.41

数据来源：中国银行业发展报告课题组根据各行定期报告整理。

3. 不同类型银行的业务发展稳定性不同

总体而言，大型商业银行各类新型中间业务的发展速度整体低于股份制银行，但发展速度相对平稳。这表明，其对外部环境变化的抵抗能力较强，而股份制商业银行则刚好相反。如投行类业务收入方面，大型商业银行2016年的投行类业务收入较2015年增速变动为8.6个百分点，而股份制商业银行则高达30.8个百分点。大型商业银行投行类业务收入对手续费及佣金收入的占比变动为1.6个百分点，而股份制商业银行则为3.6个百分点。

三、新型中间业务将成为重要盈利增长点

受经济下行、利率市场化、竞争加剧等影响，商业银行息差仍可能有所下降。大力发展中间业务，提高中间业务收入占比是商业银行的转型方向，也是践行"轻资产、轻资本"发展理念的具体举措。而较之于相对成熟的传统中间业务而言，新型中间业务有着更为广阔的市场潜力。

未来一个时期，随着更加积极的财政政策的实施，"一带一路"倡议、长江经济带及京津冀协同发展战略等的深入推进，商业银行通过投资银行业务支持民生基础设施建设、PPP等商业模式将迎来大量机会，助力投行业务实现较快增长。

随着国民收入的稳步增长，居民金融消费需求向多元化、国际化的资产配置和全面的资产负债管理转变，将为商业银行发展理财、财富管理及私人银行业务提供更加广阔的空间。

金融市场对内对外开放进一步扩大，资本市场工具和产品不断丰富，新金融持续蓬勃发展，将为商业银行创造巨大的资产和资金托管市场。同时，商业银行在托管业务系统中对大数据和云计算等金融科技的运用，也能降低成本，提升服务效率，更好地满足

市场需求。

总体来看，新型中间业务有望保持快速增长，逐步成为商业银行中间业务收入更重要的盈利增长点。

专栏3　严格监管下的银行收费业务转型

近年来，政府和监管部门对银行服务收费的规范和监管持续加强。相关部门通过制定和实施《商业银行服务价格管理办法》、《关于整治银行业金融机构不规范经营的通知》等系列文件，持续加大对商业银行服务收费行为的清理、整顿和规范。

如何在日趋严格的监管和日渐激烈的竞争压力下，实现中间业务收入的可持续增长，是摆在商业银行面前的严峻挑战。为有效应对挑战，加快实现轻型化转型，商业银行关键要做到"增收节支"，积极拓宽中间业务收入渠道，持续降低中间业务运营成本。

一是把握经济发展脉搏。商业银行应高度重视国家在国内和全球的经济发展战略布局，深刻认识重大经济战略下的业务发展机遇，主动做好配套服务准备。例如，对于"一带一路"倡议，境内投资者2016年对沿线53个国家进行了145亿美元非金融类直接投资。这其中蕴含着企业对投融资、国际结算、风险管理等金融服务的庞大需求，商业银行应积极推进境外机构布局，做好配套的交易银行、投资银行等综合服务方案。

二是扩大同业跨业合作。在同业合作方面，银行秉持差异发展、优势互补理念，扩大同业之间的服务范围，共同为重大项目提供银团贷款、联合承销等合作服务；在跨业合作方面，银行强化跨界思维，建立与保险、证券、互联网金融、商户等跨业合作联盟，充分发挥各自渠道、品牌等优势，提高资源利用率，实现银行和非银行业、客户的"多赢"发展。

三是注重产品服务创新。银行需确实坚持以客户为中心，主动洞悉客户与市场新需求，持续优化现有产品、流程和服务，及时创新推出中间业务服务新工具、新手段，在有效满足居民和企业日益增长的财富管理、资产配置、全球投融资等各类中间业务服务需求过程中，实现在日趋激烈的同业、跨业竞争下的差异化突围。

四是加强金融科技运用。金融科技正在商业银行各类业务中发挥着日益重要的作用，并将在可以预计的未来扮演着更加关键的角色。大数据、云计算、人工智能、区块链等新技术在金融领域的运用，不仅有助于客户画像、数据营销，提高资产配置和财富管理的智能化水平，更能显著优化资产托管等中间业务系统和平台，提高中间业务服务的集约化水平和效率，从而大幅降低人力服务需求，节省中间业务运营成本。

五、风险管理篇

2016年,中国经济运行缓中趋稳,信用风险形势总体稳定可控。2017年,国内外经济金融形势依然复杂多变,银行业依然面临信用风险压力,信用风险管理仍将面临挑战。2016年,受国内外经济金融环境变化等影响,商业银行面临的市场风险和流动性风险压力加大。商业银行积极应对各种挑战,稳步提高市场与流动性风险管理能力。2017年及未来一个时期,不确定性依然较大,而且市场与流动性风险可能相互交织、相互影响,从而给银行全面风险管理带来新的挑战。

第十一章
信用风险总体可控

2016年,中国经济运行缓中趋稳,但结构性矛盾仍较突出,银行业信用风险压力犹存。银行业进一步完善风险管理体系建设,不断提升各类风险管控能力,风险可控,年末信用风险出现积极变化的信号。2017年,国内外经济金融形势依然复杂多变,银行业依然面临信用风险压力,风险管理仍将面临挑战。

一、总体形势稳定可控

2016年,银行业不良贷款余额和不良贷款率双升势头减缓。总体来看,我国商业银行不良贷款水平与国际同业相比仍处于相对低位,风险抵补能力较强,且资产质量情况与我国经济保持中高速增长的宏观环境相匹配,总体稳定可控。

1. 信贷资产质量总体平稳

新常态下经济增速放缓,结构性改革深化,产业转型加速,部分行业和企业资金链偏紧,偿债能力下降,导致银行业资产质量管控承压。但银行转型发展成果逐渐显现,加之不良资产证券化、市场债转股、不良资产收益权转让、地方资产管理公司扩容等不良资产处置渠道的增加,商业银行对信用风险的消化能力有所增强,银行资产质量仍处于可控水平。2016年末,商业银行(法人口径,下同)不良贷款余额15122亿元,较2015年末增加2378亿元;不良贷款率1.74%,较2015年末增加0.07个百分点(见表11-1)。

表11-1 2016年商业银行主要监管指标情况表 单位:亿元,%

类别	2015-12	2016-3	2016-6	2016-9	2016-12
贷款损失准备	23089	24367	25291	26221	26676
拨备覆盖率	181.18	175.03	175.96	175.52	176.40
资本充足率	13.45	13.37	13.11	13.31	13.28
一级资本充足率	11.31	11.38	11.10	11.30	11.25

数据来源:中国银监会。

2. 2016年末不良贷款率出现积极信号

自2011年第四季度,中国银行业不良贷款余额和不良率"双升"的态势已持续整整四年,2016年第四季度商业银行不良贷款率1.74%,环比下降0.2个百分点,为五年来的首次下降。不良贷款率的下降与实体经济的回暖关系密切。随着中国经济逐渐企稳，尤其是以江浙一带为主的下游产业链外向型经济开始出现见底、回暖迹象，这是银行资产质量得到保证的前提。商业银行自身加大了核销坏账力度，并运用不良资产证券化、"债转股"等创新方式处置不良资产，也是贷款不良率小幅下降的原因之一。

3. 风险抵补能力较强

2016 年末，商业银行（不含外国银行分行）加权平均核心一级资本充足率为 10.75%，加权平均一级资本充足率为 11.25%，加权平均资本充足率为 13.28%，资本较为充足。2016 年商业银行对信用风险计提减值准备也较为充足。2016 年底商业银行贷款损失准备余额为 26676 亿元，较 2015 年末增加 3587 亿元；拨备覆盖率为 176.4%，较 2015 年末下降 4.78 个百分点；贷款拨备率为 3.08%，较 2015 年末上升 0.05 个百分点。虽然拨备覆盖率有所下降，但反映实际拨备水平的贷款拨备率小幅提升，行业整体风险抵补能力仍保持较高水平。

二、管理工具不断丰富

2016 年，银行业认真贯彻落实国家宏观调控政策，持续优化信贷结构，强化信用风险管理体系建设，加强重点领域风险防控，及时化解各类风险隐患，拓宽不良贷款清收处置渠道，多措并举保持资产质量稳定。

1. 持续完善信贷政策体系

银行业积极贯彻供给侧结构性改革，强化行业投向谋篇布局，实施差别化信贷政策，巩固传统优势，加大对基础设施、产业升级、战略性新兴产业的倾斜，推进绿色信贷业务发展。结合宏观经济政策、产业政策导向和行业运行特征，紧跟国家重大战略部署，着力服务实体经济和供给侧结构性改革，不断调整和完善行业信贷政策。突出重点地区和优质客户战略，在支持龙头企业及转型升级需求的同时，深化去产能、去库存，对风险较高的低端制造业、批发零售业以及高风险客户群体，提高准入门槛，加强行业管控，有序压缩退出。

2. 深入推进信贷全流程管理

强化贷前尽职调查环节的风险识别和防范能力，统一贷中放款审核标准，强化贷后检查监督，完善常态化信贷检查机制。推进押品专业化建设，优化押品管理机制，调整押品准入政策，完善押品估值手册、评估机构管理办法等制度体系，推动建立职责清晰、分工合作、专业专注的押品管理模式。推进建立综合授信评审和信用审批差别化机制，动态调整授权机制，细化完善客户信用评级审定工作，提升风险把控能力与水平。建立授信审批工作检查制度，加大监督检查力度，加强非现场监测，提高关键风险领域审批管控能力。

3. 努力提高贷款分类质量

为准确识别信贷资产的风险、揭示贷款的实际价值和风险程度，真实、全面、动态地反映贷款质量，强化风险意识，各银行积极落实《贷款风险分类指引》，并以监管要求为基础，根据自身实际，进一步构建适合本行特点的贷款风险分类制度，针对不同级别贷款，采取不同管理政策，准确真实地反映信贷资产的实际价值，为准确计提信贷资产专项减值准备提供依据。同时各银行基于《巴塞尔新资本协议》内部评级法，积极探索如何将内部评级法的相关模型与贷款质量分类管理进行有机结合，进一步提高贷款分类的科学管理和精细化管理水平，有效防范信贷资产劣变风险。

4. 不断健全风险预警预控机制

2016年，银行业实施全面信用风险统一监控，覆盖表内与表外、信贷与类信贷、境内与境外业务。开展宏观经济、房地产等多项压力测试，结果广泛应用于风险偏好设定、政策调整等。加强信贷系统机控建设，强化贷款准入管理，整合风险预警监控工具，优化组合风险预警规则，深化预警结果应用，助力提前化解风险。

5. 多措并举缓释信用风险

获取抵质押物、保证金以及取得公司或个人的担保是商业银行控制信用风险的重要手段之一。2016年，各银行进一步规范押品管理制度，夯实担保和押品管理，提高合格担保的准入标准，明确审查要点，强化押品的实质风险缓释能力，规定不同抵质押物的最高抵押率，并基于最新的外部估价评估抵质押物的公允价值，同时根据经验、当前的市场情况和处置费用对公允价值进行调整，确保抵质押物能够充分覆盖相应贷款的信用风险。

6. 积极创新不良资产处置方式

2016年银行业加强贷后管理和不良资产清收处置，加大潜在风险客户退出和催收力度。提高不良资产清收力度，持续推进集中清收，统一调配清收资源，对不良项目进行集中管理，深挖不良资产潜在价值，多策并举，因企施策，充分挖掘重组潜力，加大重组力度，持续提升批量转让现金回收率，大幅优化处置结构。在坚持自主清收的基础上，加大呆账核销力度，推进不良贷款批量转让，着力提升处置成效。在监管部门政策放开和大力支持下，积极创新不良资产处置方式，不良资产转让、证券化、债转股等新型处置方式被广泛应用，银行收款效率得到进一步提升。

7. 严控房地产行业信用风险

一是加强公司类房地产行业风险管理。调整优化房地产贷款城市分类管理，审慎把握库存消化周期较长、风险较大的三、四线城市新增住房开发贷款，严格控制商用房开发贷款，稳步推进纳入政府购买服务的棚户区改造贷款。严格落实房地产调控政策，加强贷款投向管理，强化热点区域和大额房地产贷款风险防控。

二是严格防范个人住房贷款风险。完善个人贷款信用风险管理制度体系，优化个人贷款审查审批流程，加强个人信贷业务合作机构专业化管理；密切关注房地产市场变化情况，加强个人住房贷款成数区域差异化管理，建立健全区域、项目、客户差别化利率定价机制，增强个人住房贷款风险定价能力；加强房地产企业、按揭项目、合作机构和借款人准入管理，严格首付款真实性审核，严防各种形式的假按揭、零首付以及虚假交易骗贷风险；严选个人商用房贷款合作项目，提高个人商用房贷款首付款比例要求，强化阶段性担保管理。

8. 提高小企业信贷风险管控水平

优化小微金融业务发展模式，推进小微金融集约化、专业化经营；建立小企业信贷评级、授信体系，加强关联授信审核，强化新增小企业客户准入管理；加强风险趋势跟踪，加大存量贷款风险排查力度，做实潜在风险贷款客户风险化解预案；在有效控制风险的基础上，积极运用现有政策满足经营正常的小微企业客户信贷需求，加大对实体经济小微企业的支持力度。

9. 加强资金业务信用风险管理

资金业务信用风险主要来源于债券投资与交易、同业融资、票据买入返售以及人民币债券借贷等业务。2016年，银行业持续加强资金业务信用风险管理，进一步完善资金业务信用风险监测分析机制，通过设定客户准入条件、控制授信额度、控制投资限额（规模）、严格保证金管理、评级管理和控制单笔业务权限等，管理资金业务信用风险。根据国际国内金融市场走势，主动优化债券投资组合结构，继续保持政府类债券和优质信用债投资力度，适当缩短信用债等投资期限，加大创新型产品的研发和投资力度，努力降低债券投资组合的信用风险。

三、信用风险管控仍面临一定挑战

当前及未来一个时期，中国经济增长的潜力依然巨大，随着供给侧结构性改革、河北雄安新区设立的国家战略实施，中国经济新的动能正在增强，稳定经济的有利因素逐步增多，但中国经济内生增长动力仍待强化，稳定经济增长、防范资产泡沫与促进环境保护之间的平衡面临较大挑战，结构性矛盾仍较为突出，银行业信用风险仍然承压。

1. 银行业信贷资产质量压力犹存

受经济结构调整、产业转型升级等多重因素影响，部分企业资金紧张加剧。随着去产能、去杠杆、去库存进程加快，传统产业的中小企业经营将更加困难，偿债压力增大。煤炭、钢铁等产能过剩行业和企业的信用风险仍将承压。地方政府债务风险压力持续存在，部分地区的平台风险仍然较大。预计2017年商业银行不良贷款率仍面临上升压力。商业银行将不断提升信贷资产管理能力，摸清风险底数，调整信贷结构，加大风险隐患排查力度，严控风险增量，加强统一授信、统一管理，严格不同层级的审批权限，防范不良贷款率再次上升。

2. 房地产业信用风险或将加大

房地产行业是资金密集型的周期行业，受人口结构、宏观经济、货币政策、银行信贷、政府调控等影响较大，涉及上下游产业众多。而且，房地产市场具有明显的结构性特征，一线城市和三、四线城市房地产价格走势差别较大，房地产供需具有一定刚性，住房是百姓基本生活需求，房地产供给受土地供给限制，国家政策对房地产业的供求调控有时效性和经济周期性，所以，房地产行业的变化对银行信用风险的变化有重要影响。近两年全国商品房销售快速增长，部分地区房价涨幅较大，带动房地产贷款较快增长，房地产投资平稳增长。从盈利能力来看，房地产投资开发建设周期长且受政策松紧影响大，对房地产企业的资金管理、存货管理和成本控制等跨周期经营能力要求高，资金实力雄厚、土地储备低、地处一、二线城市房企的盈利能力较强，而三、四线城市和部分二线城市房地产去库存周期长，这些城市房地产开发商的存量项目滞销将会影响其营业收入和现金流，降低盈利能力。房企债券融资收紧政策陆续出台，未来楼市周期性降温和已发债券集中到期的情况下，部分房地产企业尤其房地产调控严格区域的中小房地产企业的经营风险和违约风险有加大的可能。

3. 跨行业跨市场信用风险传染值得关注

随着银行业产品和业务的创新，银行的表内外跨行业、跨市场业务规模不断扩大，尤其是担保类和承诺类、非保本理财业务、委托贷款业务和委托投资业务等表外业务发展迅速，各种表外业务也不同程度地存在信用风险，甚至可能扩大表内信用风险。如担保业务中，被担保的客户因某种原因破产，无法履行合同义务，担保银行便要承担赔偿责任；在票据承兑、有追索权的贷款出售等业务中，银行都在一定程度上面临着信用风险；在经济繁荣情况下，理财产品期限错配的负面影响会被掩饰起来；而经济处于下行趋势时，错配就会放大银行经营风险。针对不断膨胀的银行表外业务，银监会已于2016年11月发布《商业银行表外业务风险管理指引》，强调商业银行要按照全覆盖、分类管理、实质重于形式、内控优先、信息透明的原则，规范开展表外业务，并加强外部监管。

4. 信用风险管理体系和策略持续完善

在稳健中性的货币政策背景下，国内银行业不断完善风险管理组织架构，增强风险管理的独立性、专业化，建立风险偏好传导与管理机制，强化投资银行、资产管理与代销业务授权及管理，全面梳理并把各类新兴融资业务纳入风险管理体系。同时，不断优化资产组合配置，调整资产结构，通过大力发展低资本消耗资产业务，不断调整对公资产结构，推进行业政策体系建设，动态调整行业信贷策略，主动压退重点领域风险资产，强化检查监督及不良问责，压降不良贷款生成。不断提高风险管理量化工具应用能力，通过科技手段、大数据平台等先进技术手段，不断完善信用风险模型开发与应用能力，提高前瞻防控风险能力，增强信用风险预警的全面性、敏感性、前瞻性和准确性，全面提高信用风险管理的有效性，不断提高风险的管控能力。

5. 市场化方式处置不良资产成为常态

在风险频发、存量不良资产较高的大环境下，处置不良资产成为中国银行业当前及未来工作的一大重点。对于存量不良资产，除重组、依法收贷、核销和批量转让等传统处置模式之外，应越来越多地运用不良资产证券化、债转股等创新型市场化处置方式。其中，不良资产证券化是商业银行最有效的手段，对未来不良资产证券化是否能大面积推广，其估值、定价、评级难度，以及市场投资价值的挖掘等问题，应在实践中不断积累经验。另外鉴于使用"债转股"的商业银行依然较少，应加大力度对"债转股"中银行的资本占用、股权的退出机制、"一事一议"谈判方式等商业银行切实关注的问题予以充分解决。

专栏4　打击逃废债，防范和化解金融风险

近年来，随着我国经济步入新常态，结构调整步伐加快，市场通过兼并重组、债务重组和破产清算等方式实现出清的趋势逐渐加强。在本轮淘汰"僵尸企业"、化解过剩产能的过程中，部分地区金融生态环境恶化，企业恶意逃废银行债务、骗取银行资金等金融案件呈现出明显上升趋势，已成为当前银行不良贷款存量大、占比高、化解难的重要原因，并对社会信用基础造成了严重侵蚀，破坏金融机制运行，影响了经济社会稳定发展。

1. 逃废银行债务的内涵及新特点

逃废银行债务是指银行机构贷款人或者担保人在有能力履行还款或担保义务的情况下，通过各种手段逃避债务，悬空银行债权的行为。简而言之，逃废债的本质即有能力为之而不为。

在新的经济环境下，逃废债行为的形成又有了新的时代特征，呈现出与以往不同的新特点：一是逃废债数量上升。经济运行下行过程中，恶意逃废银行债务的情况出现了上升、蔓延的势头，给银行造成了一定损失。2017年一开年，中国银行业协会就上报了一批银行胜诉但未获执行的企业逃废债案件，商请最高人民法院执行局、各地高级人民法院执行局挂牌监办。这批案件涉及130多件，涉案标的总计接近150亿元。二是逃废债玩出新花样。随着产能过剩、信用违约、银行过度授信等特定时期经济现象的发生，逃废银行债务有了一些新变化，比如假借法律法规逃废债、曲解政府政策逃废债、滥用"先刑后民"逃废债、钻营监管政策漏洞逃废债、利用合同陷阱条款逃废债等。

2. 逃废银行债务的主要成因

逃废银行债务根本责任在于债务人，但逃废银行债务持续发生并非简单的社会现象，在一定意义上说是社会金融治理出现了重大问题。

一是银行多头授信。从逃废银行债务的行为动因上分析，银行也存在一定的自身责任。银行的授信是授予信用、承担风险、获得收益三个过程的有机统一，多头授信、过度授信意味着承担不可承受之风险。在浮躁的社会大背景下，个别银行片面地追求规模效益，对不符合授信条件的客户通过高估的抵（质）押物或融资担保机构超量担保给予授信。

二是法律法规缺位。目前法律尚无直接规定逃废银行债务如何承担刑事责任。2015年7月24日，最高人民法院《关于审理拒不执行判决、裁定刑事案件适用法律若干问题的解释》中，增加了债权人可以通过刑事自诉方式追究逃废银行债务"老赖"刑事责任的规定。骗取贷款罪、诈骗贷款罪等涉及银行债权保护的罪名虽然在《刑法》上有明确规定，但迄今为止，全国因逃废银行债务被追究刑事责任的"老赖"并不多。

三是政策界限不清。监管部门对银行不良资产处置政策应具有一贯性、连续性。但离开四大资产管理公司，银行业金融机构至今并不能按照市场化、法治化的要求公开向社会投资者转让不良资产，银行能否转让不良贷款的政策界限仍在模糊状态。

四是监管措施失衡。近年来，逃废银行债务行为愈演愈烈，但金融监管机构、国有资产管理机构尚未明确对逃废银行债务行为的界定标准，更未推出惩治逃废银行债务的具体措施。金融监管机构似乎较为侧重保护金融消费者的权益，银行业金融机构的债权保护有待加强。

五是失信代价过低。银行业金融机构尚未建立失信人信息共享机制，尚未真正实施联合制裁机制。从一定意义上说，放纵了逃废银行债务行为，逃脱了依法应承担的责任，逃废银行债务应受惩罚，无论是在情理还是在法理上均无可厚非。逃废银行债务虽久必究，逃废银行债务者应当在金融领域寸步难行。

3. 打击银行逃废债务相关建议

商业银行具有高公众负债、高资本杠杆、高社会责任等特点，而恶意逃废银行债务行为将导致银行资产安全和公众权益受到威胁，流动性陷入困局，甚至引发系统性、区域性金融风险，会对整个经济体系造成破坏。打铁还需自身硬，在防范恶意逃废债方面，商业银行可从以下几个方面进行防范：一是要指定管理机构，对信贷风险资产一一进行盘查。按期发送逾期贷款催收通知，并留回执或其他往来信函等书面催收依据，以保证不丧失依法诉讼的主动权。二是对于还贷意识尚存、生产经营没有完全终止的企业，银行保全人员积极捕捉信息，提前介入，掌握主动权，及时签订（分期）还贷付息协议，打消企业主逃债苗头，尽力保全资产。三是商业银行须建立自律机制、健全内控制度，营造良好、有序的竞争环境。防范多头及过度授信，从源头上遏制恶意逃废债的产生。

中国银行业协会在维护商业银行债权、打击逃废债方面采取了很多举措。一方面，支持债委会通过市场化的债务重组，实现市场主体的多赢，强化对实体经济的支持，有效降低企业杠杆率，降低企业财务成本；另一方面，作为行业自律组织，针对有些企业恶意逃废银行债务的现象，防止银行债权悬空，坚决打击恶意逃废银行债务的行为，维护商业银行的正当权益。

加强与政府、司法、执法部门沟通，探索建立诉调联动机制、惩治失信违约机制。中银协将会同有关部门和商业银行联合开展一系列活动，切实把保护银行债权、打击逃废银行债务工作落到实处；并贯彻国务院领导重要批示要求，启动"四个一批"专项活动。一是通报一批。对一般失信债务人，由中国银行业协会在会员单位内部通报一批。二是公示一批。对恶意逃废银行债务案例，以中银协名义在其官网及相关媒体公布一批逃废银行债务名单即全国银行业严重失信债务人名单。三是督办一批。商请执法部门挂牌督办一批银行胜诉未执行案件。四是制裁一批。对被公示逃废银行债务的借款人，由中国银行业协会倡议会员单位停止授信、停办开立新账户，让其一行失信、行行受限，让失信者在银行业寸步难行。

第十二章
市场与流动性风险管控力度持续加强

2016年，受国内外经济金融环境变化及利率汇率市场波动的影响，商业银行市场风险和流动性风险压力加大。商业银行积极应对各种挑战，稳步提高市场与流动性风险管理能力，利率汇率风险总体可控，流动性水平整体稳健。2017年及未来一个时期，不确定性依然较大，而且市场风险与流动性风险可能相互影响，从而给银行全面风险管理带来新的挑战。

一、市场与流动性风险压力加大但总体可控

2016年以来，受"黑天鹅"事件频发、美联储加息以及资本外流和人民币贬值预期等影响，商业银行面临的利率汇率风险和流动性风险压力有所加大，但商业银行紧跟政策和市场变化，不断完善市场和流动性风险管理体系，市场和流动性风险总体可控。

1. 利率汇率风险增大但可控

2016年以来，商业银行利率风险和汇率风险有所加大。利率风险主要源自银行资产负债重定价期限错配，以及市场利率的波动和央行降息并放开存款利率上限的滞后影响。2016年下半年以来，市场利率波动加大，利率中枢呈上行态势，但2016年货币政策整体保持稳健，而且商业银行面临的主要利率风险——重定价风险也逐步消化，因此，利率风险整体可控。

汇率风险主要源自外汇敞口遭受汇率波动的风险，如外汇资产和负债之间的币种结构不平衡以及自营及代客外汇交易的交易性风险等。2016年以来，人民币汇率震荡贬值，使得部分外币净负债敞口的商业银行出现汇兑损失。但总体来看，我国商业银行在外币资产负债方面呈净资产敞口，而且相对于庞大的总资产，商业银行外币资产占比较小，因此，汇率波动整体影响较为有限。汇率波动加大，无论是银行还是企业规避汇率风险和对冲需求均增加，银行外汇交易业务收入增加，但相应的交易业务风险也有所增加。

2. 市场流动性虽有波动但总体平稳

货币政策保持稳健，银行体系流动性总体平稳。2016年，央行实施稳健的货币政策，保持政策灵活适度，注重稳定市场预期。建立起公开市场每日操作常态化机制，综合运用SLF、SLO、PSL、MLF等流动性调节工具，有力促进了银行体系流动性的总体平稳。尽管2016年第四季度以来，受抑制资产价格泡沫和防风险加强以及美联储加息预

期等影响，市场利率小幅抬升，但总体来看，与前两年相比，市场流动性基本稳定。2016年，1周SHIBOR和7天质押式回购加权利率平均分别为2.37%和2.55%，市场利率波动性较低（见图12-1）。

数据来源：万得资讯。

图12-1　2016年市场流动性总体平稳

3. 商业银行流动性水平整体稳健

2016年央行实施稳健的货币政策，通过多种机制和工具保持银行体系流动性合理充裕，商业银行流动性水平整体稳健。2016年第1~4季度，商业银行流动性比例分别为48.08%、48.14%、46.93%和47.55%，整体较2015年有所提高。人民币超额备付金率分别为2.07%、2.28%、1.76%和2.33%，基本稳定。贷存比分别为67.01%、67.22%、67.27%和67.61%，小幅上升（见图12-2）。

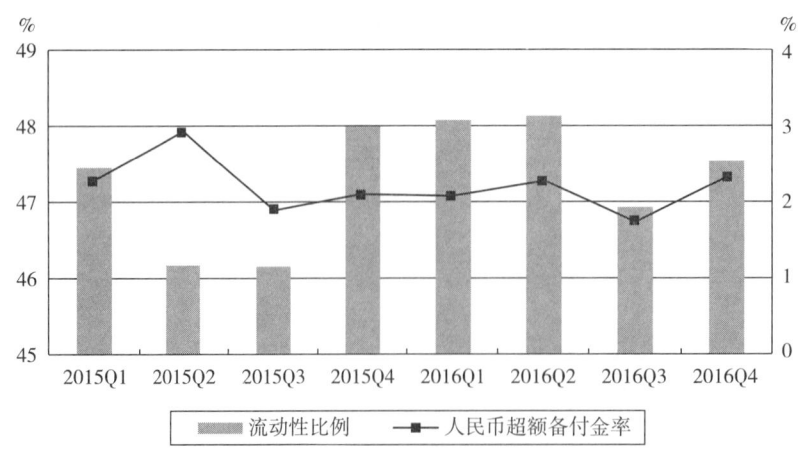

数据来源：中国银监会。

图12-2　2016年商业银行流动性水平整体稳健

4. 市场与流动性风险管理能力稳步提升

2016年四季度以来，市场利率有所上升，流动性趋紧，商业银行流动管理压力有所增加。而随着利率汇率市场化程度的进一步提高，金融市场利率水平及其结构变动加大，商业银行面临的市场风险有所加大。商业银行紧跟政策和市场变化，持续提高前瞻性研判，积极应对市场和流动性风险加大的挑战。

商业银行合理管控市场风险。一是进一步完善市场风险管理体系，优化市场风险管理策略、政策和流程。二是根据市场形势动态调整贷款定价策略，提高精细化定价水平，持续加强对宏观经济金融形势和利率走势的研判，前瞻性调整再定价周期策略。三是合理控制外币资产负债错配程度，有效控制外汇敞口，加强对汇率走势的前瞻性研判，通过多种工具，有效管控汇率风险。

商业银行积极应对流动性风险。一是不断完善流动性管理体制，加强对本外币、境内外流动性的集中统一管理，提高流动性风险管理效率。二是进一步加强对宏观经济金融形势、央行货币政策、资金市场动态的分析和研判，提高流动性管理的前瞻性。三是强化流动性限额管理，合理匹配资产负债，开展流动性成本的计量和分摊，强化核心负债、流动性覆盖率、流动性比例等量化指标管理，持续加强流动性管理。

二、不确定性较大条件下风险管理难度加大

2017年及未来一个时期，国内外金融市场不确定性依然较大，商业银行面临的利率汇率等市场风险和流动性风险压力将持续存在，市场和流动性风险管理难度可能进一步加大。

1. 利率市场化叠加经济金融形势不确定性增大，利率风险可能趋势性加大

利率市场化背景下，利率风险可能继续加大。从利率市场化的国际经验看，在利率市场化初期，商业银行存贷款利差收窄将成为常态，加之经济增速放缓，商业银行面临的基差风险加大。利率市场化将带来市场利率波动加大，存贷款客户的行为特征可能发生变化，重定价风险加大。我国市场化的基准利率体系尚不完善，商业银行利率风险管理将面临挑战。尤其是部分过度依赖批发融资，而客户基础及存款基础相对薄弱的中小银行面临的挑战可能更大。

2. 人民币汇率波动加大叠加外汇交易型业务增多，汇率风险仍需关注

外汇业务受汇率波动影响较大。2017年以来，人民币对美元汇率逐步企稳，贬值压力减弱。5月底，中国外汇交易中心发布公告称，考虑在人民币对美元汇率中间价报价模型中引入逆周期因子，中间价引入逆周期调节因子，一定程度上会削弱上日收盘价对中间价的影响，减少市场过度波动给中间价带来的冲击，遏制市场非理性炒作行为，保持人民币汇率总体基本稳定。未来，中国将继续坚持汇率市场化改革方向，加大市场决

定汇率的力度，进一步增强人民币汇率弹性。人民币汇率将呈现波动运行，以往的单边升值或贬值走势将渐行渐远。而在资本和金融账户开放稳步推进背景下，商业银行外汇业务明显增多，人民币汇率波动加大可能导致外汇资产负债、外汇资本金等价值波动加大，汇兑损益不确定性增加，外汇业务利润不确定性风险加大。

汇率波动加大带来交易型业务风险增大。随着金融业对内对外开放的稳步推进，商业银行代客外汇交易和自营外汇买卖以及结售汇、黄金交易等交易型业务明显增多，汇率波动加大可能带来银行持有的外汇头寸价值波动，银行面临的汇率风险也将加大。而随着"一带一路"倡议的深入推进，企业和金融机构的外币交易性需求和避险需求将稳步增加，商业银行汇率风险来源趋于复杂化，汇率风险管控难度可能持续加大。

3. 金融市场波动加大叠加银行资产负债结构变化，流动性风险管理难度加大

国内外经济金融形势不确定性增大，金融市场波动加大。中国经济有望稳中向好但不确定性犹存，美国经济稳步复苏，美联储步入加息周期，但特朗普相关经济政策能否顺利实施仍有较大不确定性。美联储加息可能导致部分新兴经济体货币和资本流动承压，部分经济体可能被动加息，金融市场波动或将加大。欧洲经济仍存在不确定性，英国脱欧阴霾仍将延续。国内外经济形势不确定性依然较大，商业银行面临的流动性风险压力可能进一步加大。

监管部门对流动性风险管理要求提高。2017年政府工作报告明确指出，我国非金融企业杠杆率较高，要在控制总杠杆率的前提下，把降低企业杠杆率作为重中之重。金融体制改革要防止脱实向虚。在去杠杆和防风险背景下，相关业务的金融监管也将加强，尤其是对影子银行、表外理财等监管趋严趋紧，进而可能对银行体系流动性带来一定影响。MPA考核正式实施，其中有关银行资产负债情况、资本充足率、流动性覆盖率、净稳定资金比例等考核指标都对银行流动性提出了更高要求。部分银行为满足考核要求，可能被动调整资产负债表，甚至影响银行体系整体流动性状况。

银行资产负债结构变化带来流动性管理难度加大。受利率市场化、金融脱媒和互联网金融等影响，银行存款分流压力不断加大，导致部分银行主动负债占比提高，对批发性融资依赖较强。同业负债、同业存单等主动负债受到青睐。主动负债和批发性融资受市场波动影响较大，相应地加大了银行的流动性风险。而在负债成本提高背景下，为了更好地匹配收益，银行加大了表外业务扩张力度，部分银行表外业务规模远超表内，部分银行非信贷资产规模远超信贷资产，而非信贷资产对金融市场波动更加敏感，流动性风险管理要求更高。

4. 市场风险与流动性风险相互交织，对银行风险管理带来新的挑战

利率波动加大及市场利率上移在导致银行利率风险加大的同时，还可能导致市场资金面阶段性紧张，引发流动性风险。汇率波动加大形势下，商业银行外币资产负债结构可能发生改变，加之美联储步入加息通道，资本外流可能对外币流动性产生一定影响。

一旦流动性风险陡然增加,市场利率不可避免发生波动,又将引发市场风险。随着金融市场的发展,商业银行交易型业务日益增多,相应的市场风险和流动性风险也有所加大。总体来看,在金融市场不确定性增加、经济增速放缓及银行资产负债结构变化背景下,商业银行市场与流动性风险可能交织在一起,相互影响,从而对银行全面风险管理带来新的挑战。

六、转型创新篇

随着中国经济进入"新常态",银行业面临着更为错综复杂的经济形势与更为激烈的竞争环境。面对内外部经营环境的深刻变化,2016年,银行业金融机构继续深化体制机制改革,以转型创新推动发展方式及经营模式转变。国际化、综合化及事业部制改革、子公司制改革不断深化,公司业务、零售业务、金融市场业务及网点转型创新稳步推进。2017年,银行业金融机构将继续稳步推进体制机制改革和经营模式创新,交易银行等转型创新将稳步实施,财富管理、消费金融业务转型创新将快速发展。

第十三章
跨境跨业转型和体制改革深入推进

2016年,银行业转型创新稳步推进。国际化程度不断提高,"一带一路"沿线国家的机构布局不断完善。综合化经营深入推进,事业部制改革在不同层次、不同条线和不同路径上进行尝试,并逐步完善。子公司制改革稳步实施,市场化程度和经营活力逐步提升,服务实体经济能力不断增强。

一、国际化程度不断提高

1. "一带一路"建设开创银行业对外开放新格局

银行业金融机构加快打造"一带一路"建设金融服务网,不断完善在"一带一路"沿线国家的机构布局。截至2016年底,共有9家中资银行在26个"一带一路"沿线国家设立了62家一级机构,其中包括18家子行、35家分行、9家代表处。同期,共有20个"一带一路"国家的54家银行在华设立了营业性机构和代表处。政策性银行、商业银行和开发性金融机构分工协作,形成多元、开放式的金融服务体系,在为"走出去"企业和"一带一路"沿线客户提供差异化、特色化服务的同时,银行业金融机构自身国际化水平也稳步提高。

2. 大型银行是推进国际化的"主力军"

大型商业银行积极响应国家"走出去"战略,不断提升跨境金融服务能力,是国际化的"主力军"。截至2016年末,中国银行共拥有578家海外分支机构,横跨全球六大洲50个国家和地区,覆盖19个"一带一路"沿线国家。海外机构实现利润总额113.29亿美元,对集团利润总额的贡献度为33.88%,经营规模、盈利能力和国际化业务占比继续保持国内领先。中国工商银行已在全球42个国家和地区建立了412家机构,其中127家分支机构分布在"一带一路"沿线的18个国家和地区,境外机构实现税前利润32.47亿美元,同比增长2.6%。中国建设银行已在全球29个国家和地区建立了251家机构,海外商业银行实现净利润同比增长3.24%。中国农业银行已在全球14个国家和地区建立了18家机构,海外商业银行实现净利润2.83亿美元。交通银行已在全球16个国家和地区建立了20家子行、分行及代表处,境外营业网点达65个,境外银行机构净利润同比增长30.71%,占集团净利润比重同比上升1.81个百分点至7.96%。

3. 抓住机遇,正视挑战,稳步推进国际化

随着中国对外经贸投资的稳定发展,"一带一路"建设、人民币国际化以及中国企业"走出去"步伐加快，银行业国际化将进入"快车道"。

中国经贸投资稳定发展为银行业国际化奠定坚实基础。中国已成为全球第一贸易大国，第三大对外直接投资大国。未来，中国将更紧密地融入全球产业链分工，同其他国家建立更为广泛和深入的经贸联系。相关投融资及金融服务需求巨大，从而为银行业国际化奠定了坚实基础。

"一带一路"建设深入推进为银行业国际化提供了新的空间。"一带一路"建设将进一步打开国际基础设施和产能合作大局，为我国银行业在海外发展提供较大的业务机会和增长潜力。沿线国家基建投融资需求巨大，将带动相关国际业务发展。产业园区开发、国际产能合作、贸易与人员往来等也都需要广泛的跨境金融服务。

人民币国际化为我国银行业国际化带来新商机。随着人民币正式加入SDR货币篮子，人民币国际支付结算货币职能将继续快速发展，同时计价货币、投资货币和储备货币稳步发展。人民币国际化稳步推进将带动跨境信贷、全球资产配置及跨境交易等业务的快速发展，这都有利于我国银行业拓展更广泛的国际市场。

中资企业加速海外发展提升我国银行业国际化步伐。未来，中资企业全球化将实现大跨度发展，跨国并购活跃度不断提高，领域不断拓展，跨境投融资需求将快速增长，这都有助于加快银行业国际化步伐。

从目前部分大型银行国际化的现状来看，我国银行业的国际化仍面临以下几个方面挑战：一是业务及布局趋同，难以形成核心竞争力。业务上以公司业务为主，重点业务相似度较高，网点布局主要集中在欧美发达国家及东南亚地区。二是国际化程度有待进一步提高，业务贡献度依然不高。三是国际化业务收益不高，2016年，大型商业银行境外资产收益率为1.23%，较集团平均水平低0.2个百分点。四是境外业务风险值得关注，2016年，中国工商银行、中国农业银行、中国银行、中国建设银行的境外减值（不良）贷款总规模较年初上升30%以上，境外业务风险不容忽视。此外，反洗钱及合规风险也需持续关注。

二、综合化经营持续推进

1. 综合化经营实力进一步增强

截至2017年3月末，16家上市商业银行已取得了包括保险、信托、证券公司等在内的多类非银金融牌照[1]，综合经营能力进一步增强。其中，大型商业银行主要通过控股子公司形式完善多元化布局，部分股份制商业银行则通过母公司获得非银牌照。部分商业银行已专门成立业务协同部门，以增强商业银行与子公司之间的联动，进一步提升

---

[1] 在此只选择商业银行通过控股方式获得的金融牌照，商业银行通过母公司获得的金融牌照，没有列入其中。如招商银行、中信银行、光大银行和平安银行，分别通过其母公司招商局集团、中信集团、光大集团和平安集团获得金融牌照，在此没有列示。

第十三章 跨境跨业转型和体制改革深入推进

了业务结构综合化、客户结构均衡化和收入结构多元化,对完善综合经营具有积极作用(见表13-1)。

表13-1　　　　　　　　　16家上市商业银行非银金融牌照一览表

银行机构	金融租赁公司	消费金融公司	保险公司	基金管理公司	期货公司	信托公司	证券公司
工商银行	√		√	√			√
农业银行	√		√				√
中国银行	√	√	√	√	√	√	√
建设银行	√		√	√	√	√	√
交通银行	√		√	√		√	√
招商银行	√	√	√				
浦发银行						√	
兴业银行	√	√		√		√	
中信银行	√						
民生银行	√			√			
光大银行	√						
平安银行							
华夏银行	√						
北京银行	√	√	√	√			
宁波银行	√			√			
南京银行	√			√			

注:√表示商业银行已经取得的金融牌照。证券公司、资产管理公司和中行旗下的期货公司、信托公司均为在香港投资设立的子公司。

资料来源:中国银行业发展报告课题组根据各行定期报告整理。

2. 大型商业银行综合化经营布局持续完善

大型银行基本形成了业务领域全覆盖、境内外协同的综合化经营网络。目前,大型商业银行多元化业务已覆盖证券、基金、保险、期货、信托等。大型银行的综合化触角已延伸至境外,涉及境外投行、境外寿险和财险等多个领域。此外,部分银行已在筹备设立债转股资产管理公司、投贷联动子公司等,以进一步完善综合化经营布局,提升综合经营能力(见表13-2)。

表13-2　　　　　　　　　　　五大行综合化经营一览表

银行机构	保险	基金管理	期货	金融租赁	信托	证券
工商银行	工银安盛 (60%)	工银瑞信 (80%)		工银金融租赁 (100%)		工银国际 (100%)
建设银行	建信人寿(51%) 昆士兰联保(25.5%)	建信基金 (65%)	建信期货②	建信租赁 (100%)	建信信托 (67%)	建银国际 (100%)

续表

银行机构	保险	基金管理	期货	金融租赁	信托	证券
农业银行	农银人寿（51%）	农银汇理（51.67%）		农银租赁（100%）		农银国际（100%）
中国银行	中银集团保险（100%） 中银保险（100%） 中银人寿（100%） 中银三星人寿①	中银基金（83.5%）	中银国际期货③	中银航空租赁（100%）	中银集团信托（香港76.43%）	中银国际证券⑤
交通银行	交银康联（62.5%） 交银保险（100%）	交银施罗德（65%）		交银租赁（100%）	交银国信（85%）	交银国际⑥（100%）

注：①中银三星人寿，由中银保险持有51%的股权；②建信期货，由建信信托持有80%的股权；③中银国际期货，由中银国际证券全资控股；④交银国际信托有限公司；⑤中银国际证券，由中银国际控股持有37.14%的股权；⑥交银国际控股有限公司。

资料来源：中国银行业发展报告课题组根据各行定期报告整理。

三、事业部制改革深入开展

事业部制组织结构作为典型的以客户为中心的分权式组织模式，已成为全球银行业组织管理架构的主流模式，相关岗位体系、机制设计、流程安排等日臻成熟。事业部制具有产业化和工业化的特点，具有更高的生产效率、更专业的运营服务能力和更快的市场反应速度，对于实施多元化发展战略的大中型银行具有多方面不可替代的组织优势。

1. 中资银行深入推进事业部制改革

事业部制是典型的以客户为中心的分权式组织模式。近年来，在市场发展和监管部门的推动下，中资银行积极探索事业部制改革，并取得了一定成效。部分银行已逐步在地产、交通、能源、矿产、现代物流、现代农业等重点行业建立起"全覆盖"的事业部模式。同时，逐步将产业链从核心企业，拓展到产业链上下游企业，实现事业部、分行之间的上下游业务分工、落地。总体来看，中资银行垂直化、扁平化的事业部制组织架构不断完善。

2. 事业部制改革将进一步完善

中资银行在积极探索事业部制改革过程中，逐步改变了过去粗放型、间接式管理和偏重单一管理的状况，经营能力和竞争能力，以及全面、垂直、专业和精细化管理水平明显提高。"以客户为中心"的经营理念日益深化，逐步建立了系统化的业务流程和安全、有效、集约、专业化的运营平台，为全面流程再造积累了经验。但事业部制改革仍是当前商业银行改革中最具争议和挑战的改革领域，绝大多数银行选择的是渐进式的改革方案。这一方面是由于现有的体制还有一定的生命力，与现有行政体制较为吻合，各分支行积极性还较高；另一方面是由于组织结构改革涉及面大，尤其是对利益格局的重新分配需要稳妥进行，以避免管理体制调整可能出现过大的震荡。

未来，加快建立以客户为中心、以市场为导向的组织管理体制，显得尤为重要而迫切。对大型银行而言，伴随综合化和国际化的快速发展，围绕"客户中心化"原则，以业务、产品和地区为导向设定事业部和专业子公司，再依据专业化和分工的要求，对子公司实行专业化横向管理，并与事业部制的纵向管理相结合，构筑矩阵式的管理模式，将成为国际化金融控股集团的适用选择。对中小型银行而言，客户和产品事业部制会成为其组织架构的主流模式。在推动过程中，合理摆布事业条线、职能部门和分行平台三者之间的权责利划分，平衡好业务发展与风险控制的关系显得尤为重要。

四、子公司制改革稳步实施

近年来，银监会积极推动银行业务管理架构改革，探索信用卡、理财、私人银行等业务板块和条线子公司制改革试点。2015年以来，银行业各类子公司分拆屡见不鲜。国有大型商业银行、股份制银行及城商行均有所参与，涉及资产管理、信用卡、养老金、IT业务、直销银行、金融租赁等业务。

1. 子公司制改革有助于银行自身发展，增强服务实体经济能力

充分释放经营活力，提高市场化程度，提升子公司市场竞争力。通过子公司制改革，商业银行尤其是大型国有银行将完善对子公司的市场化管理机制，尊重规律，敬畏市场，贴近市场，以股权为纽带，依照公司治理程序对子公司进行管理。子公司可以不断释放经营活力，提高运营效率，提升核心竞争能力。

提高子公司对集团的综合贡献，推进转型发展战略落地。通过子公司制改革，商业银行尤其是大型国有银行将不断释放子公司自主经营、自我发展活力，向改革要红利，向市场要效益。同时，支持子公司在加快内生式发展的同时，积极利用并购等外延式机会，尽快做强做大。同时，子公司将积极融入集团，反哺集团的能力显著增强，对集团综合贡献度将大幅提高，进而有助于集团层面国际化、综合化进一步发展，以及集团转型发展的深入推进。

全面满足客户跨境跨业跨市场金融需求，不断增强服务实体经济能力。通过子公司制改革，商业银行能够积极争取获得境内券商、期货、资产管理、养老金等非银业务牌照，布局拓展互联网金融领域，跟随"走出去"客户探索以并购方式增设海外子行，进一步补齐跨境跨业跨市场全面服务客户的短板，增强服务实体经济能力。

2. 多措并举，稳步推进子公司制改革

子公司制改革主要包括以下两种：一是现有业务分拆，自建、参股或并购成立独立子公司。二是现有的子公司内部经营机制改革或独立上市。

子公司制改革主要有两大手段：一是深化子公司市场化经营机制。在选人用人制度上，由市场化方式选聘和配置人力资源，建立职业经理人制度，实行公开化遴选、市场化聘任、目标化考核、契约化管理。探索建立长期激励约束机制，使管理者、员工与股东结成利益共同体，共同成为企业的主人，共享改革发展成果。在优化子公司与集团融合共享机制方面，子公司转型发展将融入集团发展战略，子公司与集团间联动协同关系进一步提升到融合共享层级，加快推进集团一体化经营。推动子公司与集团共享客户、渠道、财务、资金、人力、信息、牌照、IT等资源。

二是探索开展混合所有制经营。推进子公司股权多元化和混合所有制经营。启动子公司股份制改造、挂牌上市进程，促进股东资本保值增值。推进战略投资和资本运作，并购或新设境内券商、期货等非银子公司，组建互联网金融公司，逐步探索采用并购方式增设海外子行，鼓励子公司以并购方式做大做强。部分国有大型银行已在总行层面设立战略投资部，以积极推动战略投资和资本运作，统筹集团子公司新设、并购、财务投资等工作。在实现方式上实施灵活开放策略，既可以采取新设方式，也可以采取并购方式；既可以由母行直接出资，也可以按现行法律法规由控股子公司间接出资。

第十四章
公司业务转型聚焦综合金融

公司金融业务在银行业务经营中占据主导地位。但面对经济金融环境、金融市场及客户需求的巨大变化，传统公司金融业务受到严峻挑战，迫切需要在发展模式、目标客户、产品模式和风控体系等方面加快转型创新。交易银行业务和投资银行业务日益成为公司金融业务转型创新的主要领域和重要方向。

一、公司金融业务转型创新势在必行

近年来，银行业内外部经营环境发生了深刻变化，以授信业务为主的传统公司金融业务盈利模式受到严峻挑战。从经济环境来看，经济增速放缓及经济结构调整，导致公司金融业务不良压力加大，盈利能力下降。从监管政策来看，资本充足率约束和MPA考核趋紧，银行资本金和信贷规模压力日益增大，进一步挤压了高资本消耗的传统公司金融业务增长空间。从金融市场环境来看，利率市场化和"金融脱媒"导致银行存贷款利差逐步收窄，随着大资管业务的发展和各类金融机构的业务边界逐渐打开，公司金融业务的市场竞争也更趋激烈。从客户需求来看，客户对于全方位、一体化、多样化金融服务需求不断增加，传统的结算、贷款等金融服务难以满足客户的需求。

以13家A股主要上市银行数据为例[①]，2016年公司金融业务对商业银行的资产规模、营业收入、营业利润的贡献均有明显下滑。公司业务资产同比增长4.01%，占总资产的39%，同比降低3个百分点。公司业务营业收入同比减少4.49%，占总营业收入的50.09%，同比降低2.78个百分点；公司业务利润同比减少3.40%，占总营业利润的50.36%，同比降低5.57个百分点。

在新形势下，银行公司金融业务迫切需要加快转型创新，以及时、精准应对内外部环境的变化。通过为客户创造更多价值，努力实现公司金融业务持续健康发展，从而为银行业的稳健经营奠定坚实基础。

二、多层面积极推进公司金融业务转型

2016年，商业银行公司金融业务在发展模式、目标客户、产品模式和风控体系等多方面积极开展的转型创新，呈现以下主要特点：

---

① 上海浦东发展银行、兴业银行和华夏银行的年报中未公布相关业务数据，因而本节数据只采用其他13家A股主要上市银行年报数据进行分析。

在发展模式方面，从"重资本"、"重资产"向"轻型银行"转变。通过资产证券化、表外理财资金对接项目融资等交易类业务，在不影响客户服务质量的情况下，降低了资本消耗，从而能够充分利用有限资本金服务更多对公客户，扩大收入来源，实现健康、可持续发展。

在目标客户方面，根据自身竞争优势进行差异化的客户选择。城商行等中小银行利用自身区域深耕、灵活高效优势，选择与自身体量相匹配的中小、小微客户作为重点客群，或者聚焦于有比较优势的细分行业，通过深耕细作构建行业专业能力，打造差异化的竞争优势，为客户提供全面、专业、高效的金融服务。大中型银行发挥资金量大、资金成本低、产品谱系完整、项目管控能力强等优势，重点支持"一带一路"基础设施建设、重大技术创新项目等。

在产品模式方面，从"单一的资金提供方"向"综合金融服务集成商"转变。注重深入分析各类客户的金融服务需求，通过整合银行自身资源和客户的各类需求打造综合金融服务平台，逐渐向集资金提供者、财务咨询者、方案策划者、交易撮合者、专业服务提供商于一身的角色转变，不仅满足客户的"融资"需求，还满足客户的"融智"需求，为企业提供全方位、全流程、一体化的资金组织服务。

在风控体系方面，从"关注客户当期偿还能力"向"关注客户长期成长性"转变。市场环境和业务模式变化倒逼银行开始逐渐改变仅仅关注企业当期经营情况和抵押物的做法，而是对企业发展战略、商业模式、核心资源、管理模式等关系核心竞争力和长期成长性的因素给予更多关注，从而为银行的发展模式、目标客户、产品模式顺利转型提供了保障。

三、投资银行业务转型创新稳步推进

1. 目标客户由以传统行业为主向传统行业与新兴产业并重转变

随着我国经济结构的调整，以及"一带一路"、供给侧结构性改革的深入推进，企业对股权融资、债券融资、并购融资、资产证券化等业务有了更多的需求。2016年12月国务院发布的《"十三五"国家战略性新兴产业发展规划》中指出：要加快发展壮大新一代信息技术、高端装备、新材料、生物、新能源汽车、新能源、节能环保、数字创意等战略性新兴产业；到2020年，战略性新兴产业增加值占国内生产总值比重达到15%，形成新一代信息技术、高端制造、生物、绿色低碳、数字创意等5个产值规模10万亿元级的新支柱。战略性新兴产业在发展初期，对股权融资业务需求旺盛。商业银行在投行业务发展过程中，应既关注传统行业的服务需求，也关注战略性新兴产业的服务需求，找准自己的切入点。

2. 针对处于不同发展阶段的企业提供差异化的投行产品

针对萌芽期的企业，通过参与政府主导的产业基金的方式满足其股权融资需求。商业银行可通过撮合交易、以有限合伙（LP）入股、提供财务顾问或资金托管等方式积极参与到产业基金的运作中。

针对成长期的企业，以投贷联动方式满足其股权融资和债权融资需求。处于成长期的企业往往风险相对较高且缺乏抵押物，与商业银行传统信贷业务的风险偏好难以匹配，导致其融资较为困难。投贷联动能够以企业高成长所带来的投资收益抵补银行贷款投放所产生的风险。

针对成熟期的企业，以债券承销、资产证券化、并购融资等方式解决其债权融资、盘活资产、并购重组等需求。商业银行承销的非金融企业债券指具有法人资格的非金融企业在银行间债券市场发行的，约定在一定期限内还本付息的有价证券。企业资产证券化指以企业基础资产所产生的现金流为偿付支持，通过结构化方式进行信用增级，并在此基础上，银行以管理人身份面向投资者发行资产支持证券。并购融资指银行为并购方企业通过受让现有股权、认购新增股权，或收购资产、承接债务等方式以实现合并或实际控制已设立并持续经营的目标企业的交易行为提供融资支持。

3. 投行业务转型创新路径

一是明确投资银行业务的发展目标和金融资源配置。投资银行业务的风险特点与传统商业银行业务的风险特点有很大区别，银行应在全行业务发展规划中明确投资银行业务的发展目标，单列投资银行业务所占用的风险资产，并在投资银行业务和商业银行业务之间建立严格的防火墙，对投行业务的风险和信贷业务风险进行充分隔离，避免风险的传导。

二是建立全流程的投资银行业务风险防范机制。投资银行业务强调通过金融工具的运用控制和分散风险并获取超额报酬。商业银行发展投行业务，应明确风险偏好，编制投行业务客户白名单；编制重点产品营销指引，并根据业务发展需要及时更新；建立与投行业务相适应的风险评审标准和行业专家、产品专家、风控专家共同参与的风险审批机制；建立内部评级体系，完善投后管理机制，持续了解和掌握客户经营管理状况，对可能出现的风险点及时做出预警并制定预案。

三是建设包括行业专家、产品专家、风险专家等在内的投行专业团队。银行应结合自身特点，选择在重点行业领域深耕细作，并通过与专业风投机构、相关行业的核心企业、科研院所等机构合作，引进和培养行业专家、产品专家、风险专家等在内的投行专业团队，并建立行业专家、产品专家、风险专家有效协同的工作机制，确保投资银行业务能够契合各利益相关方的需求，在有效控制风险的情况下实现稳健发展。

四是建立与投资银行业务特点相适应的考核激励机制。投资银行业务的风险特点、收入来源、收入获取方式与传统的商业银行业务有很大区别，对于前、中、后台人员的专业能力也提出了很高的要求，并且业务落地需统筹各利益相关方的要求，交易结构复杂、业务流程长，因此，银行应结合自身对于投行业务的定位、投行业务的特点、人力资源管理政策，并充分借鉴证券公司、风投公司、私募公司等机构的做法，设计与银行投行业务特点相适应，既能充分调动投行业务人员积极性，又能有效防范投行业务风险的考核激励机制。

四、交易银行成为公司业务转型创新的新目标

随着企业的不断发展壮大，业务范围及业务区域等将不断扩大，对支付能力与结算网络也提出了更高的要求。对银行而言，围绕企业的各类交易行为，以账户管理为核心，以掌握信息流、资金流和物流为基础，通过多样化的交易银行产品满足企业客户的交易需求，从而促进产业链运营效率的提升，不仅为银行提供了新的业务增长点，而且也是银行获取稳定客户、增加客户黏性、拓展低成本负债、获得稳定收益、降低业务风险的重要抓手。

1. 目标客户从单一企业向产业链整体转变

产业链上下游企业在信息流、资金流、物流等方面都有紧密的联系，可以说产业链就是企业的生态环境。因此，交易银行业务应将产业链上的企业均作为自己的客户，从为单一客户提供产品和服务向为产业链上下游存在交易关系的客户提供产品和服务转变，从注重服务大型企业向大型企业和中小企业并重转变。

2. 金融产品由注重单一产品向一站式解决方案转变

现金管理向个性化、平台化、移动化方向发展。一是针对客户需求设计个性化的现金管理解决方案。根据企业或行业现金流结构与特征，打造适合客户特点、可操作性强的现金管理解决方案。二是借助第三方构建一站式现金管理服务平台。企业的账户一般分布在多家银行，客观上要求银行为客户提供一站式、跨银行、跨平台的现金管理服务。通过构建一站式现金管理服务平台，银行可以更准确地掌握客户经营信息，更深入地理解企业的金融服务需求，从而提高金融服务的广度和深度。三是利用现代信息技术为客户提供移动化、智能化的结算产品。充分依托科技手段和支付场景的应用，在确保可靠、安全的前提下，为客户提供移动化、智能化的支付结算产品，提高客户结算效率，改善客户体验。

供应链金融产品向线上化、生态化、大数据方向发展。一是通过与供应链核心企业及上下游企业的深度合作建设线上供应链金融系统。线上供应链金融系统通过银行系统与供应链核心企业、成员企业、物流企业的系统互联互通、信息共享、流程衔接，实现商流、物流、资金流、信息流的交互式在线运转，最大限度地发挥各方的协同效用，提高产供销周转速度、提高供应链运转效率和竞争力。同时，帮助银行从源头开始跟踪押品信息，建立押品资源库，降低实地核查、单据交接等操作成本。通过对原产地标志的追溯，帮助金融机构掌握押品的品质，减少频繁的抽检工作，从而可以开展有效的基于押品的融资业务，节约监管成本。二是依托核心企业构建产融结合生态系统。针对供应

链管理能力强的核心企业，通过与其深度合作，搭建产融结合生态系统，协助核心企业进一步提高对上下游企业的把控能力，同时依托核心企业的信用优势和业务信息优势，向供应链上下游企业提供批量、一体化的融资服务和支付结算服务。三是构建基于大数据决策的供应链金融服务体系。通过与供应链参与企业、行业协会、政府管理部门、物流企业等相关机构的合作，将央行征信、海关、税务、用水、用电等数据与企业经营数据、行为数据充分融合，建立大数据平台。通过运用大数据分析技术，分析和掌握企业的交易历史和交易习惯等信息，并对交易背后的物流信息进行跟踪分析，全面掌控企业的交易行为，得到"商流+物流+资金流+信息流"的全景视图，从而提高客户筛选和精准营销能力。

3. 交易银行业务转型创新的路径

一是聚焦重点行业，提升专业能力。商业银行将结合自身发展战略、服务能力及客户资源，选择部分细分行业重点切入。通过招募和培养行业专家，深入开展行业研究，了解行业上下游企业交易活动中突出的金融需求，通过组合各类交易银行产品，提供一站式、针对性强的行业金融解决方案，促进产业链整体运营效率的提升。

二是深化客户关系，与客户进行深度合作。银行与客户之间的合作关系，将逐步从主要与核心企业合作、主要关注核心企业诉求，向与行业核心企业和上下游企业共同合作、了解全产业链企业的诉求转变。银行对客户信息的掌握，将逐步从单个时点、静态的经营管理信息和财务信息，向日常、动态的交易活动、支付结算信息转变。银行在客户经营中的角色，将逐步从短期的单一产品提供者，向长期的全方位服务的战略伙伴转变。

三是结合客户个性化需求，提供有针对性的产品服务。不同行业上下游客户之间的交易活动、上下游客户的现金流、核心企业对上下游企业的管理方式等存在较大差别，这决定了不同行业的客户对于交易银行业务有差异化的金融需求。银行只有紧密结合客户的交易场景，才能通过组合各类交易银行产品，满足不同行业客户的个性化需求，有效解决客户关心的痛点问题，提高客户的交易活动效率。

四是完善科技的快速响应机制，为交易银行业务提供高效支持。交易银行业务具有即时性、个性化的特点，因此，交易银行业务的中后台运营，包括业务审批、结算清算、客户服务、资产监控等，均需要向互联网化、数字化、智能化转型。银行需将自身的科技系统与客户的 ERP 系统、电子商务系统、物流系统、物联网等交易系统实现无缝对接、互联互通，从而为客户提供个性化定制的操作平台和自助、及时响应的服务。

第十五章
零售业务转型创新亮点纷呈

2016年,商业银行全面突出以客户为中心的理念,进一步加强客户管理、渠道建设和服务能力等领域的转型创新,建立差异化的业务模式,在新发展环境中打造特色竞争优势,零售业务发展呈现多元化发展趋势[①],收入贡献稳步提高。

一、零售业务转型取得较大进展

1. 零售业务营业收入占比上升

在经济转型、利率市场化及互联网金融迅猛发展背景下,银行业面临资产质量下滑、息差收窄等一系列挑战,零售业务逐渐成为银行业新的增长点。从零售业务自身特点来看,由于客户广泛、资本消耗少,风险相对分散,且可以提供稳定、低成本的资金来源,零售业务的发展能够熨平经济周期对商业银行发展的影响。从外部环境来看,随着居民收入增长和新型城镇化建设的稳步推进,客户需求多元化趋势明显,信贷、理财、保险等需求高涨。从国外成熟市场发展经验来看,在美国、欧洲和日韩等成熟市场中,商业银行零售业务收入占比普遍在40%以上,德国和法国零售银行收入占比更是将近60%[②]。随着利率市场化的深入推进及金融市场的不断完善,中资银行的零售业务收入占比也有望稳步提升。2016年,零售业务转型取得了较大进展。从披露零售业务数据的上市银行来看,2016年末,零售业务营业收入占比平均接近40%。其中,大型商业银行零售业务营业收入占比平均约37%,较2015年提高近3个百分点。部分银行的零售业务利润贡献度更是超过50%(见表15-1)。

表15-1 2016年部分上市银行零售业务收入及贡献情况 单位:亿元,%

银行机构	2016年		2015年	
	零售营业收入	占比	零售营业收入	占比
工商银行	2670	39.5	2651	38.0
农业银行	1923	38.0	1947	36.3
中国银行	1503	31.1	1354	28.5
建设银行*	1293	43.8	1152	38.6

---

① 本章的数据范围包括A股主要16家上市银行和以零售银行为战略定位的邮储银行,具体数据和业务发展情况视各行年报对零售业务的披露程度而定。
② 波士顿咨询,《完美零售银行2020 人性、科技、转型、盈利》,2015年3月。

续表

银行机构	2016年		2015年	
	零售营业收入	占比	零售营业收入	占比
交通银行	592	31.5	517	28.7
邮储银行	1370	72.3	1282	67.3
招商银行*	451	57.1	367	48.8
民生银行	496	32.0	456	29.5
中信银行	402	26.1	333	23.0
光大银行	294	31.3	275	29.6
平安银行	329	30.6	262	26.4

注：*建设银行为利润总额，招商银行为税前利润。

数据来源：中国银行业发展报告课题组根据各行定期报告整理。

2. 零售业务呈多元化发展趋势

2016年，除了传统的个人贷款业务发展良好之外，财富管理、消费金融、信用卡业务等成为零售业务转型创新的亮点，我国商业银行零售业务多元化发展趋势日渐显现。

财富管理覆盖面不断扩大，产品定制化成为转型热点。随着经济的发展，财富管理客户群体日益壮大，以成功创业者、草根群体为代表的新财富群体不断涌现，高净值人群对财富管理的要求不断提升，全球化投资视角日益重要。2016年，商业银行通过不断丰富产品线，在资产管理、投资、信托、另类基金等方面积极推出新产品，逐步建立海外信托、海外保险等海外资产配置平台，不断扩大财富管理业务的覆盖面，满足居民的资产配置要求。此外，针对各类人群，尤其是高净值客群的定制化服务成为转型热点，以持续满足高净值客群在投资、融资、并购、重组等方面的实际需求。

消费金融"互联网化"趋势愈发明显。2016年，商业银行在互联网电商、互联网信贷、大数据风险控制方面持续布局，为居民提供便捷、安全的金融服务。互联网电商方面，商业银行不断革新网上商城业务广度和深度，在加大互联网金融创新的同时，也加大了"金融电商"营销力度。传统的电子银行、积分兑换等各项营销活动已经转型"金融电商"。打造集生活缴费、网上购物、投资理财、网络融资、消费信贷于一体；强调金融产品与服务对于电商的嵌入，定位为客户打造全流程、一体化的互联网金融服务。互联网信贷方面，在以阿里、京东为代表的电商互联网信贷产品的步步紧逼下，商业银行也纷纷推出自己的产品，尤其在前景广阔的小贷市场上，以满足客户"短平快便"的服务诉求。大数据风险控制方面，商业银行广泛开始研发大数据风控，并基于此研发出了便捷、智能的互联网金融网贷产品。

"互联网+"助力信用卡业务转型创新。商业银行积极加强与互联网企业的合作，开发跨界创新型联名信用卡产品，搭建"互联网+"下多维产品体系，并结合消费场景布局移动金融。加强移动互联建设，持续推动网络渠道获客和传统渠道E化，以网络发卡、微信银行、移动客户端应用软件、智能客服等为突破口，抢占行业发展前沿高地。

二、客户管理精细化水平显著提升

1. 深化客户关系管理

随着零售业务规模的扩大和竞争的加剧，各类银行逐渐显现出与自身资产规模、资金成本、战略目标和网点布局相适应的客群定位分化，深化客户关系管理成为零售业务转型发展的基础。

大型商业银行充分发挥客户基础雄厚和网点遍布全国的优势，加快产品创新，提升交易活跃率，打造零售业务新优势。一方面强化存款吸收能力，增强客户黏性，维持较低的存款付息水平；另一方面紧跟创业创新、消费升级等新需求，调整信贷产品结构，优化作业流程，挖掘客户信贷新需求。股份制商业银行利用机构布局主要集中于经济发达地区，客均综合价值贡献高的特点，以差异化优质服务夯实客群基础，巩固特色品牌优势，加快轻渠道获客和个性化、智能化服务升级步伐，强化公私联动和交叉销售。城市商业银行和农村金融机构充分发挥地缘和市场时效优势，优化专业市场、民俗旅游等经营性贷款产品，深耕本地客群，扩大产品影响力，打造本地人的"精品银行"。

2. 客户细分成为转型重点

在竞争加剧、各银行相继步入"微利时代"的背景下，提高客户精细化管理水平、强化客户细分和精准营销，成为各家银行零售业务转型创新的重要议题。一是完善统一的客户管理系统，整合多维度数据，丰富客户标签，通过对客户构建360度画像，细化客户分层管理内涵；二是开展精准营销和个性化推荐，对客户行为和风险偏好自动评估，基于客户特征及时进行差异化产品销售，以信息驱动营销方式转型；三是完善多层次、多元化服务体系，满足不同客群金融需求。持续完善针对大众的标准化、制式化、快捷型的普惠产品服务方式，加快提升中高端客群经营能力。根据不同的客户偏好、风险程度和竞争策略，制定相对应的产品和价格水平。

私人银行成为各银行客群细分管理和差异化服务的着力点之一。2016年末，大型商业银行私人银行客户数和资产余额增幅大都在10%以上，部分股份制银行增幅超过20%。商业银行通过对中高端客户提供"个人+家庭+企业"、"境内+境外"、"投资+融资"的专业化、专属综合服务，以满足私人银行客户在资产配置、税务筹划、家族信托、并购融资等多方面的多元化服务需求，并推动零售业务转型升级取得新突破（见表15-2）。

表 15-2　　2016 年主要商业银行私人银行业务规模

银行机构	银行高净值客户（户）	管理资产（亿元）	分支机构数量（个）	从业人员数量（位）	统计口径（万元）
工商银行	70074	12084	36	4000	800
农业银行	82735	9792	37	1600	500
中国银行	95402	10017	39	580	800
建设银行	58721	7863.37	306	1824	1000
交通银行	35043	4665.41	37	277	600
中信银行	21575	3211	38	149	600
招商银行	59560	16595	41	973	1000
民生银行	14922	3011	34	525	800
光大银行	28213	2579.71	37	2000	600
浦发银行	19739	3468	18	198	800
华夏银行	5464	964.25	17	874	600
平安银行	16895	3123	45	1855	600
广发银行	6713	736.14	41	54	600
兴业银行	20339	2907	27	152	600
北京银行	32015	1572	7	60	600
渤海银行	1251	283	—	6	600
德意志银行（中国）	120	6	1	9	1000
江苏银行	3740	480	10	40	600
宁波银行	2110	320.38	8	24	600
	574631	83678.26	779	15094	

数据来源：中国银行业发展报告课题组根据各行定期报告整理。

三、渠道数字化趋势日益明显

1. 加快线上战略布局与功能完善

2016 年，各银行加快线上战略布局与功能的完善，适应客户自助服务、"在线生活"变化，全面拓展手机 APP、网页、微信等线上进件方式，丰富获客渠道。一是线上产品更丰富，覆盖转账支付、消费金融、理财、融资等多元金融服务；二是场景更全面，切入零售客户"医食住行游、学乐康安美"等多种需求，通过搭建并丰富新型渠道入口，推动线上线下一体化服务体系建设（见表 15-3）。

表 15-3　　2016 年部分上市银行线上战略布局及功能完善示例

银行机构	特点
工商银行	首创"工银云管家"特色服务，为客户提供包括信息资讯、产品推介、问题咨询、在线预约等在线金融服务；建立互联网银医服务平台。深化推动金融资产自助质押贷款。全面实施线上线下一体化商户发展战略。

续表

银行机构	特点
建设银行	构建金融云平台。智能服务进一步拓展渠道覆盖面,智能小微服务量达到全行人工客服量两倍。
农业银行	推出"网捷贷"、个人自助质押贷款、"房联贷"等新产品,实现全流程线上消费金融服务。
中国银行	积极塑造"E中银"互联网金融品牌,丰富支付、资管、交易、融资四大产品线,试点投产智能柜台。
交通银行	加强支付产品创新,业内首家上线银联标准二维码支付产品,联合银联推出云闪付业务。
邮储银行	创新推出E捷贷、掌柜贷、邮薪贷、邮享贷、车秒贷等产品。
招商银行	坚持"手机优先"策略。持续深入打造"掌上生活"经营平台,搭建"掌经号"会员管理体系,逐步开放经营入驻和流量连接;智能客服再升级,引入人工智能技术打造新一代智慧服务平台。
光大银行	创新推出"互联网+医疗"的阳光医保移动支付平台,实现医保账户与银行账户的线上对接移动支付;重点打造"阳光银行"、"云缴费"、"云支付"、"e点商"、"e礼财"、"e容贷"等6大业务品牌。
民生银行	上线迭代小微之家服务平台,营销推广云快贷、网乐贷2.0、二维码收银台等新型产品与服务,积极利用移动互联和大数据等新兴技术,推进小微金融线上线下O2O轻型化便捷服务。形成"手机闪付、扫码快付"、微信银行2.0等移动支付产品体系。
平安银行	致力于打造零售智能银行的发展新模式:打造以"SAT(社交媒体+客户端应用程序+远程服务团队)+智能主账户"为核心的智能化、移动化、专业化的零售银行服务;推动口袋银行由金融工具向运营平台转变。
浦发银行	持续打造"点贷+快贷+靠谱e投"相结合,覆盖个人、企业全方位客群,消费贷款、经营贷款、投融资理财全面用途的全线上互联网投融资平台。

资料来源:中国银行业发展报告课题组根据各行定期报告整理。

2. 助力渠道优化和效率提升

快捷方便、随时随地享受金融服务日益成为客户需求的新趋势。通过推动业务渠道迁移和优化,银行运营效率有效提升。2016年,银行业金融机构离柜交易达1777.14亿笔,同比增长63.68%,离柜交易金额达到了1522.54万亿元,行业平均离柜率达到了84.31%。银行纷纷加快完善个人网银和手机银行功能,实现线上渠道加强与物理网点的功能互补和协同发展,推动零售业务提效增质(见表15-4)。

表15-4　　　　2016年部分上市银行个人网银和手机银行客户数　　　　单位:万户

银行机构	2016年		2015年	
	个人网银	手机银行	个人网银	手机银行
工商银行	31000	—	19500	—
农业银行	18900	16900	15000	14000
中国银行	13371	9440	12246	7999
建设银行	23676	22321	20878	18284

续表

银行机构	2016 年		2015 年	
	个人网银	手机银行	个人网银	手机银行
邮储银行	15500	13300	13000	9750
招商银行	1971	4152	2100	2759
中信银行	2308	1958	1803	1273
浦发银行	1926	1900	1691	1150
平安银行	—	2610	1009	1395

数据来源：中国银行业发展报告课题组根据各行定期报告整理。

四、业务综合化程度稳步提高

1. 加强创新，产品向差异化、方案化转型

零售业务转型的重点之一，就是以客户需求为起点，加强创新，将金融产品与客户生活深度融合，并通过金融产品和服务，形成不同客群差异化的生活解决方案。2016年，商业银行加快产品和服务创新，打造差异化、方案化的产品体系。一是在客群细分的基础上，以提升客户体验为中心，通过分析客户的生命周期、生活需求、社会阶层、偏好、消费习惯等差异，为中低端客户提供标准化服务，为高端客户提供全面、专业的一站式服务。大多银行均设计了高端客户专属理财产品和特定客群的信用卡产品，以提升客户体验；二是从客户的生活痛点入手，全面进入客户金融需求的信息获取、比较、决策、售后等全流程，内嵌信贷、理财、保险等产品，为客户提供生活解决方案，真正实现差异化。

2. 加强交叉销售，提高客户综合贡献度

通过交叉销售挖掘存量客户的价值潜力，提升客户贡献度已经成为零售业务可持续发展的关键之一。受互联网金融和同业竞争激烈等影响，银行客户忠诚度普遍下降，交叉销售可以增加客户转换银行的成本，提高单户对银行的利润贡献度和忠诚度。2016年，我国商业银行不断加强交叉销售。一方面，加强内部资源整合，对单个客户实施信贷、理财、保险等产品的交叉销售；另一方面，注重更大范围的交叉销售，强化商业银行与投行、资本市场的互动，由单纯的商业银行服务向"商行＋投行"转型，满足新客户和存量客户产品供应。

3. 加强跨界合作，构建金融新生态

传统银行积极拥抱互联网，构建新的金融生态，不仅是大势所趋，也是商业银行零售业务转型的方向之一。2016年，我国商业银行通过加强异业合作促转型。一方面，积极为第三方支付机构、P2P等互联网企业提供资金存管、支付清算等金融服务，提高中间业务收入；另一方面，与互联网企业合作，打通信用体系，探索银行与互联网企业新

的合作模式，打造集信息服务提供商、支付服务提供商、电子商务企业于一体的金融服务平台（见表15-5）。

表15-5　　2016年部分上市银行业务综合化服务转型措施

银行机构	业务综合化服务措施
工商银行	主动调整产品发行及投资策略，加大专享理财产品发行力度
光大银行	结合国家实施棚户区改造、城镇化建设的契机，成功推出棚改项目"一站通"模式
光大银行	推出私人银行"家族办公室"业务，提供一站式私行客户综合需求解决方案
交通银行	推出面向年轻高学历客群"天使贷"和面向信用卡客户的小额现金分期业务
交通银行	业内创新信用卡"秒批秒用秒贷"服务
交通银行	推出"沃德·慧理财"结构性理财产品、交银"活期富"产品，打造"交银私享一号终身寿险（传承版）"和"得利宝·私银慧享"等各类私人银行客户专属产品
民生银行	加大公私联动，聚焦代发工资和优质受薪客群，深化与信用卡的交叉销售
民生银行	针对城市车主客群、出境客群、特定行业客群，推出差异化产品，搭建专属服务体系，打造批量获客平台和服务模式
民生银行	小微金融积极引入新的发展理念，全面围绕"客群细分经营"的核心经营思路，推进"结算先行，再交叉销售、综合提升，最后开展授信"的客户开发逻辑，全面提升保险、理财等产品的交叉销售
平安银行	进一步落实"财富管理+资产管理+投行"的产品体系，加强与集团各子公司的沟通协作
平安银行	推动口袋银行由金融工具向运营平台转变
浦发银行	形成多元化、多层次的产品服务体系，专业化、综合化的方案式营销模式，多层次、精细化的客户经营管理体系
招商银行	加快推进多元化跨业联盟合作，推动金融与科技的融合创新，构建具有招行特色的互联网金融生态体系
招商银行	推出了银行业首家智能投顾服务——摩羯智投，以公募基金作为基础产品进行全球大类资产配置，为客户提供智能基金组合配置服务，并通过定期交互为客户提供更加优质的售前、售中和售后服务
中信银行	为中高端个人客户提供"投资+融资"、"境内+境外"、"个人+家庭"的分层次、全方位金融服务，对超高净值个人客户提供"家族信托"、"MOM"14等综合性财富保值与传承服务
中信银行	围绕腾讯、百度、阿里、京东、大众点评等5大核心合作伙伴，打造"5+N"网络产品体系

资料来源：中国银行业发展报告课题组根据各行定期报告整理。

第十六章
金融市场业务转型创新稳步推进

受利率市场化、行业竞争加剧及市场波动等影响，2016 年，商业银行金融市场业务增速放缓①，收入占比有所下降，金融市场业务面临转型创新压力。2017 年，商业银行金融市场业务将继续加快转型创新，准确把握金融市场代客交易业务的发展大方向，推进金融市场业务事业部制改革，以金融市场业务转型创新带动行业整体转型发展。

一、金融市场业务平稳发展

随着我国金融市场的快速发展和不断完善，商业银行金融市场业务也取得了较快发展。越来越多的银行成立了金融市场部，部分银行设立了同业业务部、资产管理部等，多家银行在上海设立了金融市场总部或分部，全方位开展自营、代客、承销发行等业务，涵盖债券、人民币、外汇、大宗商品、衍生品和贵金属等多业务品种。

2016 年，商业银行金融市场业务总体增长平稳，但营业收入增速有所放缓。从上市银行年报来看，在公布业务分部信息的银行中，大部分银行的金融市场业务收入占比出现不同程度的下降。以资金业务为例，公布业务分部信息的上市银行的资金业务收入平均占比由 2015 年的 14.97% 下降至 2016 年的 12.83%（各上市银行年度报告中资金业务的范围有所区别，但前后两个年度的口径均保持统一，见图 16-1）。

从资金业务的收入结构来看，2016 年，利息净收入仍是银行资金业务的主要收入来源，但占比呈现下降的态势。上市银行利息净收入在资金业务中的平均占比从 2015 年度的 75.67% 下降到 2016 年度的 61.41%。手续费及佣金净收入占比有所提升，平均占比从 2015 年度的 12.79% 上升到 2016 年度的 17.29%（见图 16-2）。

在新的经济金融环境和监管环境下，商业银行金融市场业务的转型意义深远。一是服务实体经济发展。随着利率汇率市场化的深入，资本和金融账户开放等改革不断推进，商业银行通过为客户提供覆盖境内外、本外币、表内外各类资产负债业务的"一揽子金融服务方案"，有效支持实体经济的发展；二是支持人民币国际化发展。近年来，人民币国际化快速发展，商业银行通过跨境、跨行业、跨市场的金融市场服务，能够有力地支持人民币国际化的发展；三是促进金融市场发展和完善。金融市场业务的转型发

---

① 本章的金融市场业务指商业银行开展的与金融市场相关的业务，主要分为同业业务、投资类业务和资管业务等类别，包括同业拆放、票据买卖、债券买卖、资产转让和回购、外汇交易、黄金交易等业务。

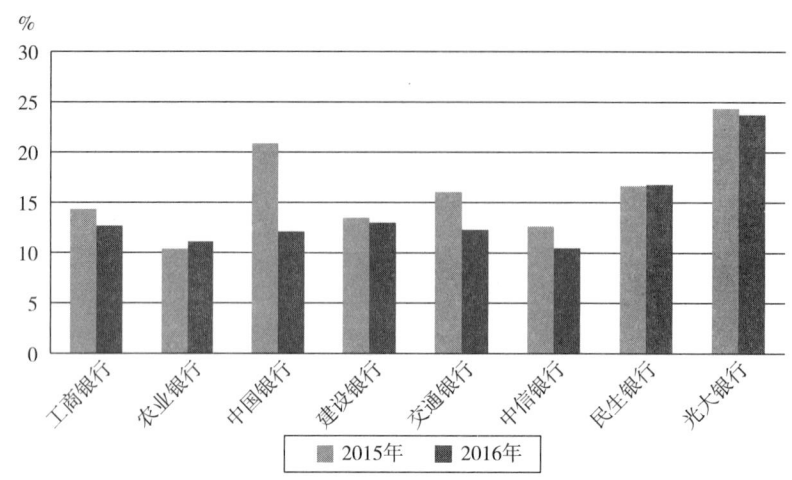

数据来源：中国银行业发展报告课题组根据各行年报整理。

图16-1 部分上市银行资金业务收入占比情况

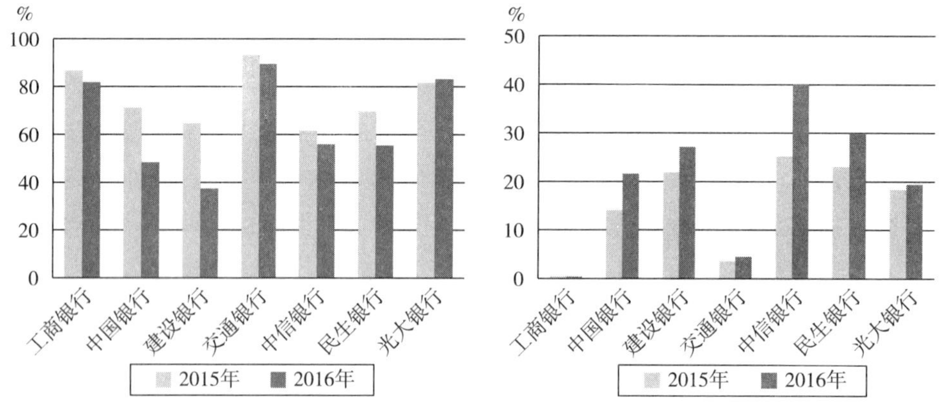

数据来源：中国银行业发展报告课题组根据各行年报整理。

图16-2 部分上市银行利息净收入（左）与手续费及佣金净收入（右）在资金业务中的占比情况

展客观上要求相对完善和发达的金融市场，这在一定程度上有利于促进我国金融市场的发展和完善。

二、同业业务注重合规发展与互联网转型

近年来，银行同业业务发展迅速，但相关风险也在不断累积，业务增速有所放缓。在金融监管政策的引导下，商业银行同业业务有序规范发展，逐步回归流动性管理本源，转型互联网金融平台，实现业务的多元化发展。

1. 同业业务收缩

受到同业存单替代同业存款等因素影响，2016年以来商业银行同业资产负债增速放缓。2016年，16家上市银行的同业资产规模较年初下降了6.60%，同业负债规模下降

了 2.60%，同业资产在总资产中的占比由 2015 年的 8.44% 降低至 6.97%。与此同时，由于国内外金融市场的不确定性增大，资金避险需求增加，银行业面临"资产荒"压力，同业资产收益率普遍有所下降。2016 年，16 家上市银行同业资产平均收益率由 2015 年的 3.50% 下降至 2.58%（见图 16-3）。

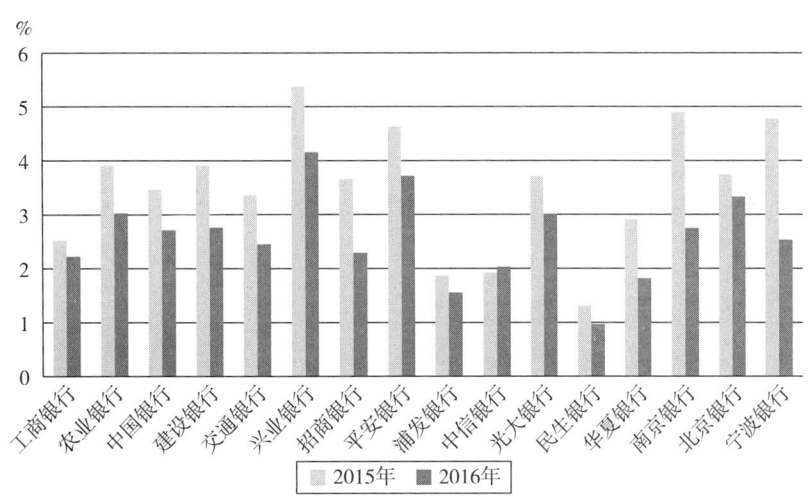

数据来源：中国银行业发展报告课题组根据各行年报整理。

图 16-3　16 家上市银行同业资产收益率情况

2. 同业业务回归流动性管理本源

同业业务凭借其轻资本和资金占用少等优势，受到众多商业银行的重视，并逐渐成为商业银行多元化转型发展的重要一环，但其背后隐藏着不容忽视的高杠杆和套利链条风险。2014 年以来，监管部门出台了一系列同业业务监管政策，对同业业务进行规范。同时不断完善 MPA 监管框架，将表外理财纳入广义信贷范围，防控利用同业通道下的"类信贷"资产腾挪，降低同业市场的套利风险。商业银行主动适应监管政策，积极推进去杠杆和防风险，不断优化资产负债结构，根据自身能力合理控制同业业务占比，增加现金备付水平和流动性资产，压降长久期、低收益资产，纠正流动性的过度错配。同业业务逐渐回归本源，其补充短期流动性的功能得到强化。

3. 逐步转型互联网金融平台

随着互联网的快速发展，将传统同业业务标准化、线上化、集中化和平台化，建设同业合作互联网平台，对银行业同业业务转型创新而言具有重要的意义。一方面，优化业务结构，助力轻型转型。通过传统同业业务、代理业务和清算结算类业务的线上化，实现集约化管理，拓宽渠道收入、代理收入等中间业务收入来源，借助平台的网络效益，在平台上挖掘和发展轻资本业务，助力同业业务的轻型转型。另一方面，加强同业往来，拓展合作深度与广度。平台通过在线提供丰富的产品服务，满足客户多元化需求,能够进一步增强客户黏性;通过与合作机构的线上线下互动,打造各参与方共享的开放式平台,最终旨在形成多方共赢的同业合作生态圈。目前,部分股份制银行、城商行、农商行等已开始尝试互联网金融平台转型,探索同业业务发展新模式。

三、投资类业务深度挖掘与广度拓展并重

随着利率市场化的深入发展,互联网金融及金融脱媒的持续冲击,传统以存贷差额赚取净利息差的经营模式备受挑战。在此背景下,商业银行投资类业务顺势扩张。截至2016年末,商业银行口径持有债券余额约27.5万亿元,较年初增长了24.2%,占总托管量的62.8%;16家上市银行的债券类投资规模在总资产中的占比,从2015年的25.5%上升至27.9%。

1. 挖掘业务深度,提高交易型收入占比

2016年,银行业持续挖掘债券投资业务的深度,收入结构从配置债券资产获取稳定收益的持有型向交易型转变,提高交易型收入的占比。2016年末,交易型金融资产和可供出售金融资产在证券投资中的占比分别上升了1.32个和3.49个百分点,应收款项类投资占比下滑了2.99个百分点,持有至到期投资则从41.13%下降至39.32%。商业银行通过提高交易频次,加强债券投资组合的主动管理,提高波段操作能力,达到提升利润的目的(见图16-4)。

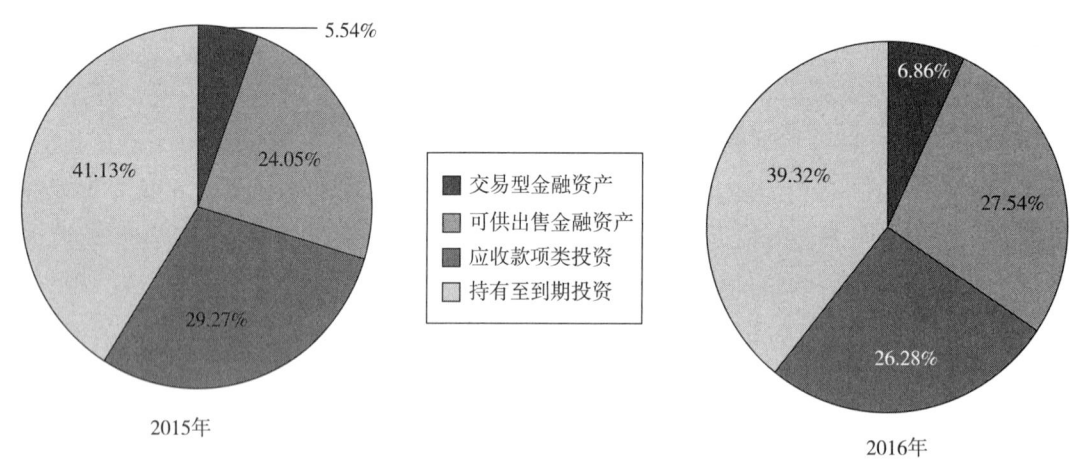

数据来源:中国银行业发展报告课题组根据各行年报整理。

图 16-4 16家上市银行证券投资分项占比情况

2. 应收款项类投资规模扩张,占比小幅下降

应收款项类投资收益率相对较高、拨备成本和资本消耗较低,有助于支撑商业银行的盈利增长。一方面,能够满足客户多样化的融资需求,通过资管计划为客户提供便捷的、成本相对能接受的融资产品;另一方面,应收款项投资项目资产的综合收益率,普

遍高于对公资产的平均收益率。但此类投资广泛使用通道和增信措施，可能成为隐藏的资产风险来源。同时，也可能会削弱银行的流动性，加剧资金错配的情况。目前，应收款项类投资已被纳入广义信贷考核，投资增长或将受到限制（见表16-1）。

表16-1　　　　　　　　16家上市银行应收款项类投资情况　　　　　　单位：亿元，%

银行机构	2016年		2015年	
	应收款项类投资	占总资产的比重	应收款项类投资	占总资产的比重
工商银行	2913.70	1.21	3521.43	1.59
农业银行	6245.47	3.19	5574.20	3.13
中国银行	3959.21	2.18	6067.10	3.61
建设银行	5079.63	2.42	3695.01	2.01
交通银行	3850.20	4.58	3236.79	4.52
大型商业银行小计	22048.21	2.42	22094.53	2.68
招商银行	5287.48	8.90	7160.64	13.08
中信银行	10357.28	17.46	11122.07	21.71
浦发银行	10104.72	17.25	13250.32	26.27
民生银行	11487.29	19.48	4512.39	9.98
光大银行	6276.78	15.61	5234.27	16.52
平安银行	4142.78	14.03	3076.35	12.27
华夏银行	1973.78	8.38	774.60	3.83
兴业银行	21028.01	34.55	18349.06	34.63
股份制商业银行小计	70658.12	18.10	63479.70	19.15
北京银行	2501.41	11.82	1270.79	6.89
南京银行	2207.42	20.75	2084.74	25.90
宁波银行	995.76	11.25	712.31	9.94
城市商业银行小计	5704.59	14.03	4067.84	12.08
16家上市银行合计	98410.92	7.33	89642.07	7.54

数据来源：中国银行业发展报告课题组根据各行年报整理。

截至2016年末，16家上市银行的应收款项类投资规模同比增长9.78%，但在总资产中的平均占比下降了0.21个百分点。从投资规模来看，大型商业银行的应收款项类投资规模整体略有收缩，下降了0.21%。股份制商业银行和城市商业银行的投资规模持续扩张，分别上升了11.31%和40.24%。从在总资产中的占比来看，大型商业银行和股份制商业银行均有所下降，分别降低了0.26个和1.05个百分点，城市商业银行则上升了1.95个百分点。总体而言，大型商业银行对应收款项类投资的依赖程度较低，规模和占比变化平稳；股份制商业银行开始逐步调整资产端结构，降低此类投资占比；城市商业银行仍保持规模和占比的上升趋势。

3. 投资渠道拓宽，债券市场业务品种创新加快

2016年，商业债券市场业务稳步发展，业务品种不断推陈出新，诞生了包括绿色金融债券、境外美元高级债券、SDR债券、不良资产证券化等在内的多个创新品种。

资产证券化发展迅速。国内债券市场2016年共发行了489单资产证券化产品，总发行规模8401.75亿元，同比增长38.66%，包括信贷资产支持证券、资产支持专项计划、资产支持票据等，拓宽了银行业在债券市场的投资渠道。其中，资产支持专项计划产品的发行量与发行规模分别是2015年的1.93倍和2.38倍。从信贷资产支持证券来看，业务转型逐步深化。一方面，尽管贷款抵押证券（CLO）依然占据主导地位，但占比迅速下降；另一方面，不良贷款ABS作为2016年度的创新产品，发展迅速，基础资产包括对公不良、信用卡不良、小微不良、住房抵押不良等品种；同时，个贷类证券化产品由于其高分散性的特点，占比持续上升，基础资产包括个人住房抵押贷款、个人汽车抵押贷款、个人消费贷款、公积金贷款等。

海外债业务如火如荼。2016年，我国境内企业共发行258只美元债，发行规模达1271.4亿美元，同比增长18.3%。海外债在收益率上相比国内债券有一定的优势。在海外设立分支机构或子公司的大型商业银行和股份制商业银行，一般通过海外业务部门配置海外资产。其他商业银行则主要通过以下三个途径投资：一是债券交易部门通过境外账户行的美元账户直接认购；二是通过上海自贸区FTU账户直接使用境外美元资金；三是同业自营部门境内资金通过产品结构设计进行认购，如QDII通道、外资银行结构化存款、信用挂钩收益互换模式等。

四、资管业务聚焦产品创新与机制优化

资管业务的管理费用是商业银行提升中间业务收入的重要动力，同时带来交叉营销的潜在获客机会。在大资管跨行业竞争加剧的背景下，银行在资管业务板块产品创新与体制机制优化并重，通过业务与管理的转型创新应对当前的资产配置压力。

1. 理财业务回归资产管理本质

理财业务是顺应我国利率市场化进程的产物，受益于资产和负债的双头推动。在资产端对接部分原有表内传统信贷资产，拓展了实体经济融资渠道，在负债端满足居民资产保值增值的需求。对银行而言，理财业务带动相关手续费和管理费等中间收入的提升，改善银行的收入结构，同时也提高了轻型化的运作水平。但我国银行理财业务当前还未进入成熟发展期，仍存在隐性担保等问题，目前主要作为存款的替代品存在。

在宏观审慎监管之下，表外理财纳入广义信贷范畴，监管的合理引导加速了理财业务回归资产管理本质。在广义信贷的约束下，信息更加透明化，能够消除影子银行的担忧，避免资金空转，从而抑制资产泡沫，促进资金脱虚向实。在此背景下，银行业重新定位资产管理业务，回归"代人理财"的资产管理本质，在理财业务规模上限的范围

内，通过提高自身资产管理水平来提升理财业务收益，以及减少负债端的利差让渡水平，走上规模适度、健康发展的转型之路。

2. 理财产品持续创新

净值型产品成为转型突破口。在监管政策引导、竞争加剧、资产荒持续存在背景下，商业银行逐渐把净值型产品作为转型的重要突破口。相较于主流的预期收益型产品，银行理财主动管理净值型产品一般拥有更高的潜收益、灵活的差异化产品设计，竞争优势明显，同时也更加考验银行的主动管理能力。2016年，大型商业银行和股份制商业银行持续加大净值型产品的推广力度。相比较而言，区域性银行的起步相对较晚，在逐步加大对于净值型产品研发资源投入的同时，目前转型的方向主要是开放式产品，零售端与同业端均有T+0计息的理财产品推出。

理财产品差异化发展趋势明显。2016年，商业银行积极推出具有自身特色的创新型理财产品，寻求差异化发展。一是主体创新，通常面向特定群体销售，在收益率上有一定优势，有利于增强客户黏性，塑造银行品牌。二是投向创新，主要通过特殊的资金投向（如绿色理财产品）吸引投资者。三是收益兑付创新，通过特定方式进行兑付，所兑付的内容对于目标客户群通常吸引力较大。四是销售模式创新，如线上团购模式的理财产品，收益高低与成团人数挂钩，通过"老带新"的方式降低营销成本。五是资管模式创新，部分大型商业银行已经开始逐步加快多元化资管服务的步伐，为企业提供一体化金融服务方案，最大程度上满足企业的个性化需求。

3. 资管子公司模式布局

在"大资管"背景下，银行资管业务组织架构按照"二级部——级部—事业部—子公司"的路径推进。结合国内外资产管理行业的发展经验，设立资产管理子公司是实现代客理财资产和银行自营资产隔离的有效途径。

资管子公司模式的优势主要体现在以下几个方面。一是有助于进一步明确栅栏原则，实现银行自营业务与代客理财业务的风险隔离；二是有助于打破理财产品刚性兑付，回归代客理财的本质；三是有助于凸显资管业务有别于银行信贷业务、以市场化为特点的运作模式，完善人才激励机制、提高运行效率；四是有助于直接开展业务，降低原有业务的通道费用，提高利润空间。目前，部分银行正在通过子公司制来推进理财业务的独立化、制度化发展。

五、金融市场业务将继续加快转型创新

2017年，中国经济有望稳中向好，金融市场将总体平稳。监管层将继续引导金融市场业务做减法，持续推进金融去杠杆。在此背景下，银行业将继续加快前进的步伐，以金融市场业务转型创新带动银行业的转型发展。

1. 金融市场代客交易业务是未来发展方向

代客交易业务收益稳定、风险较低、持续性较强，是银行获客、提升客户黏性的重要手段。同时，代客交易业务具有低资金、低资本消耗的特点，充分体现了银行业"轻资产、轻资本"的转型发展方向。国际大型银行的金融市场业务已实现以代客为主。

目前，我国银行业的金融市场代客交易业务仍处于起步阶段。随着国内多层次金融市场的不断完善，利率汇率市场化进程加快，市场主体投资、保值、避险需求将持续增加。人民币国际化稳步发展，跨境交易机会增多，加之居民财富管理需求提升，以FICC类、避险类等业务为代表的代客交易业务有着巨大的发展空间，将是银行业金融市场业务未来的发展方向。

2. 金融市场业务事业部制改革深入推进

事业部制改革是金融市场业务发展的一项基础设施工程。近年来，国内银行业已经开始逐步推进事业部制改革，但改革工作的重点在于总行、分行、总部、分部之间的关系，与国际大型银行相比仍有很大的差距，人事制度、经营绩效考核等方面有待进一步的深化。未来，银行业需要结合自身发展战略和金融市场业务的特点，将金融市场业务事业部制改革推向纵深，为金融市场业务的转型发展奠定基础。

专栏5　商业银行规模增速放缓不等于"缩表"

根据中国人民银行公布的金融机构资产负债表，2017年4月，其他存款性公司总资产235.98万亿元，相比上月下降了0.05%。这是2014年10月以来环比增速首次转负，引起了市场的广泛关注。

1. 季节性规律与监管叠加，商业银行资产负债规模出现暂时性收缩

根据历史数据分析，商业银行缩表存在季节性的规律。2008年以来，其他存款性公司的总资产规模环比增速共出现十次下滑，每次都发生在季末后的第一个月（1月、4月、7月、10月）。就资产负债表的分项而言，季节性缩表规律在资产端主要体现为储备资产、对中央银行债权、对其他存款性公司债权、对其他金融机构债权等分项的收缩；在负债端主要体现在单位存款、个人存款、对其他存款性公司负债等分项上。从上述几个收缩分项来看，银行缩表季节性规律主要由以下几个因素形成：一是监管考核因素，为应对季末的流动性考核，银行同业之间资金拆借力度加大，因而季度末的后一个月，对其他存款性公司债权、对其他存款性公司负债等分项通常会下降；二是存款规模冲量因素，从负债端来看，银行往往在季末来临前有存款冲规模的趋势，因此单位存款、个人存款等分项在季末后一个月一般会下降；三是财政存款的回笼，由于企业缴税和分红的影响，财政存款回笼主要出现在1月、4月、7月和10月，此时银行体系的单位存款和准备金均会有所收缩。

在近两年的货币宽松周期中，商业银行扩表的速度加快，季节性的缩表主要表现在增速的变化上。本次商业银行资产规模的收缩，是2014年以来首次绝对规模的下滑，是季节性规律和金融监管相互叠加作用的结果，主因是同业业务规模的收缩。一方面，资产负债各主要分项与历史同期环比均值相比，增速基本符合银行的季节性缩表规律；另一方面，随着金融监管趋严和金融去杠杆的推进，MPA考核的广义信贷增速和资本充足率压力使得商业银行被迫收缩同业业务规模，同业业务的供需格局在套利链条清理、同业存单纳入监管下发生变化，加剧了同业板块资产负债规模的季节性收缩幅度。

2. 综合影响下未来商业银行规模增速放缓，但不会持续"缩表"

在当前货币政策转紧，金融去杠杆和监管趋严的背景下，商业银行未来面临资产负债增速放缓的压力。第一，同业业务将进一步调整，当前的监管主要集中在同业理财，针对"同业存单—同业理财—委外"等加杠杆、多层嵌套和资金空转模式，并结合对底层资产的穿透式检查、非标投资的比例限制，未来同业业务增速将面临持续向下的压力；第二，国内资本市场不景气，获利机会减少、风险增加，使得商业银行对非银行金融机构的债权和负债增速均呈现下滑的趋势，也在一定程度上对非金融性公司和居民存款的增长产生了压力；第三，房地产市场调控升级，居民住房贷款将面临增速的下降，综合考虑商业性地产贷、开发贷、信托贷款、委托贷款等业务的调整，对商业银行资产负债规模的扩张将带来负面影响。

尽管国内经济金融环境的变化对商业银行资产负债规模增速产生了压力，但依然存在拉动规模扩张的正面因素。首先，商业银行同业业务的调整从2016年初开始，已经经历了一段时间，从目前同业业务的运行来看，尽管未来仍面临进一步收缩的压力，但大幅调整的可能性较小；其次，随着金融监管对银行表内外业务的全面加强，部分表外业务将逐渐回归表内，可能部分抵消商业银行资产负债规模的收缩趋势；最后，随着市场利率的上升，社会融资增量中信贷的占比有所提升，直接融资占比下降，未来商业银行信贷业务的需求仍将支撑资产负债规模趋于稳定。

总之，在金融去杠杆、防风险的要求下，未来商业银行资产负债扩张将面临一定约束，难以再现之前的高增长。但规模增速放缓不等于"缩表"。除非发生严重的经济衰退，比如GDP增速持续为负，否则只要一个经济体能保持正的经济增长率，进而带动融资需求扩张，该经济体金融机构资产负债表整体仍会保持扩张。在中国经济整体保持平稳、社会融资总规模稳步增长的情况下，商业银行不大可能出现持续显著的缩表。但对银行规模增速放缓可能形成的信贷增速趋缓、实体经济融资可得性下降以及融资成本上升应予以关注，合理把握好商业银行规模增速与实体经济平稳增长之间的对应关系。

第十七章
"互联网+"背景下银行网点重定位

在互联网金融的冲击下，银行传统网点面临优质客户分流、人才流失严重、临柜业务减少等多重挑战。商业银行将从战略高度重新对网点进行定位和部署，打造差异化、有特色的高绩效网点，银行网点将朝着"社区化"、"特色化"、"智能化"方向稳步发展。

一、"互联网+"推动银行重塑网点功能定位

1. 渠道向线上迁移，传统网点的影响力有所削弱

由于移动信息和互联网技术的发展，电子银行渠道迅速发展壮大，网上银行、手机银行成为客户进行自助业务处理的重要渠道，自助机具和自助银行分流了大量柜面现金业务。2016年全国电子支付业务笔数接近1400亿笔，较上年增长32.6%，其中移动支付业务增长迅猛，2016年移动支付业务笔数达257亿笔，同比增长85.8%。主要大中型商业银行的电子银行替代率均已超过80%，银行已经形成了传统网点和电子银行渠道并重的渠道格局。

电子渠道和互联网金融的发展导致银行营业网点的客户结构呈现单一化趋势。目前，在网点办理业务占比最大的客户群是对公客户和零售中老年客户。其中，对公客户主要办理日常性的结算业务，而中老年客户由于学习能力较弱，习惯接受网点柜面服务。这些客户金融需求初级且固化，附加值较低。年轻且附加值较高的优质客户由于等待时间过长、身份验证环节过多、操作复杂等原因，更倾向于选择互联网金融产品，被分流至线上渠道，银行网点客户的数量和质量都出现下降现象。

2. 网点在银行体系中的定位发生转变

作为产品和服务的直接提供者，网点是银行的主要营销传播渠道，是银行的核心竞争力之一，其功能定位、网络布局、内部设计是银行管理思想和经营策略的集中体现。传统银行网点着眼于银行既有的产品和服务，主要是为客户提供开户、转账等交易性服务，辅助开展理财产品营销等功能。在"互联网+"背景下，银行业竞争更为激烈，需要银行转变经营思路，以数字化转型为契机，构建"以客户中心"的产品体系和服务体系。营业网点需要以"客户+数字"为切入点，定位成银行最重要的客户关系平台、客户销售渠道和客户信息采集平台，在转型创新中谋求发展。

首先，新型营业网点应定位于银行数字化转型过程中最重要的客户关系平台。新型

网点将成为银行全面改善客户体验、重塑银行品牌形象、提高客户忠诚度的重要场所。在未来的数字化银行体系中，新型网点应是银行营销服务的主要平台，一方面优化业务处理流程、减少客户等候时间，为客户提供高效、便捷的金融服务，全面改善客户体验，培育客户忠诚度；另一方面延长中高端客户在网点的驻留时间，通过互动式交流激发客户创新兴趣，通过体验式营销创造产品销售机会。同时，还可向社会宣传银行的先进技术、传递银行的经营理念、塑造银行的品牌形象。

其次，新型网点应定位于银行最重要的销售渠道。新型网点将致力于推动银行整合各种服务渠道的全面互联互通，为客户提供高效、便利的金融服务。在未来银行数字化转型的过程中，新型网点将是银行线下分销的核心渠道。以网点转型为契机，可推进整合银行内部的物理网点、网上银行、手机银行、电话银行、自助银行等渠道资源，全面提升线上和线下渠道的协同能力，确保客户能够在所有渠道享受到一致的金融服务，形成"一点接入、多渠道协同"的服务能力，使客户在不同渠道间的不同服务实现无缝连接。在全面整合内部资源的基础上，还可进一步尝试拓展外部市场资源，探索多元化的经营合作模式。

最后，新型网点是未来数字化银行最重要的信息采集来源，是银行获取第一手客户信息数据的重要渠道，有助于银行全方位采集网点内发生的客户交易数据和行为信息。在数据为王的互联网时代，客户交易数据和行为信息将成为进一步产品研发和业务决策的依据，通过引入先进的海量数据处理技术、制定完善的数据处理规则、建立更为智能化的决策机制，银行就能够从数据中发现潜在的销售机会，更为快速、有效地回应客户与市场环境的细微变化，及时提供满足客户需求的个性化金融产品与服务，实时、准确地预测及规避各类金融风险。

二、"互联网＋"背景下银行网点转型创新趋势

我国商业银行的网点转型总体上可以总结为三个主要阶段：

第一个阶段是网点标准化建设阶段。网点转型初期，各家银行的转型目标是改变银行网点破旧、落后的形象，提升网点的基础竞争力。这个阶段的主要工作包括开展网点分类和分级，统一外观、形象和硬件配置，进行标准化的岗位配置，在网点导入标准化的销售、服务流程和操作规范等。

第二个阶段是网点资源优化阶段。目标是推动网点从交易中心向营销和服务中心转型。主要工作包括布局调整、优化网点柜面流程、增设网点销售和服务人员、大规模配置和升级自助设备、增设针对不同客户的服务通道和服务区域。

第三个阶段是网点定位差异化转型阶段。目标是从全行战略的高度重新对网点进行定位和部署，打造差异化、有特色的高绩效网点，银行网点向"社区化"、"特色化"、"智能化"发展。

1. 网点社区化

电子渠道的发展使得银行和客户之间的连接变得具有非直接性和薄弱性，为了增强银行和客户之间的连接度，获得客户的第一手信息，部分银行网点需要从以前"高大上"的形象向"亲民"形象转变，打破传统银行"等客上门"的模式，通过走进社区、贴近客户的形式，为当地居民和中小企业提供金融服务，实现渠道下沉和社区化，以增强客户黏性，实现区域金融资源的高效配置。例如银行可通过带薪志愿者项目激励员工主动参加社区青少年义务教育、发展活动，鼓励银行员工和社区融为一体，主动拉近银行员工与社区居民的距离。

我国银行业目前正在积极探索通过社区支行实现渠道下沉。2013年12月13日，银监会在《中国银监会办公厅关于中小商业银行设立社区支行、小微支行有关事项的通知》（277号文）中，首次提出了社区支行的概念，指出社区支行是定位于"服务社区居民的简易型银行网点，属于支行的一种特殊类型"。这标志着国内社区银行业务正式起步。经过三年多的发展，各家银行社区支行布局中都取得了或多或少的成就。目前，国内社区银行的发展模式主要有"广布局"模式、"产品主导"模式和"大社区"模式。

"广布局"模式主要指采取低成本简易装修进行快速抢点的模式。这种模式主要依赖于社区银行的便利性来提高客户的黏性，利用地理优势给社区居民提供方便、快捷的服务，服务属性高于产品属性。"产品主导"模式下的社区银行主要定位于金融产品的销售渠道和展示渠道。通过社区银行的渠道作用，提供给客户更高的购买体验，交叉销售银行产品、保险产品、信托产品等。"大社区"模式主要讲究的是布局上社区性，不追求网点上的密度，追求的是社区银行的综合服务能力和融入社区的能力。这种模式讲究的是将社区银行设立在写字楼密度高的区域、专业市场主要出入口以及居民社区中心点，所提供的服务范围和一般支行相差不多，以满足客户的综合性金融需求来达到融入社区的目的，减少客户选择成本，再通过融入社区实现拓宽渠道及增加客户黏性目的。

2. 网点特色化

互联网渠道的便捷性大大削弱了传统营业网点的功能，互联网金融的加入使得银行业竞争更加激烈，银行网点需要改进"标准化网点"的管理思路，建立"以客户为中心"的网点转型路线，实施差异化特色化网点定位，以在新的竞争格局中赢得市场。

银行网点的特色化定位、差异化经营主要体现在通过分析各个社区客户群体的差异性，通过在不同的社区网点提供适合该社区客户群的特殊服务来吸引社区客户。例如可以在公共自行车普及的城市银行网点建立专门的室内自行车停放处，吸引骑公共自行车来办理业务的客户；可以对于社区里有很多家庭主妇需要结伴打发时间的社区网点，每周组织茶会和烹饪课。此外，国内银行的特色网点建设包括成立"银发特色支行"，专门服务中老年客户群体、扶持涉老产业；在示范性物流基地成立物流特色专业支行；开展茶业产业链为核心的小微专业支行，从种植、加工、批发、销售、科研、应用等环节为茶叶行业提供各类融资产品、企业发债、结算服务，并对茶叶企业高管提供财富管理、私人银行等一揽子金融服务等。与国外相比，国内特色支行网点建设主要着眼于公司业务，针对零售客户、居民群体的特色化经营网点较少。银行网点作为零售业务的主要拓展渠道，未来以零售客户群体为着眼点开展差异化经营是提升网点竞争力的关键。

3. 网点智能化

随着互联网、大数据、虚拟现实等技术的成熟，如何将新技术应用于网点建设和管理，实现网点智能化是银行面临的重要课题之一。一方面，银行网点智能化是满足客户多元化需求的客观要求。进入互联网时代，银行业竞争更为激烈，由于转换银行的门槛较低，客户忠诚度明显下降。为争夺客户，银行必须以客户为中心，全面了解客户交易信息、掌握客户行为特点，迅速推出符合客户需求的金融服务和产品，这就要求银行必须打通各类渠道的限制，注重客户数据的采集，并探索建立更为智能的决策流程和产品研发模式；另一方面，银行网点智能化是改善客户服务体验的客观要求。伴随技术进步成长的年轻一代消费者正逐渐成长为银行客户的主力军，这一代人易于接受新技术带来的改变，也能够轻松掌握新技术的应用方法。随着互联网时代人们获取信息资源、处理日常事务方式的逐步改变，客户迫切需要银行改变现有的经营方式，通过新技术的应用来提供更为便利、新颖、周到的服务。这就要求银行必须对现有渠道进行变革，网络式接入、移动化终端等新型服务渠道以及传统银行物理网点的"智能化"已成为商业银行渠道构建的新方向。

首先，网点智能化主要体现在自助服务占比迅速提升。在部分智能网点，客户不再需要手工填单和等候，通过"自助填单机"就可以完成柜面业务的填单和申请服务，填单过程更为简便，出错率也大幅下降。诸如此类的智能设备被运用在了网点的各个业务领域，比如客户指引、信息展示、业务办理、产品购买等，通过减少简单、重复的低效率工作，并优化业务办理流程，网点的工作效率得到了提升。最为常见的是自助柜员机、远程视频柜员机（VTM）等。

其次，部分银行网点开始尝试将面部识别、增强现实（Augmented Reality）、虚拟现实（Virtual Reality）等交互式技术引入金融业务，以改善客户体验。例如利用 VR 设备让客户与理财经理展开虚拟互动，提升金融业务的便捷性和交互性。

最后，银行网点的智能化并非硬件设备、多媒体内容与产品展示的简单组合，"线上线下结合"、"数据驱动"、"打造生态圈"是网点智能化建设的主要特点。线上与线下结合，是指将线下的网点与线上电子、互联网渠道进行整合，更加强调电子渠道、互联网渠道以及社交媒体的整合；数据驱动，是指网点的新型设备一方面为客户提供更好的服务体验和产品展示，同时也用来收集包括行为数据和需求数据在内的客户信息，这些数据可以与银行的交易数据进行整合,以更好地发掘客户需求,进而改进网点运营;打造生态圈,是指银行可以通过社交化、技术化的手段,使网点、网点服务的客户以及周边商户形成一个生态圈,通过物理网点或者电子平台,使客户更快地获取其所需要的信息,最终实现银行、客户以及周边商户的共赢。

七、专题篇

2016年是我国"十三五"开局之年，也是推进供给侧结构性改革的关键之年，银行业机遇与挑战并存。投贷联动业务的试点启动是商业银行探索综合化经营的业务模式创新，是实现金融供给侧改革的突破口。随着PPP制度的完善、项目科学性和可操作性的增强，以及平台融资功能的剥离和政府稳增长诉求的推动，PPP将进入重要发展机遇期。互联网、大数据及区块链技术的快速发展，推动金融与科技深度融合，改变了金融业生态格局，挑战了传统商业银行经营模式。在金融"去杠杆"的监管思路下，高速扩张的银行表外业务正在受到更趋严格的监管，这将推动商业银行不断改变表外理财的资产配置和业务管理模式。新形势下，不良资产收益权转让、"互联网+"、不良资产证券化、债转股等不良资产处置创新手段相继问世。"市场化、多元化、综合化"将成为新常态下不良资产处置的发展趋势。

专题 1
供给侧结构性改革与银行业转型

2016 年是我国"十三五"开局之年,也是推进供给侧结构性改革的关键之年。中国银行业认真落实"去产能、去库存、去杠杆、降成本、补短板"五大任务,为全行业的稳健发展和宏观经济平稳增长做出了重要贡献。

一、供给侧结构性改革对银行业提出新要求和新挑战

1. 银行业服务"五大任务"面临新要求

供给侧结构性改革具有科学的内在逻辑,以深化改革推进结构调整,减少无效与低端供给,扩大有效和中高端供给,以释放经济体系的创新活力,促进全要素生产率的提升。作为我国供给侧结构性改革的关键领域,银行业服务供给侧改革面临着新要求。

金融资源投向布局调整。供给侧结构性改革需要商业银行发挥金融中介"筛选"融资项目的功能,降低或退出"两高一剩"、"僵尸企业"的资源占用,盘活占用在低效领域的信贷资源,促进结构的优化,化解风险。2016 年,我国银行业按照国家对供给侧结构性改革的部署,开展并购贷款、银团贷款等债权类和股权类融资业务,支持优势企业兼并、收购、重组落后产能,增强企业规模化、集约化优势,提高其集中度。

金融供给领域不断深化。供给侧结构性改革加快清出落后产能对金融资源的占用,金融供给领域正在不断拓宽并深化。"一带一路"倡议、京津冀协同发展和长江经济带重大战略的推进,有待商业银行及时覆盖金融供给的新领域。继上海自贸区后,国内已相继获批了 11 个自贸区,为银行业参与支持双向开放,促进金融创新拓宽了领域。推进国企改革转型带动的金融需求给商业银行业务创新带来新的空间。"培育具有国际竞争力和影响力的企业集团"的国企改革措施,带来银行服务随实体企业向海外延伸的需求与机遇。供给侧结构性改革催生出的新产业、新业态,将带动互联网、云计算、大数据、信息技术、高端制造业和现代服务业等新兴行业的发展,商业银行需找准战略性新兴产业的着力点,按其金融需求特点给予支持。随着居民收入水平的不断提高,居民消费需求将从模仿型、排浪式消费向个性化、多样化消费转变,从"吃、穿、住、用、行"的基本需求向"学、乐、康、安、美"升级,逐步扩大了金融供给领域的需求。

金融供给方式创新加快。供给侧结构性改革对金融供给带来创新加快的压力,更为注重金融供给的精准性,过往"大水漫灌式"的金融供给方式难再重现。其一,金融供需适配能力提高。对于产能过剩行业,银行在限贷的同时,需要进行结构性调整,尤其

在兼并重组过程中，银行要针对财务咨询顾问、价值评估、交易撮合、过桥融资和资金结算服务需要开展创新。对跨境企业，需要借助投行与商行、离岸与在岸等业务，创新综合金融解决方案，以提高金融服务的适配能力。其二，金融供给的多样化增加。在新旧产业交替过渡期，有待进行新型融资服务模式的探索。涉及债权融资、股权融资、"信贷+"服务，以及供应链融资模式等。其三，"互联网+金融"模式逐步深化。通过提升互联网金融和物联网金融服务能力，提高对不同地域、不同行业的金融供给和金融需求的匹配程度，尤其需要能满足小微企业和中小涉农企业的资金需求。其四，打造"轻资产"银行更为迫切。商业银行需要不断整合和提升投资型、结算型、交易型银行业务功能，以提高金融供给水平，实现创造金融新需求的目标。

2. 银行业面临新的挑战

在服务供给侧结构性改革中，商业银行仍然存在一些挑战，需要通过自身的深化改革予以突破。

供给质效存"短板"。金融支持供给侧结构性改革有待弥补金融资源配置质效存在的"短板"。需要银行业贴近实体经济需求开展金融创新，不断弥补市场空白，同时通过提升金融供给能力创造金融新需求，服务实体经济的发展。一是坚持普惠金融服务，增强薄弱领域金融供给。有针对性地开展政策制度创新，不断增大小微企业的金融可获得性；配合国家精准扶贫计划，不断改革农村信贷制度，提高金融资源在农村的覆盖率，加大金融对扶贫的有效支持。二是支持"双创"，探索覆盖业务"空白点"。针对客户定位，要将着力点聚焦在小微企业金融服务支持创新和创业群体上；针对产品体系建设，需要切实推进知识产权融资、股权融资、供应链融资、科技保险等工具的落地，积极探索投贷联动，开发债贷结合的金融产品；针对服务渠道，互联网金融等新型渠道的功能有待进一步完善。三是发展绿色金融，培育可持续的需求。合理引导金融资源向绿色、环保产业配置，通过绿色信贷审核机制的不断完善，及时满足不断变化的绿色金融需求；针对绿色产业投入周期长和轻资产的特点，有待商业银行创新授信增信方式，探索绿色债券、碳资产证券化等新型金融工具和服务。通过开展绿色金融服务，培育商业银行潜在的市场，实现业务发展的可持续。四是发展消费金融，增强服务黏性。加大资源投入，提高消费信贷业务占比；在业务流程上，要建立并完善适应零售业务特点的运营体系；在业务模式上，要探索同业合作机制，实现相互共赢，不断增强商业银行客户的稳定性；在业务支持体系上，努力探索基于场景体验的消费金融生态，不断创造客户对消费金融的新需求。

金融供给的同质化。金融资源在部分行业供给过剩和供给不足并存，金融资源配置的非均衡，银行业同质化经营是重要原因之一。为此，要不断深化银行业改革，不断缓解银行业的结构抑制，完善多层次、广覆盖、差异化的银行业机构体系，不断满足不同产业、不同领域客户金融服务的需求。在现有监管框架下，注重量多面广的地方中小金融机构发展，使不同类型的银行服务于相应的实体企业，完善市场化的银行业结构体系。

风险管控挑战增大。在经济增速放缓和经济结构调整过程中，银行业的资产质量仍将面临压力。其中，去产能和去库存所涉及的行业是银行不良贷款发生的重点领域，一些跨行业、跨市场风险及风险传染的隐患值得关注。商业银行有待加强风险监测及预警，拓宽风险处置方式，守住不发生系统性、区域性金融风险的底线。

二、银行业积极支持供给侧结构性改革

面对我国实体经济和银行业面临的诸多挑战，2016年，银行业在落实金融服务"三去、一降、一补"五大任务中，体现出了应有的作为。

1. 金融支持去产能

去产能，既要化解过剩产能，也要坚决淘汰落后产能，还要严控盲目新增产能。2016年"一行三会"下发《关于支持钢铁、煤炭行业化解过剩产能实现脱困发展的意见》，银行业按照"区别对待、有扶有控"原则，开展金融支持去产能的信贷服务，支持企业债务重组和兼并重组等。2016年中，银行业除采取债转股方式外，还对产能过剩行业中的不同企业按照"一户一策"原则制订金融服务方案，实施"有保、有控、有压"的差异化信贷政策，有效推进去产能的工作。

2. 金融支持去库存

2016年，银行业按照国务院《关于深入推进新型城镇化建设的若干意见》，认真领会"进一步落实推进'三个一亿人'的城镇化，推进农业转移人口市民化，深入开展新型城镇化建设"的部署，开展金融支持去库存工作。一方面，加大个人住房贷款投放，拓宽个人住房贷款资金来源，支持农业转移人口购房的刚性金融需求。另一方面，鼓励并支持房地产开发企业采取调整策略，适当降低房价以消化库存。同时，对存量房地产开发贷款项目加强资金封闭管理，逐步退出缺乏品牌实力、专业运作能力较差、以粗放模式运营的房地产企业。鼓励房地产企业兼并重组，支持有助于化解房地产库存、增强企业整体经营实力的兼并重组项目，特别是上市公司并购重组需求。利用企业并购契机，盘活和优化银行存量信贷资产，实现去库存。

3. 金融支持去杠杆

近年来，我国的杠杆率总体呈上升态势，其中非金融企业杠杆率较高。但快速去杠杆和快速加杠杆，都不利于经济增长和金融稳定。因此，在保持经济平稳增长的基础上，银行业需要把握部门杠杆率相互交替升降规律，遏制总杠杆率上升趋势，以市场化方式稳妥推进去杠杆，避免债务快速收缩带来的流动性压力，防范风险，最终实现稳妥去杠杆。

2016年，国务院下发《关于积极稳妥降低企业杠杆率的意见》，银监会下发《关于规范银行业金融机构信贷资产收益权转让业务的通知》和《关于做好银行业金融机构债权人委员会有关工作的通知》，按照出台的相关政策，推广设立银行业金融机构债权人委员会制度，按照"一企一策"的方针集体研究增贷、稳贷、减贷、重组等措施，有序开展债务重组，推动债权银行业金融机构精准发力、分类施策，有效保护金融债权，支持实体经济发展。如银行债转股中，由银行、实施机构和企业依据国家政策导向自主协商确定转股对象、转股债权以及转股价格和条件，实施机构市场化筹集债转股所需资金，并多渠道、多方式实现股权市场化退出。鼓励面向发展前景良好但遇到暂时困难的优质企业开展市场化债转股，严禁将"僵尸企业"、失信企业和不符合国家产业政策的企业作为市场化债转股对象，较好地发挥了金融支持去杠杆的作用。

4. 金融支持降成本

2016年，央行继续运用定向降准、再贷款，再贴现等货币政策工具，充分发挥政策结构性引导作用，降成本政策效果不断显现。为发挥金融支持降成本的作用，银行业不断规范收费行为并开展产品服务创新。一是开展专项服务，推出符合小微企业需求的金融产品。立足小微企业的资产状况和融资需求特点，推出为小微企业"量身定做"的金融产品和服务模式，有效减少资金占用成本。二是规范贷款发放行为和收费行为，取消或减免非实质性的企业融资收费，同时，简化贷款审批流程，缩短小微企业融资时间，降低融资的额外成本。三是创新服务降成本。帮助企业打造区域平台，形成产业链核心企业，对其关联的上下游企业审查后予以授信。由核心企业提供保证，贷款资金定向支付到核心企业账户。上下游企业在解决担保难题的同时，减少了跑银行、办手续的负担，降低了融资门槛和融资成本。核心企业实现了现款提货，减少了应收、预付账款，节省了资金成本，优化了财务结构。

5. 金融支持补短板

农村贫困问题是制约我国全面建成小康社会的一个短板。2016年商业银行按照政策指引，积极开展金融支持补短板的工作。

一是建立健全普惠金融服务体制机制。构建了商业性、政策性、开发性、合作性等各类金融机构协调配合、共同参与的工作格局，按照"四单"原则，以放好、管好扶贫小额信贷为重点，实行精准发力，大力提升贫困地区和贫困人口的金融服务水平。在促进农村第一、二、三产业融合发展的同时，以推进新型城镇化建设为重点，着力强化对加快农业现代化的金融支持，实现涉农信贷投放持续增长。二是持续改进业务流程，创新服务模式。通过监管政策引领，采取"双基联动"、网格覆盖等方式，将加强基层村委会建设与基层金融服务联系起来，解决信息不对称问题；城商行和农村金融机构通过开设便民服务点和流动服务车，创新"马背银行"、"拎包银行"与"夜市银行"等做法，打通和做好了边远地区金融服务"最后一公里"和"最后一步路"问题，让老少边穷地区及弱势群体均等享受优质银行服务。

三、商业银行大力推进自身供给侧结构性改革

1. 全面构建创新能力，提升服务实体经济质效

当下，银行业正在不断转变业务创新的思路，以服务实体经济为宗旨，缩短不合理的资金运作链条，避免"脱实向虚"，稳步降低杠杆率，降低实体经济融资成本。在分享供给侧结构性改革释放的制度红利的同时，努力构建商业银行业务创新与服务实体经济的良性互动机制。

一是战略调整转型能力。供给侧结构性改革的推进，银行业"跑马圈地"情结逐步弱化，不再简单追求规模扩张的发展，重视考量发展的质量和效益。坚守"轻资本、高效率"的战略定力，不断夯实发展基础、增强内生动力。躬身下去真正做到"以客户为中心"，沉下心去提升服务质效，夯实持续发展的根基。着眼"轻资本、高效率"的转型方向，银行业需要提升结算型、投资型、交易型银行功能的整合水平，在适应监管框架下做强结算类业务，加强对客户经营全过程的渗透。进一步做优交易类业务，提高轻型化发展水平。同时集合多元化牌照资源，提升商业银行的金融供给能力。二是融入国家战略的能力。推进商业银行在服务"一带一路"、京津冀一体化、长江经济带、自贸区等区域，战略性新兴产业的市场布局和产品创新。三是产品服务创新能力。适应实体经济商业模式的不断变化，增强银行业的快速响应能力和技术支撑能力，开展针对性的产品和服务的创新。适应科技创新的发展，加快探索投贷联动等业务模式，支持科创企业发展，不断提升银行业对实体经济的金融供给能力。四是弥补自身"短板"能力。通过开展普惠金融、绿色金融、小微金融和消费金融，不断培育壮大客户群体，形成自身的金融服务特色，培育未来可持续的业务增长点，不断弥补自身的"短板"。

2. 提升管理创新水平，严守重大风险的底线

经济增速放缓给商业银行风险管控带来挑战。银行业在供给侧结构性改革中，应力求准确把握可能出现的风险点，严守风险底线，严防区域性和系统性风险的出现。为此，银行业将致力于提升管理创新水平，不断强化全面风险管理能力。通过不断提高精细化管理能力，提升转型发展的质效。

专题 2

投贷联动业务分析与展望

随着我国加快实施创新驱动发展战略,商业银行投贷联动业务将迎来历史性机遇。银行通过设立投资功能子公司开展投贷联动业务,在组织架构、风险管理、人才队伍等方面充分做好准备,改变原有贷款思路,从业务上和风险上建立严格的防火墙制度,推动开展基于科创企业成长周期的前移金融服务,有效增加科创企业金融供给总量,优化金融供给结构,提升实体经济服务的质效。

一、投贷联动业务迎来历史性发展机遇

投贷联动主要是以商业银行为主、将股权和债权相结合的一种融资服务方式,核心是以企业高成长所带来的投资收益补偿银行债务性融资所承担的风险,是一种基于风险与收益之间关系的金融创新。通过这样的产品创新设计,可满足部分成长型企业客户对融资的需求。

当前全球新一轮科技与工业革命正在蓬勃兴起,我国正在加快实施创新驱动发展战略,大力推动"大众创业、万众创新",包括"互联网+"和大数据、七大类战略性新兴产业、"中国制造2025",以及延伸产业链和细分业态带动新技术、新产业、新业态不断涌现,成为经济转型发展的新动力。随着产业结构的优化转型升级,科技创新与技术进步的重要地位日益凸显,中小微企业特别是创业企业,在大众创业、万众创新的战略推动下蓬勃发展,但仍然会面临资金短缺与融资难的老大难问题。由于我国风险资本投资行业起步晚,发展还不成熟,导致资本无法有效与创业企业相对接,更多社会资本比较集中于规模相对成熟阶段的企业,不能有效进一步前移,导致大量极具发展潜力的创业企业受限于资金问题而得不到足够的发展支撑。对于处于种子期、初创期、缺乏资本金、缺乏担保抵押物、高成长、高风险特征的科创型中小企业而言,投贷联动能满足其差异化的融资需求。更为重要的是,科创型中小企业在获得投贷联动支持后,银行的信用背书将给企业带来包括信用评级、人才吸引、引入战略投资者、提升议价能力等多方面的提升。

国家创新驱动战略为银行业发展投贷联动业务创造了历史性机遇。2016年3月,李克强总理在政府工作报告中,首次提出将"启动投贷联动试点"。2016年4月,银监会、科技部和人民银行联合发布《中国银监会、科技部、中国人民银行关于支持银行业金融机构加大创新力度开展科创企业投贷联动试点的指导意见》(以下简称《指导意见》),对商业银行开展投贷联动业务、支持科创企业给出了具体指导性意见,标志着投

贷联动试点工作正式启动。而在此之前，我国商业银行就已经以各种形式将"投"与"贷"两种融资模式不同程度地结合在一起。但受制于《商业银行法》中"商业银行不得向非银行金融机构和企业投资"的规定，以往的"投贷"结合都是以曲线的方式展开。

二、投贷联动业务在探索中不断推进

1. 我国商业银行投贷联动业务尚处于探索阶段

2016年4月《指导意见》的出台为我国商业银行开展投贷联动业务指明了具体业务试点的特定行业、区域范围和具体试点的特定银行机构。一是特定行业，为完善科技金融企业的金融服务模式，支持科技创新型企业发展，本次试点目前限定在科创企业中开展；二是特定区域，第一批试点地区包括北京中关村、武汉东湖、上海张江、天津滨海和西安国家自主创新示范区；三是特定银行，根据《指导意见》规定的条件，明确了国家开发银行、中国银行、恒丰银行、北京银行、天津银行、上海银行、汉口银行、西安银行、上海华瑞银行和浦发硅谷银行作为首批试点银行。根据第一批试点工作情况，银监会等部门将总结工作成效，适时扩大试点范围。《指导意见》发布后，银监会于2016年5月11日牵头召开了投贷联动试点工作启动会，会议部署了第一批试点具体工作，标志着投贷联动试点正式进入实施阶段。随即，各试点银行机构纷纷制订投贷联动试点实施方案，并按照《指导意见》要求着手投贷联动机制建设和业务开展。

2. 试点区域投贷联动业务效果初现

截至2016年底，北京地区投贷联动规模已达40.06亿元，投贷联动对象主要集中于集成电路、高端装备制造、新能源、新材料等高精尖行业。其中，全国首个投贷联动试点项目诞生于北京中关村。2016年11月，国家开发银行北京分行向北京仁创生态环保科技股份公司发放贷款3000万元。同时，国开行投资平台"国开科创"的3000万元也投资到位，支持该企业在海绵城市、科技环保领域进行研发。截至2016年底，上海地区银行业通过投贷联动方式为183家科创企业提供贷款余额26.13亿元。内部投贷联动业务存量客户数为26家，贷款余额9.20亿元；外部投贷联动业务存量客户数为157家，贷款余额16.93亿元。

从上海银监局对开展投贷联动业务的企业抽样分析结果看，投贷联动业务主要呈现出三个特点：对企业的选择以股权融资的初始阶段为主，这有助于银行与股权投资机构双方合作发现价值，同时也能体现商业银行在获得客户资源、风险评估和提供资金等方面的优势。银行针对初创期科技企业进行了信贷机制的创新，突破了传统信贷业务对盈利指标的约束，在抽样调查中对近一半处于未实现盈利状态的企业开展了投贷联动业务。获得投贷联动融资服务的企业有了较好的发展动力，各项经营指标与财务指标均有较大幅度的改进，资产负债结构得到一定的优化。

3. 国内外投贷联动业务主要模式

在欧美发达国家，投贷联动作为商业银行实现资本增值的金融工具已经运用得比较成熟。投贷联动可追溯到20世纪50年代的美国，80年代科创型中小企业的大量涌现、纳斯达克等新兴资本市场兴起，VC/PE创投机构的活跃，投贷联动得以迅速发展。目前投贷联动在国际上主要有两种较为成熟的模式：一种为商业银行借助于金融体系中各类投资交易主体的产业评估和价值发现能力，有针对性地为企业提供间接融资服务，如商业银行的"跟贷"模式。另一种是商业银行自身运用投行理念，在为企业提供间接融资服务的同时，为企业的资本形成和资本交易提供直接服务，如硅谷银行的直接投资模式和英国"中小企业成长基金"的创业投资模式。

对我国商业银行而言，投贷联动业务才刚刚起步，从前期部分银行的实践来看，投贷联动业务主要有以下几种模式：

第一种模式，是银行依托旗下的投资公司或投资基金，开展投贷联动业务。如针对初创阶段的科技型企业，探索"小股权+大债权"的投贷联动模式。但该模式受《商业银行法》限制，完全放开需要进一步的政策支持。这种模式也正是《指导意见》中的模式范围要求，是十家试点银行开展投贷联动将主要运用的模式。

第二种模式，与海外子公司协同开展投贷联动业务。以大型银行为代表，在海外成立具有股权投资资质的子公司，通过与境外子公司协同或由境外子公司在境内成立股权投资机构，可以发挥集团优势开展股权投资业务。

第三种模式，是"认股期权贷款"。在传统授信业务基础上，合作的创投机构能额外从融资主体（如科技型小微企业）获得一定的认股期权。该模式一定程度上效仿了硅谷银行的投贷联动模式。

第四种模式，是银行与PE、VC等外部投资机构合作，银行主要扮演"贷"的角色，投资机构主要扮演"投"的角色。

第五种模式，是银行与PE、VC等外部投资机构合作设立股权投资基金。银行为各类私募股权投资基金、产业基金提供信贷等支持，由风险投资机构向银行推荐其投资的项目，银行择优进入，开展联动投资。典型的如铁路发展基金和各地方政府成立的产业投资基金或产业发展基金。

4. 投贷联动业务面临的困难和挑战仍然较大

我国商业银行发展投贷联动业务已经探索出了一些模式，但发展速度较为缓慢，在业务发展过程中仍面临着一定的困难和挑战。

一是政策层面的限制仍然存在。《中华人民共和国商业银行法》第四十三条规定："商业银行在中华人民共和国境内不得从事信托投资和证券经营业务，不得向非自用不动产投资或者向非银行金融机构和企业投资，国家另有规定的除外。"目前，除2009年国家开发银行特批获得国内首张人民币股权投资牌照，可以开展投贷联动业务外，其他银行并不能直接开展股权投资业务。而目前除十家投贷联动试点银行通过具有投资功能子公司、少数几家大型银行通过集团内部联动以及与外部创投机构直接合作提供"股权+债权"融资服务外，绝大多数深耕中小微企业的中小银行，难以有效直接参与投贷联动业务。另外，十家投贷联动试点银行尽管已获得试点资格，按照《指导意见》通过设立投资功能子公司开展投贷联动业务，但由于投资功能子公司的营业执照还在申请批复过程中，其真正意义的内部投贷联动业务均未能真正开展起来。

二是投与贷的兼容问题仍有难度。根据《指导意见》，投与贷两大机构是相对独立的。投资功能子公司在机构、人员、财务、业务、评审、风控等方面严格独立运作，并建立单独机制；而科技金融专营机构可以为分行或支行。在投对贷的合理激励机制和风险补偿机制方面仍需要不断探索，平衡投资收益与不良贷款的关系。

三是市场估值、股权退出等配套设施有待完善。我国多层次资本市场尚在发展完善阶段，对科创企业的股权投资很难进行公开交易，通常是定向寻找交易对手进行场外交易，交易透明度较低，市场价值难以确定，股权的估值可能与实际成交价格存在较大差距。而未上市公开交易的股权，流动性较差，很大程度上无法及时弥补企业经营能力下降导致的贷款账面损失。即使股权可以折价出售，但并不能触发"股权投资实现收益进而实现集团内部利润转移"的条件，很难通过并表管理来抵补科技金融专营机构的不良资产。由于市场估值以及股权退出等配套设施尚待完善，对在现阶段下开展投贷联动业务形成一定阻碍。

三、高度重视并稳妥审慎开展投贷联动业务

1. 投贷联动将在供给侧结构性改革中发力

商业银行围绕传统信贷模式转型升级，依托实体经济加速投贷联动布局并服务于实体经济，是以有效供给创造有效需求的具体表现。而供给侧改革以理性需求调动有效供给，为商业银行投贷联动路线的确定、进程的推进以及目标的达成提供了新思路。

投贷联动成为金融供给侧改革的突破口。当前，随着各项红利的逐渐消失，资金有效供给不足的问题愈加突出，商业银行作为最重要的资金供给主体面临着去产能、降成本、补短板的迫切需要。由于商业银行长期处于金融供给相对单一、需求旺盛的金融环境中的"卖方市场"，多是采取以资本投入、规模扩张、销售主导、利润考核为主的粗放式经营方式，已难以适应创新发展的新常态经济要求。而在我国经济结构转型升级、以科技创新为引领的战略性新兴产业蓬勃发展的今天，创新驱动发展的道路酝酿了巨大的资金需求市场，但由于知识创新、技术创新具有前期投入大、见效周期长、风险系数高等鲜明特点，商业银行创新推动的投贷联动融资服务模式刚好满足这类资金需求，成为金融供给侧改革的突破口。

投贷联动为供给侧结构性改革提供加速引擎。资本市场投融资功能在持续推进的发

展与改革进程中得到稳步提升,伴随着共享经济的迅速崛起,商业银行充分发挥其创新发展战略和示范引领作用,转向"商行+投行"业务模式,成为连接小微企业、创业者、创投人、孵化器、中介机构以及政府的要素平台。商业银行在协助合作的生态系统中,在平衡市场各方参与者利益的前提下,通过投贷联动机制提供"股权+债权"的服务,有利于解决科创型小微企业"融资难、融资贵"的问题,一定程度上提高了资金供给对需求变化的适应性和灵活性,提高了资本要素的使用效率,为供给侧结构性改革提供加速引擎。

2. 开展投贷联动需"高度重视、风险隔离、审慎前行"

我国商业银行开展投贷联动起步较晚,已开展业务的规模相对较小,整体机制还有待完善,但投贷联动是监管层基于当前经济新常态下,推动商业银行创新业务模式的一种探索,是商业银行综合化经营创新的重要一步。商业银行应及早建立起一套适应于投贷联动的业务营销、尽职调查、业务运作、风险控制全流程体系,在组织架构、风险管理、人才队伍等方面充分做好相应准备。创新本身也具有一定风险,需要在高度重视中审慎前行。

在组织架构方面,试点银行可以新设或改造部分分支行,作为从事科创企业金融服务的专业或特色分支行,开展科创企业信贷及相关金融服务。银行与自己的投资子公司间建立起投贷联动平台,充分发挥集团优势,缩短决策链条,降低沟通成本。值得注意的是,在集团内部对股权投资、信贷融资的不同风险偏好进行较好的协调,有利于整体把控项目风险,而银行能否顺利完成传统债权投资到投贷联动的思维转换,以及能否在投贷联动之间完成业务和风险隔离是投贷联动能否顺利实施的关键。

在风险管理方面,银行需要针对投贷联动业务细化和完善风险管控体系,对潜在的科创企业客户采取信贷与投资并行的风险审批体系,以防控在孵化科创企业过程中可能产生的风险。例如,银行应当形成信贷与投资的独立审批原则;加强与风险投资机构的合作,建立风险投资机构的准入审查机制,定期重检合作名单,对不符合准入标准的客户不再开展新增业务;建立贷前调查合作机制,在贷款投放前要求风险投资机构提供完整的客户尽职调查报告并承担连带保证责任;建立投后管理合作机制,根据贷款规模大小及对本行的重要性程度选择客户,与风险投资机构共同监督企业日常经营管理,及时对信贷资金风险状况做出判断;在选择行业时,应针对性地选取几个重点子行业,再在其中筛选重点客户;在筛选客户方面,应依靠自身专业团队和风险投资机构,对企业、行业、产业市场进行审慎调查;应通过专业风险投资机构、设定高利差和股权投资等方式确保高收益覆盖高风险,并建立完善投资退出机制。

在专业人才队伍建设方面,商业银行开展风险投资、投贷联动等创新业务需要一支具有较强的专业技术知识,对市场的发展趋势和新技术的需求潜力做出正确判断,对企业做出准确评估,能够协调创业企业、风险投资者和各类金融机构之间关系,培养经验丰富的高素质人才队伍。

总之，商业银行设立投资功能子公司开展投贷联动业务，需要做好充分准备，改变原有贷款思路，延揽具有PE、VC经验的专业投资团队组建相对独立的投资公司，并从业务上和风险上建立严格的防火墙制度，达到以股权投资收益覆盖贷款风险，支持创新型中小企业的目的。商业银行通过开展投贷联动业务，推动实现基于科创企业成长周期前移的金融服务，有效增加科创企业金融供给总量，优化金融供给结构，提升为实体经济服务的能力和效率。与此同时，银行更应注重"稳"字当头，尤其是投资功能子公司一定要与银行母公司实行机构隔离、资金隔离，防止将高风险资产引入到商业银行体系中。

专题 3

PPP 的机遇和银行参与策略

近年来,PPP 模式在国内兴起,并逐渐在全国范围内快速推广,成为我国大力推动的基建融资模式,与此同时,监管部门对 PPP 项目的规范性要求也不断提高。随着 PPP 制度的完善、项目科学性和可操作性的增强,以及平台融资功能的剥离和政府稳增长诉求的推动,PPP 将进入良性发展期。

一、PPP 市场发展前景广阔

1. PPP 成为地方政府投融资的新选择

PPP(Public-Private-Partnerships),即政府与社会资本合作模式,是将部分政府责任以特许经营权方式转移给市场投资方,政府与市场投资方建立起"利益共享、风险共担、全程合作"的共同体关系。PPP 项目通常有明确的付费机制来保障投资者收益,同时将项目不同风险分配给最合适的参与方。

目前,PPP 项目主要服务于基础设施建设或公用事业建设,具有典型的现金流稳定及可预期、期限较长、投资金额较大、回报率相对较低的特点,主要以购买服务(外包)、特许经营和私有化三种方式展开。特许经营是目前最常见的模式,其主要形式是政府与社会资本组成特殊目的机构(SPV),引入社会资本,共同设计开发,共同承担风险,全过程合作,期满后再移交政府的公共服务开发运营方式。其中,SPV 是 PPP 项目建设和运营的主体,其按约定由社会资本独自设立或与政府共同设立,是实现政府和社会资本风险共担和利益共享的基础;社会资本承担设计、建设、运营、维护基础设施的大部分工作,并通过"使用者付费"及必要的"政府付费"获得合理投资回报;政府部门负责基础设施及公共服务价格和质量监管,以保证公共利益最大化(见图专 3-1)。

在 PPP 模式下,可通过多种融资方式筹集资金,以股权、新型债券品种为主的直接融资将取代以平台贷款为主的间接融资。国务院《关于加强地方政府性债务管理的意见》(43 号文)出台后,融资平台将慢慢退出历史舞台,PPP 模式成为政府融资的新选择。

2. PPP 模式获国家大力推广

通过 PPP 可撬动社会资本参与基础设施投资建设,缓解地方政府财政支出压力。同时,PPP 的推出有利于缓解地方政府债务压力,降低系统性风险,且与预算改革和地方债改革相得益彰。因此,PPP 模式获得了国家的大力推广,市场前景较为广阔。

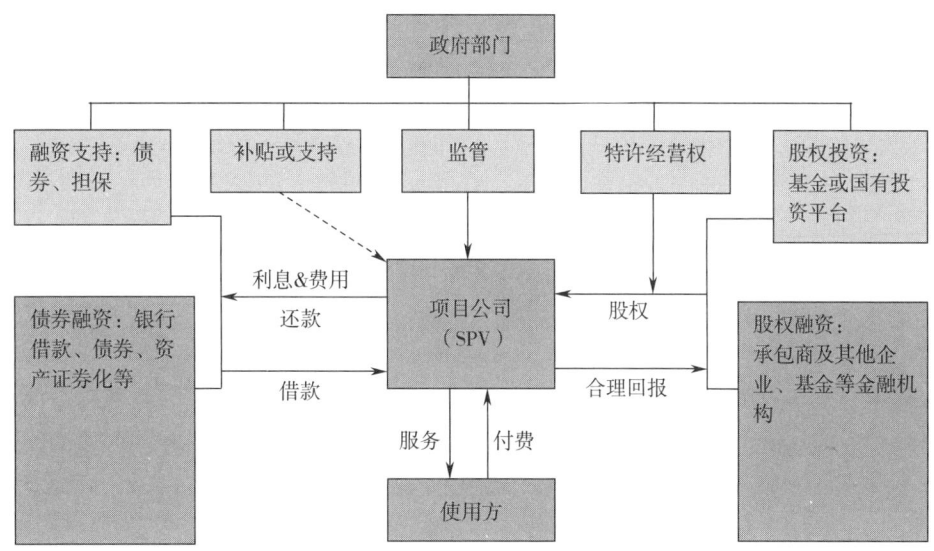

数据来源：中国银行业发展报告课题组整理。

图专3－1　PPP基本模式

一是制度逐步完善。2014年9月，财政部发布《关于推广运用政府和社会资本合作模式有关问题的通知》，为PPP模式推广提出了框架性指导意见。随后，国务院、发展改革委和财政部等部门密集出台了一系列法规政策，从部门职责、推进机构、法律、政策、标准、资金方等方方面面指导推进PPP建设，引导社会资本和政府资本在公共产品领域的合作投资（见表专3－1）。

表专3－1　　　　　　　　　　　我国PPP相关主要法规政策

时间	内容
2014年9月21日	国务院发布《关于加强地方政府性债务管理的意见》（"43号文"），规范地方政府举债融资机制仅限于：政府举债、PPP和规范的或有债务。
2014年9月23日	财政部发布《财政部关于推广运用政府和社会资本合作模式有关问题的通知》（"76号文"），要求拓宽城镇化建设融资渠道，促进政府职能加快转变，完善财政投入及管理方式，尽快形成有利于促进政府和社会资本合作模式发展的制度体系。
2014年9月26日	国务院发布《关于深化预算管理制度改革的决定》（"45号文"）剥离融资平台公司政府融资职能。推广使用政府与社会资本合作模式，鼓励社会资本通过特许经营等方式参与城市基础设施等有一定收益的公益性事业投资和运营。
2014年10月23日	财政部发布《地方政府存量债务纳入预算管理清理甄别办法》（"351号文"）要求地方政府全面统计锁定截至国务院"43号文"发文日目的在建项目，要求在建项目优先通过PPP模式推进。
2014年11月26日	国务院发布《关于创新重点领域投融资机制鼓励社会投资的指导意见》（"60号文"），强调建立健全政府和社会资本合作机制，改进政府投资使用方式，通过投资补助、基金注资、担保补贴、贷款贴息等方式支持社会资本参与重点领域建设。

续表

时间	内容
2014年12月2日	国家发展改革委发布《关于开展政府和社会资本合作的指导意见》("2724号文"),强调充分认识政府和社会资本合作的重要意义,准确把握政府和社会资本合作的五点主要原则,并提出了经营性项目、准经营性项目和非经营项目的适用模式。
2014年12月4日	财政部发布《政府和社会资本合作模式操作指南(试行)》("113号文"),进一步规范PPP项目识别、准备、采购、执行、移交各环节操作流程,保证政府和社会资本合作项目实施质量。
2015年1月4日	财政部发布《政府购买服务管理办法(暂行)》("96号文"),规定按照公开、公平、公正原则,通过公平竞争择优选择方式确定政府购买服务的承接主体,建立优胜劣汰的动态调整机制,加快推进政府购买服务改革。
2015年5月	财政部、发展改革委、央行发布《关于在公共服务领域推广政府和社会资本合作模式指导意见》,提出围绕增加公共产品和公共服务供给,在公共服务领域用PPP模式,并对总体要求、制度体系、实施路径、政策保障、组织实施进行了说明。
2016年5月	财政部发布《关于进一步做好政府和社会资本合作(PPP)有关工作的通知》,提出稳妥有序推进PPP工作,扎实做好前期工作,建立完善合理的投资回报机制,着力提高PPP融资效率,强化监督管理,加强项目信息公开。
2016年7月	发展改革委发布《关于切实做好传统基础设施领域政府和社会资本合作有关工作的通知》,从加强项目储备、规范项目实施、构建多元化退出机制、积极发挥金融机构作用等九个方面做出规定。
2016年9月	财政部发布《政府和社会资本合作项目财政管理暂行办法》,提出切实履行项目识别论证、政府采购、预算收支与绩效管理、资产负债管理、信息披露与监督检查等职责,保证项目全生命周期规范实施、高效运营。
2016年12月	发展改革委、证监会发布《关于推进传统基础设施领域政府和社会资本合作(PPP)项目资产证券化工作的通知》,明确了资产证券化PPP项目的范围和标准,提出优先鼓励符合国家发展战略的PPP项目开展资产证券化。
2017年1月	财政部发布《政府和社会资本合作(PPP)综合信息平台信息公开管理暂行办法》,提出要加强和规范PPP项目信息公开工作,促进PPP项目各参与方诚实守信、严格履约,保障公众知情权,推动PPP市场公平竞争、规范发展。
2017年2月	上交所、深交所发布《关于推进传统基础设施领域政府和社会资本合作(PPP)项目资产证券化业务的通知》,鼓励支持PPP项目企业及相关中介机构依法积极开展PPP项目资产证券化业务。成立PPP项目资产证券化工作小组,积极推进符合条件的项目通过资产证券化方式实现市场化融资,为PPP项目联通资本市场提供配合与支持。
2017年6月	财政部下发《关于坚决制止地方以政府购买服务名义违法违规融资的通知》(财预〔2017〕87号),强调政府购买服务要在年度预算和中期财政规划中据实足额安排,先预算、后购买;严格按照政府采购法确定的服务范围实施政府购买服务,将货物、建设工程改扩建、基础设施建设以及储备土地前期开发、农田水利等建设工程纳入政府购买服务"负面清单";严禁利用或虚构政府购买服务合同违法违规融资;做好政府购买服务信息公开,防止借政府购买服务名义进行利益输送等违法违规行为。

数据来源:中国银行业发展报告课题组整理。

二是市场潜在规模大。PPP项目的周期分为项目识别、项目准备、项目采购、项目执行、项目移交五个阶段,其中进入项目执行和项目移交阶段的项目为落地项目。落地执行项目进入订单向业绩转化的阶段,为企业业绩增长作出实际贡献;而准备、采购阶段的项目则为企业未来业绩提供保障和准备。

财政部数据显示,截至2016年12月,PPP入库项目11260个,总投资13.5万亿元。其中落地项目1351个,投资额2.2万亿元。而2016年1月、3月、6月、9月、12月的落地率依次为19.6%、21.7%、23.8%、26.0%和31.6%,落地率稳步上升。如果仅考虑目前已入库的13.5万亿元PPP项目的落地和实际投资情况,并简单假设PPP项目落地投资额每年增长10%,则2017年全国新增落地项目规模为2.4万亿元。如果项目投资资金的75%左右由银行信贷、产业投资基金等金融方式给予支持,则所需金融资金为1.8万亿元,市场潜力巨大(见图专3-2)。

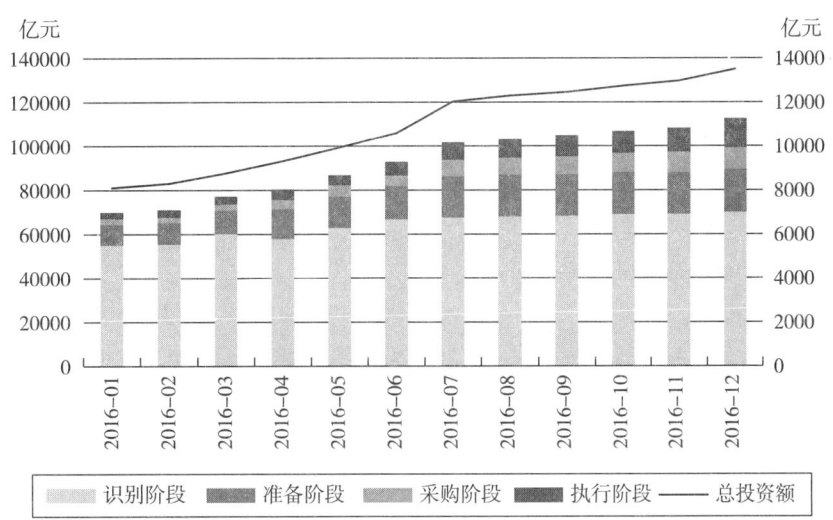

数据来源:中国银行业发展报告课题组整理。

图专3-2 2016年我国PPP项目投资额

需要注意的是,目前地方政府"先购买,后预算"、"以政府购买之名,行举债之实"的现象屡见不鲜,扭曲了政府购买服务的性质,大大增加了地方的隐性财政负担。为此,2017年6月,财政部下发《关于坚决制止地方以政府购买服务名义违法违规融资的通知》(87号文),对政府购买服务进行了严格的规范。政策的不断完善也在倒逼地方政府、平台公司等相关单位进行改革,做规范性的真PPP项目,以发挥PPP模式的优越性。

二、PPP给银行带来业务发展机遇

从目前实践结果来看,PPP为稳增长、促改革、惠民生,以及加快供给侧结构性改革做出了积极贡献。商业银行作为全社会资金配置的重要中介载体，是 PPP 资金来源不可忽视的供给主体。充分认识商业银行参与 PPP 的益处与面临的困难，探索商业银行参与 PPP 的适合模式，推动商业银行合理、可持续地参与 PPP，关系着 PPP 推进的成效。

1. 银行参与 PPP 有多方面益处

国务院 43 号文出台后，政府平台概念逐步弱化，PPP 模式已取代平台融资模式，成为商业银行与政府合作的主流模式。银行参与 PPP，主要是基于以下考虑。

一是可以缓解银行资产荒的压力。在经济放缓、长期利率下行的背景下，银行有大量的资金沉淀，亟须投出去但又找不到合适的投资标的。PPP 项目投资期限长，本身能够产生稳定的现金流，还有政府的一系列配套政策（比如配套土地开发收益等）。因此，PPP 是资产荒背景下银行可配置的重要资产。

二是可有效提升银行的经营管理水平。PPP 模式的推广应用可以为商业银行带来包括投行、融资租赁、债券等在内的多元化的融资服务，也能够带来包括结算、账户管理、存款、国际结算、财务顾问等在内的基础服务，不仅可以全面提高商业银行的经营收益，还将极大地促进银行的金融创新。银行必须加强自身的风险防范机制和金融创新能力，提升在客户和项目选择、特许经营权法律风险的研判、贷后管理的深度及持续性方面的能力，才能把握住 PPP 的业务机会。

2. 银行参与 PPP 也面临挑战

一是项目潜在风险。以前的政府融资平台有财政兜底，银行风险相对较小。PPP 项目不纳入财政预算，公益性较强，并没有政府隐性担保，因此商业银行参与 PPP 需要做好事前尽职调查，选择优质项目和优质企业合作。此外，PPP 主要涉及基础设施建设和公共服务领域，投资规模大、运营周期长，当下的公司债、企业债，或者是银行间市场的中期票据，多是三五年期限，与大部分 PPP 项目无法匹配。

二是存在地方财政悖论。越是财政压力大的地区，越需要借助 PPP 模式撬动社会资本和金融资本，缓解债务压力。但越是财政压力大的地区，银行项目准入的条件越不容易满足，银行参与 PPP 项目的意愿越低。

三是存在部分缺失契约精神的现象。PPP 模式是基于政府和社会资本所签订的合同开展的，参与各方都必须遵从契约精神，严格按照合同行事，才能保证项目顺利推进。地方政府在公用和基建等领域一直处于主导地位，在项目中属强势的一方。PPP 项目失败的案例中，有部分是由于政府违背承诺而导致合作方利益受损的。

三、商业银行多种形式积极审慎参与 PPP

商业银行可全程参与 PPP 项目，提供全方位的金融服务。一方面，银行为 PPP 项目组织和提供多元化的融资渠道，包括贷款、投行、保险、信托等；另一方面，银行积极参与项目的设计、开发等顾问服务，为项目开发提供咨询。目前，银行信贷、PPP 基金、投贷联动等是当前银行参与 PPP 项目融资的主要方式。

1. 银行贷款

银行可以直接为 PPP 项目提供信贷资金，也可通过联合其他银行、保险等金融机构以银团贷款、委托贷款等方式，拓宽 PPP 融资渠道。政策性银行和国有银行多以贷款方式支持 PPP 项目融资，PPP 项目融资期限相对较长，利率多在基准水平上下浮动。

比如北京地铁 4 号线项目，项目分为 A、B 两部分，A 部分为土建工程部分，投资额 107 亿元；B 部分为机电项目，投资额 46 亿元。B 部分由北京京港地铁（PPP 项目公司）负责建设运营。项目分为建设期和特许经营期，30 年特许经营期结束后，北京地铁 4 号线将归政府所有。B 部分投资中，政府和社会资本按比例提供股权投资资金 15 亿元，银行以项目公司动产、不动产、特许经营收入或受益权等为抵（质）押，按基准利率提供贷款资金 31 亿元，期限 25 年，利率为 5.76%（当时十年期国债收益率为 5%，一般商业贷款为 6.12%）。

京港地铁 4 号线是成功 PPP 项目的典型。社会资本和政府合作提供公共服务，既保证了项目的公益性，也照顾了社会资本的利润。银行在 SPV 组建过程中提供了无追索权或者有限追索权贷款，期限长，利率低。由于整个项目有良好的人流量保证，利润稳定，银行贷款的安全性也比较高。

2. PPP 基金

PPP 基金是以股权、债权、夹层融资等工具投资基础设施等 PPP 项目的投资基金，可以为基金投资人提供低风险、中等收益、长期限的类固定收益。PPP 基金中，财政部门或其指定机构通常充当劣后级，银行等金融机构作为优先级，如果规模较大，有时还会设置中间级。政府出资比例较低，以少量资金撬动金融机构出资，存在着杠杆效应。银行通常只作为财务投资人，不参与基金与所投资项目的具体运作。按组织形式，PPP 产业基金可分为公司型、契约型与有限合伙型三种。

公司型 PPP 基金具有法人资格，治理结构与一般公司相似。出资人即为股东，投资人的知情权和参与权较大，但也同时面临双重征税、重大事项审批决策效率不高的问题，股权转让时的手续也较为繁琐。公司型 PPP 基金典型的有中国政企合作投资基金股份有限公司，财政部、社保理事会和九家金融机构联合发起，总规模达 1800 亿元。虽然公司股东中并未看到银行的身影，但这九家金融机构多与对应银行关系密切，通常由银行负责资金对接。

契约型 PPP 基金中，各出资人将资金委托给受托人管理，基金不具有法人地位。基金投资人在投资项目或投资企业时，不是真正意义上的股东，基金管理人全权负责运作。出资人在退出或转让时，手续也相对简单一些。目前采用契约型的 PPP 产业基金有江苏省 PPP 融资支持基金，总规模为 100 亿元，江苏省财政厅出资 10 亿元，五家银行各出资 18 亿元。

有限合伙型 PPP 基金在目前 PPP 基金最为常见，有限合伙人（LP）与普通合伙人（GP）共同成立有限合伙企业。一般由金融机构做 LP 优先级，地方国企或平台公司做 LP 次级，金融机构指定股权投资管理人做 GP。有限合伙型 PPP 基金，既克服了有限合伙型双层征税的问题，又解决了契约型无法当股东的难题。政府作为普通合伙人，享有浮动收益，承担主要风险。金融机构作为有限合伙人，享有固定收益，承担有限风险。

3. 投贷联动

投贷联动是以上两种方式的结合，通过发放贷款和设立/参与投资基金，发放贷款使得商业银行成为 PPP 项目的债权人，投行资金的介入使得商业银行可成为 PPP 项目的股东。投贷联动融资方式有利于降低银行大规模贷款带来的风险，并能够灵活调节利息和股息的收入结构。

比如贵阳市南明河综合治理项目第二期，该项目运营期为 30 年，总投资额为 27.3 亿元。银行和中国水环境集团组成的联合体共同出资成立项目公司，项目所需资金以投贷联动的方式筹集。首先，银行对项目进行授信，授信总额度为 14 亿元。其次，银行将部分授信额度以融资性保函的形式对项目实施境外融资。通过"境内+境外"的模式提供全面的金融服务降低银行审批难度，节省了项目审批时间，同时也节约了融资成本。

4. 其他方式

除通过传统贷款业务、理财或子公司直投业务外，银行还可以通过以下方式参与 PPP。比如资产托管，可以对银行理财、保险债券投资计划、保险股权投资计划、信托计划、产业基金等产品提供托管服务。再如财务顾问与咨询服务，银行可以凭借金融、会计、法律等专业优势，为 PPP 项目参与方提供合同订立、项目评估、项目运营等咨询服务。还可通过保理融资、承销服务、现金管理、资产证券化等多种形式参与到 PPP 项目中来。在预算管理和债务约束的背景下，鼓励和吸引社会资本通过 PPP 模式参与公共设施投资成为必然选择。随着 PPP 模式的成熟和完备，PPP 资产证券化等配套机制的落地，PPP 项目有望加速落地，未来几年将释放数万亿元的资金需求。同时，PPP 发展也将呈现新的特点，将从对项目数量和落地率的追求，逐步转向对项目质量的关注。

5. 做好风险管控和合规经营

银行参与 PPP，必须及时、动态、准确把握 PPP 的新型需求，针对不同类型主体、不同类型交易结构创新金融产品，并根据实际情况创新担保方式。同时，要完善对项目、政府和贷款方的尽职调查，准确判断项目本身的风险，针对性地设计贷款方案、担保结构和相关合同条款，合理分担风险。发生重大风险前及时介入，提供解决方案，保障债权人权益。此外，银行还应积极探索与其他金融机构（尤其是证券公司、信托公司、租赁公司等）的全方位合作，在实现优势互补的同时，构建起比较完整的 PPP 融资体系。特别是在当前金融防风险、去杠杆背景下，银行更应注重合规经营，防止在参与PPP中出现资金套利、严重期限错配、明股实债、通道链条过长等不规范行为，确保PPP在规范中稳健发展。

专题 4

金融科技挑战与商业银行应对

互联网、大数据及区块链技术的快速发展，推动金融与科技实现深度融合，开启了金融科技（FinTech）时代。金融科技的不断创新发展，提升了金融资源配置效率，加快了金融服务模式变革，带给客户更好的体验和更多实惠。商业银行需要转变理念，主动融入金融科技，加强金融新供给，对接不同市场主体的金融新需求，实现自身转型发展。

一、金融科技改变了金融业生态格局

1. 金融科技重在科技

金融稳定理事会（FSB）于 2016 年 3 月首次界定了金融科技的内涵，即金融科技是技术带动的金融创新，是对金融市场、金融机构、金融服务供给产生重大影响的新业务模式、新技术应用，新产品服务等，既包括前端产业，又包括后台技术。当前，金融科技主要涉及四个领域。一是支付清算，具体包括电子货币及区块链技术；二是直接或间接融资，包括 P2P 网贷与众筹；三是市场基础设施，包括大数据、云计算、电子身份认证、电子聚合器、智慧合同等；四是投资管理功能类别，包括智能投顾、固息收益市场的电子自动交易等。金融科技呈现出"脱媒"、"去中心化"和"定制化"等主要特征，业务类型和盈利模式不仅十分多样化，同时呈现出高度细分且相互交叉的特点。

金融科技不同于互联网金融，其显著特点就是科技，采用科技手段而非商业模式变化来进行金融创新，变革金融服务渠道，优化金融系统运行机制，提供更加有效的服务。这些创新包括：消费者与商户的移动支付解决方案、线上市场借贷、储蓄与投资工具算法、虚拟货币、数字化用户的生物特征识别及身份验证，自动化中后台企业功能。互联网金融多是简单地提取，分析用户的数据；金融科技则通过对衍生于金融行业本身的大数据进行深入分析，不仅能用数据解构到用户的行为偏好、交易数据、资产情况等深层数据，而且能对行业本身做出一些有益的改变。这些改变包括：对金融产品的分析与整理，研发出全新的金融产品，剖析金融产品本身存在的问题，通过区块链技术对金融交易进行记录来为消费者提供更加精准的风险管控等。金融科技虽然并未改变传统金融的核心业务逻辑（即资金的融通），也没有改变金融服务的本质即信用；但是却通过改变技术在金融活动过程中的流程与作用，将技术端从过去的支持、辅助性作用推向前台，大大突出了科技综合引领作用。

2. 金融科技为金融发展注入了新活力

金融科技以数据为基础，以技术为手段，帮助金融行业提升经营效率、降低成本。金融科技是技术驱动的金融创新，为金融发展注入了新的活力。

一是推动金融业供给侧改革。当前，商业银行的主要矛盾日益表现为客户不断升级的金融和非金融需求与银行落后的服务和组织能力之间的矛盾。而要解决这一主要矛盾，就需要商业银行借助金融科技，通过管理效率、经营水平和有效金融供给的提升，产生新的生产力跃升，真正满足客户需求。金融科技通过技术创新打破了现有金融的边界，使资金能在短缺方与盈余方有效流通，提高金融服务生产效率，极大地降低了金融服务成本。其高效率主要是因为互联网的分布式节点构造体系将大量的金融数据计算的信息传递职能分散给了各个互联网节点，降低了银行作为金融数据处理中心和金融信息传递中心的压力，提高了金融数据处理和信息传递效率。

二是促进普惠金融发展。普惠金融的深入推进需要金融技术的支撑，金融科技刚好补足了这个短板。互联网和移动支付、网络借贷等，极大地改变了金融生态和人们的日常生活，覆盖了银行业不愿意及难以覆盖的客户群体，为其提供了金融便利。传统的金融服务需要人与人面对面地交流和沟通，但通过科技的手段比如使用智能设备移动终端，服务的便利性和覆盖率得到广泛提升，从而提升了普惠金融的覆盖率。传统方式对申请借款人无法做准确的信用评估与判断，借助金融科技可以获取客户数字化的信息，通过综合分析做出评估与判断，使更多人群获得相关金融服务，从而提高了普惠金融的可获得性。

三是满足客户多样化需求。金融科技适应了当前的移动化、社交化及个性化的客户需求，并不是简单地将商业银行部分业务移动至互联网平台，而是在借助信息技术的基础上，构建了更加贴近客户体检、更有个性化的金融服务产品。金融科技通过丰富的大数据处理和信息挖掘技术，提前对金融服务用户的需求进行预测，对用户的金融需求进行引导。金融科技点对点的信息传递和沟通方式，其实质是银行作为金融服务的后台终端，提供给了用户自主服务的平台。通过点对点的信息服务，用户可以自我定制个性化的服务内容和方式。金融科技侧重于"体验至上"，产品设计与销售模式更贴近客户的心理需求，因此，在商业银行难以覆盖的长尾群体，金融科技有着天然的优势。

二、金融科技蓬勃发展

目前，中国和美国是两个主要的 FinTech 投资中心，两国共有 1414 家 FinTech 公司，总投资规模 259 亿美元。其中，中国的 FinTech 投资规模达 139 亿美元，位居全球第一。当前，欧美国家金融科技发展有三种典型模式。

第一种模式是传统金融机构科技化。最为典型的案例是高盛，其一直标榜是一家科技公司。高盛融合金融科技主要表现为三个方面：借助金融科技提升核心业务能力，借助金融科技开拓新业务,将自身业务与金融科技结合产生协同效应。

第二种模式是互联网企业涉足金融服务。互联网企业依托自身的技术与场景优势,在支付结算、理财销售、消费金融、财富管理及小额贷款等领域为客户提供金融服务。比如:PayPal 为用户提供支付服务,WealthFront、SigFig、Mint、Betterment 为用户提供网上理财、智能投顾等服务,Zopa、Lending Club 基于大数据为小微企业或者个体商户提供小额贷款服务。实际上,正是由于该种模式的快速发展,才使得金融科技这个概念迅速火爆起来。

第三种模式是传统金融机构与金融科技公司跨境合作。传统金融机构拥有大量客户群体,在其长期业务发展中打造了核心金融业务能力。金融科技企业能够为客户提供更为便捷的服务,具有更高的效率和更低的运营成本。二者之间具有很好的互补性,合作也不断深入。

近年来,金融科技在中国各个金融分支领域开花结果,产生出一些不同于传统金融的新应用、新产品或者新服务,主要体现在以下几个方面。

非银支付快速发展。一般理解的非银支付是支付平台作为网络交易的第三方和产品所在国家和国内外各大银行签约、并具备一定实力和信誉保障的独立机构,提供网络交易支持平台。最为典型的有支付宝、快钱、汇付天下、易宝支付、通联支付。非银支付在网络交易中起到的作用是信用再担保,通过其公众信用作为抵押,弥补了交易双方由于信息不对称导致的交易风险。以支付宝为主要代表的非银支付平台,在沟通网络交易信息和分散交易风险中起到了不可或缺的作用。2016 年,非银行支付机构累计发生网络支付业务 1639.02 亿笔,金额 99.27 万亿元,同比分别增长 99.53% 和 100.65%。

P2P 网络借贷迅速崛起。P2P 模式是金融科技发展中最快的商业模式,也是迄今为止和传统金融模式最为类似的网络金融创新。2013 年以来发展迅速,我国 P2P 网络借贷平台迅猛发展。第一网贷《2016 年全国 P2P 网贷行业快报》显示:截至 2016 年底,纳入中国 P2P 网贷指数统计的正常经营 P2P 网贷平台为 2307 家,比 2015 年年底增加 63 家。全国 P2P 网贷成交额突破 2.8 万亿元,达到 28049.38 亿元;同比增长 137.59%。全国 P2P 网贷的贷款余额 1.21 万亿元,创历史新高,比 2015 年底增长 115.9%,已大大超过全国小贷行业的贷款余额。

互联网理财成为居民理财的主要途径之一。互联网理财产品准入门槛低、形式多样、种类较多,能够满足高净值用户等不同风险偏好投资者的理财需求,适应了投资者小额的理财特点。互联网理财产品也打破了时间和地域的条件限制,只要一部智能手机和网络信号,随时随地都能理财。有关调查显示,2013—2016 年,我国互联网理财支出增长超 4 倍,互联网理财规模由 3853 亿元增长至 2.6 万亿元。目前,我国居民使用互联网理财的意愿率已经达到 11.15%,超过了股票、基金、债券、贵金属,成为国民理财的主要途径之一。

三、金融科技同时带来机遇和挑战

1. 金融科技对商业银行带来了挑战

金融科技将改变商业银行的价值创造和价值实现方式，导致其中介功能弱化，重构已有融资格局。

一是冲击了商业银行信用中介地位。网络借贷兴起时间不长，但发展迅速，因其能为没有得到正规金融机构覆盖的个人或企业筹措资金，而深受草根阶层的欢迎，在小微企业和个人借贷领域与银行形成竞争，"去中介化"的网络融资理念逐渐被社会理解和接受。未来，随着金融科技的进一步发展，大公司可能也会更加依赖网络，面向大公司的网络借贷新模式也将顺势而生，将真正触动商业银行的奶酪，影响其信用中介地位。

二是冲击了商业银行的支付中介地位。商业银行作为支付中介，主要依赖于债权债务的清偿活动中人们在空间上的分离和在时间上的不吻合。金融科技的发展打破了时间与空间的限制，在相当程度上冲击着商业银行的支付中介地位。非银支付借助具有互联网特色的灵活经营模式，为用户提供了良好的支付体验，可以全方位满足用户存取、借贷、理财、记账等多元化需求，已成为客户主流使用方式，对商业银行的传统支付产生了比较明显的替代作用。一方面，非银支付降低了支付业务对商业银行分支网络的依赖，更多的时候只是涉及信息的传递，任何一台可以上网的电脑或移动终端均可随时替代银行物理网点完成支付；另一方面，非银支付冲击了商业银行电子银行端。

三是冲击了商业银行金融服务地位。原本商业银行是唯一的综合金融服务商，基金、信托、保险等金融产品在很大程度上都要借助其渠道销售，严重依赖其渠道，这使得其长期以来在金融业中一直处于主导地位，对金融业其他机构具有很强的影响力和控制力。金融科技时代改变了这种状况，金融科技企业同样能够销售金融产品，并且基于其更注重客户体验和大数据分析，其在某些简单、标准化金融产品上的销售能力上的优势已经超越商业银行。在理财服务方面，技术成熟降低了理财服务门槛，促使网络理财放量增长。这导致大量的金融产品可以直接通过金融科技金融平台进行销售，完全替代了商业银行这一渠道。

四是冲击了商业银行经营模式。金融科技正从注重品牌塑造、抢占市场的野蛮生长进入注重价值创造的深度发展期，在监管更加规范化、底层设施逐步完善、网络金融安全的重要性日益凸显的大背景下，其将更加理性发展。金融科技创新的不断涌现，正在不断挑战商业银行的服务模式、经营模式及风险管控模式。

2. 金融科技为商业银行带来了机遇

金融科技是一种新型金融业态，是整个金融体系当中一个与信息化和大数据紧密结合的全新的重要构成部分，其技术并非只有金融科技企业可以使用，商业银行同样可以运用。

首先，推动商业银行转型发展。金融科技已经由外而内地渗透到商业银行各个环节，将加速推进其转型发展。金融科技背景下，客户的金融服务需求发生了重大变化，个性化、定制化、亲民化的需求日益占据主导地位。商业银行需要将"以我为主"的大众化式的服务需要向"以客户为中心"转变，适时调整发展定位；需要利用其完善的贷款管理体系和风控体系，借助互联网数据储存和挖掘功能，有效扩大其小微贷款的市场份额；需要以超越传统融资方式的资源配置效率，大幅减少交易成本，下沉客户重心。商业银行无论是自己着手发展金融科技业务，还是选择与金融科技企业合作发展金融科技业务，都会突破其传统业务的限制，在相对短的时间内聚集大量客户，迅速做大中间业务。

其次，推动商业银行创新发展。金融与科技相互渗透转化，为商业银行业务创新、管理创新和产品创新创造出更多机遇、提供了更强动力。商业银行借助金融科技，能够将传统业务融入互联网，拓展金融服务的边界和市场，通过开发有效的金融科技产品与服务，激发和创造用户需求，不断改善客户体验；通过打造信息化银行，弥补了网点不足，覆盖了网点难以服务的群体，能够有效降低营运成本，增加非利息收入，成为实现可持续发展的重要引擎。

最后，推动商业银行转变经营模式。金融科技背景下，各种技术正不断融入到商业银行各类经营管理之中，并将影响其管理水平、服务能力与市场竞争力，并从根本上改变其传统的经营模式。其众多业务也可以通过网上进行办理，客户在家里就可以通过网络操作绝大多数业务，这对于缺少网点的中小银行而言，既弥补了网点不足的劣势，也节省了营业场所、人员、运行维护等方面的大量开支。

四、借助金融科技实现自身转型发展

1. 创新服务模式

借鉴互联网思维，不断加快新兴科技引入，借助区块链、云计算、大数据、物联网和人工智能等技术推动自身IT架构升级换代、引领服务模式变革，依托遍布城乡的实体网络和广泛覆盖的电子渠道，着力打造平台银行、智慧银行和普惠银行，为自身转型升级、实现可持续发展提供有效保障。

借助智能投顾改变传统服务模式、提升运营效率，进一步将财富管理客户对象扩展至中产阶级及大众市场。聚焦现金管理、贸易融资、供应链金融等零资本消耗、低资本消耗的公司业务产品，实现从高资本消耗低效能向低资本消耗高效能的转变。打造全能型交易银行业务竞争的制高点，实现从清算与结算管理向"全资产"配置管理转变。

2. 搭建金融科技平台

搭建"一站式"服务型金融平台，整合资源、流程再造，为客户提供资金和信息流服务的同时，满足客户日益增多的多元化需求。利用平台的极大优势，迅速抢占市场先机、资源、客户占据产业链的主导地位。加强与其他金融科技平台合作，在合作模式上创新思路，跨界经营，提供更多更好的产品和服务，实现双赢。加强与各类金融机构的合作，共同研发具有特色、适合互联网应用的金融产品，形成产品优势；积极与各类社交、电商、娱乐、旅游、生活服务类互联网商务企业合作，广泛布局金融场景，快速拓展客户群，提升客户体验。

3. 推动金融创新

探索基于价值链的商业模式创新，商业银行应跟随经济结构调整和产业机构升级的趋势，重点抢占战略性新兴行业的龙头企业，支持其以获取资本溢价和行业定价为目的的行业整合；应当不断探索实践基于客户价值链的综合金融解决方案，对重点行业供应链的上中下游每个环节进行聚焦和分解。以电子商务平台建设拓展金融服务渠道，商业银行应契合网络贸易发展的需求，为其提供综合性的线上和线下金融解决方案，从而能够牢牢把握金融业发展的客户资源基础。

4. 再造银行流程

着手建立与金融科技相匹配的新型组织架构体系。一方面，通过新增核心部门将金融科技上升到全行战略层面统筹谋划。通过独立或半独立的组织运作体系，给予金融科技创新业务更多的自主经营权限。另一方面，重视多渠道整合协同，推行金融科技"入口经济"理念。部分大型银行已开始依托互联网技术将柜台、客户经理、自助设备等渠道无缝接入大数据平台，实现渠道间产品整合、信息共享、流程衔接和服务协同，真正实现为客户提供一揽子金融产品、一站式解决方案和一体化流程体验。

在金融科技蓬勃发展的时代，物理网点并非包袱，而是需要进行转型。物理网点仍然是银行获取客户、提升市场影响力、拓展业务的最基本渠道。在其基础上推进银行业务互联网化，致力于线上线下一体化。商业银行应对网点服务进行重造，融合线上与线下服务，简化网点流程操作，加强金融服务；将物理网点、互联网、物联网有机结合起来，打造全方位、立体式、多层次的银行业务渠道端。

5. 提升客户体验

通过金融科技手段，根据客户信息明确风险水平、产品额度，为客户制订一揽子金融服务方案，从单纯的存款或理财产品推介转向全天候、多角度、立体化的综合金融规划、财务方案、投资管理、管理咨询及其他增值服务，提供更多融资工具满足客户需求，不断提升客户黏合度与综合贡献度。实施一体化综合营销策略，加强与理财、投行等新兴业务的良性互动。积极推动电子虚拟账户快速融入社交、旅游、消费等生产生活场景，提升用户使用便利性。同时，将利用区块链探索更直接的支付和清算流程，低价、迅速实现价值存储和资产转移，大幅降低交易时间和成本，为用户提供更优异的服务体验。

专栏6　商业银行应在区块链金融领域充当领跑者

近年来，以线上生活场景为基础的互联网金融科技正在不断深化，BATJ（百度、阿里、腾讯、京东）等在经营"长尾"客户的同时，把原来属于传统银行的大量中产者客户也吸引了过去。支付宝、微信等支付工具的快速普及使得无现金社会触手可及，给人带来无限遐想。大数据、云计算甚至人工智能等金融科技的前沿阵地，已经被BATJ等占领，传统银行的支付、存款、小额信用贷款、小企业贷款等业务日益面临挑战。此外，传统银行还面临经济增速放缓、竞争加剧、利润增速下滑等挑战，银行有必要思考并寻找新的战略突破点。

区块链金融的出现有可能就是这样一个突破点，策略得当，利用得好的话，有可能会给银行带来新的广阔的市场空间。区块链技术是金融科技深化的急先锋，区块链金融市场正处在初始发展阶段，银行应积极行动起来充当领跑者。

区块链技术有可能使我们得到一种认知现实经济和市场基本属性的新的思维方式，是有可能从根本上改变互联网金融属性的技术。区块链技术整合的大数据（以下简称区块链数据）与以往大数据分析有以下几点重要区别：

一是区块链数据是交互生成，系统内所有经济参与方参与，而且全过程记录的数据的真实性、完整性由于区块链技术的原始特性（不可更改、可追溯）得到了保障。

二是区块链数据可以由个体私钥掌握（可以自主择时交付、定向交付自己的信息数据），对个体贡献可以进行奖励的，经济主体在交付自己信息的过程也是不断建构自己信用的过程。而以往的大数据分析则是个别行业内的数据，而且往往是个体被动参与、个体隐私难以得到保障，个体贡献也得不到明确的奖励。

三是区块链中智能合约的实现是数据应用的高峰形态，数据向数字（信用）资产的转变必须依赖于区块链智能合约，否则，所谓的数据分析仍然改变不了在传统金融中的附属地位，更谈不上对传统金融的变革和对新金融的引领。

四是区块链数据驱动的价值互联网是革命性的。区块链技术在金融领域内的应用奠基于对个体（某个个人或企业）的金融行为、金融品质和资产及信用生成过程的追踪记录，从而推动金融创新向个性化、精细化、自我管理的方式纵深发展，从根本上改变以往金融行业以信息不对称挣钱、粗放式经营、追逐暴利的特征。

以区块链数据为基础的金融市场的培育不是一个轻而易举的过程，其难点在于突破选择。初始阶段区块链金融市场的培育应选择这样的市场，如有利于拓展市场空间，且空间足够大；金融机构渗入程度较低，或价值链不完整；市场主体参与者众多，价值认证期望高；相关企业积极给予配合，联盟意愿强；政府关注和支持等市场。

大数据分析应用于金融领域，其实质就是对个体无序聚集而成的群体数据进行分析，从中抽取出个性化金融服务和普遍性金融服务的要点，从而开发出适应于特定人群和大众人群的金融产品。区块链技术对于特定人群的购物、交通、通信、医疗、养老护理等大数据的整合，将有助于对这类群体的思想观念、历史经验、行为习惯、财富传承状况及生存目标意愿等进行分析和归类，便于银行设计精细化的产品，而银行由此对中产者的信用也增强了信心。

近几年银行转型的步伐逐步加快，但是在转型过程中遇到的难题是以传统金融的思路无法破解的，比如向投资银行的转型。传统信贷思维是依赖于物质资产抵押和大企业担保的，投行思维则是注重于企业和所在行业本身的成长性（这种企业基本上都是轻物质资产的，人力资源和商业模式是它们最重要的"资产"），两种思维是如此的格格不入，以至于现在部分银行的投行部门陷入了业务审批无人敢负责、业务量始终上不去的困境。再如向电子（数字）银行的转型，现在只是把传统银行的一些产品搬到了网上，但是线上运营的特点和线下并没有很好地对接起来。事实上，银行有别于普通互联网金融企业的优越性（众多的网点资源和国家、政府信用的支撑）是很明显的，但如果不积极想办法利用这些优越性的话，普通互联网金融企业就会后来居上，银行倒成了"追赶者"和数据资源的劣势方。银行须利用区块链金融产生的难得的机遇，迅速调整思维，占领旅游、养老、医疗、社区消费以及其他和民生相关的领域。投资银行和数字银行的困境，说到底都是因为对数据的记录、整合、分析和应用还没有充分地展开，而这些正是区块链金融的强项。应用场景及其相关数据的争夺与反争夺将是未来一段时间的重头戏，如塔普斯科特父子的《区块链革命》一书所言，"未来的金融公共设施要么变成一处四面环墙、修剪整齐的花园，由有权有势的利益相关者所组成的团体控制；要么就变成一个广阔的有机生态系统，在这一系统中，只要有阳光，人们的经济财富就会有丰收。"银行应密切关注区块链及其技术应用的进展，努力建立区块链金融的良好生态，从而建立有利于银行业长远发展的市场空间。

专题 5

表外业务监管加强对银行业的影响

2016年底，中国人民银行和银监会相继推出了将表外理财业务纳入宏观审慎评估的政策以及《商业银行表外业务风险管理指引（征求意见稿）》，这两项政策措施在2017年的正式落地将对商业银行表外业务发展产生重大影响。

一、表外理财纳入广义信贷将降低其增速

1. 表外理财业务有必要纳入宏观审慎评估

近年来，银行业综合化经营持续发展，资产业务创新或多元化程度也在不断提升。而随着我国金融开放程度以及与全球金融的融合程度不断提高，风险通过银行等跨国金融机构交叉渗透传播的可能性也逐步增加。这使得过去主要针对商业银行信贷业务实施的风险考评计算框架越来越难以真实反映银行的风险水平。为有效应对经济金融环境趋于复杂和银行资产结构日益多元化带来的挑战，央行于2016年起将原有的差别准备金动态调整和合意贷款管理机制升级为宏观审慎评估体系（MPA）。

MPA的目的是有效引导银行更为稳健、审慎地开展经营活动。在表内资产增速受限的情况下，商业银行普遍将发展表外业务、做大表外资产规模作为转型的主要方向，资产管理、资产托管、代客交易等业务成为各家银行布局的重点领域。尤其是表外理财业务，2016年增速虽有所下降，但同比增幅仍超过30%，大幅高于其他业务。在此过程中，不能排除有部分金融机构为了达标，将原先表内业务通过对接表外理财的形式转移至表外处理的可能性。因此，将表外理财业务纳入MPA，广义信贷将更加真实地反映信用投放和货币派生情况。

总体来看，这一调整措施有助于监管部门逐步完善宏观审慎监管框架，较好地实现控制总量的目标，体现金融去杠杆的政策意图。而对于表外理财业务本身来说，调整有助于促进银行提高表外理财业务的风险管理意识，规范业务发展模式，推动表外理财业务回归资产管理本质。

2. 表外理财纳入广义信贷对表外的影响大于表内

从MPA出台以来的政策效果看，M_2、广义信贷增速以及银行业总资产同比增速均出现了不同程度的放缓，显示MPA在约束银行经营行为、抑制银行资产扩张冲动方面作用较为明显。在这个意义上，表外理财资金运用项目纳入广义信贷的调整政策落地后，商业银行表外理财较快增长的态势将在一定程度上受到抑制。具体来说，调整会对

表外业务产生三方面的影响。

一是统计口径调整将直接推高商业银行广义信贷增速。MPA 指标体系对商业银行广义信贷增速与目标 M_2 增速的偏离程度做出了明确的要求，而以往表外理财增速均大幅高于该指标的上限。统计口径调整后，商业银行要实现达标则必然会放慢表外理财业务的增长。二是可能增加商业银行资本要求。由于广义信贷增速可能会对宏观审慎资本充足率的测算产生影响，如果将新口径的广义信贷应用到相关测算的过程，则可以将调整理解为间接对表外业务的过快增长提出了资本要求，这对商业银行来说影响更大。三是可能改变表外理财的业务模式。目前，非标资产仍是表外理财的主要投资标的之一，但相关调整落地后将意味着在 MPA 的体系内无论信贷资产在表内或表外，在监管上的要求差别不大，商业银行通过非标投资的形式把表内业务转移至表外来规避监管的需求也将大幅减少。这将推动商业银行不断改变表外理财的资产配置和业务管理模式。

对委外业务而言，表外理财业务纳入广义信贷进行统一管控，会使业务整体增速出现放缓，这会在一定程度上减少委外投资的资金供给，然而这种影响并不一定完全是负面的。委外投资的占比也可能出现提升。委外业务可以通过杠杆提高整体收益率，是表外理财资产运用中收益相对较高的方式之一。随着监管加强后表外业务增速的放缓，商业银行在收入端也将面临不小的压力，为此适度增加委外业务占比作为提高盈利能力的可选项，其受重视程度可能进一步提高，委外投资的规模仍有继续增长的可能。

调整政策虽然会降低表外理财的业务增速，但对表内资产增长的影响并不会很大。当前信贷资产仍然是国内商业银行的核心资产，也是商业银行支持实体经济发展的主要途径。虽然投资类资产的增长是银行转型的长期趋势，但未来一段时间继续加大信贷，尤其是对关系到宏观经济转型和结构调整的优质信贷资产的投入，仍将是推动商业银行资产业务增长的重要动力。而在监管成本基本相同的前提下，商业银行会更倾向于把表内资产的增长放在优先地位。总体来看，这一调整措施有助于监管部门逐步完善宏观审慎监管框架，较好地实现控制总量的目标，体现金融去杠杆的政策意图。而对于表外理财业务本身来说，调整有助于促进银行提高表外理财业务的风险管理意识，规范业务发展模式，推动表外理财业务回归资产管理本质。

二、表外风险管理新政重塑银行表外业务模式

2016 年 11 月，银监会发布《商业银行表外业务风险管理指引（征求意见稿）》，对原 2011 年版《商业银行表外业务风险管理指引》进行了修订和完善。与原版本相比新指引有较大的升级，将对商业银行表外业务的业务模式产生较大的影响。

1. 新指引对表外业务风险管理提出更高要求

此次修订的主要目的是引导商业银行表外业务的理性发展，因此，在进一步完善银行表外业务内涵的同时，指引也对治理架构、银行内部各业务部门的职责分工、风险管

理等方面提出了更详细的要求。

一是拓宽了表外业务的范围,提出了商业银行开展表外业务管理的原则。在保持表外业务定义基本不变的前提下,新的指引将表外业务分为担保承诺类、代理投融资服务类、中介服务类、其他类等四大类。同时提出了全覆盖、分类管理、实质重于形式、内控优先、信息透明等表外业务管理的原则。这些变化使表外业务涵盖范围更加全面,有利于业务性质的界定,也有利于全面、统一的表外业务管理和风险控制体系的建立。

二是完善了表外业务治理架构。原指引只是宽泛地规定了董事会、高级管理层、内控和审计的职责。新指引则明确了董事会、高级管理层、监事会、业务部门、合规部门、风险管理部门以及内外部审计部门等的职责范围,并要求表外业务开展要制度先行、合规先行,定期进行内部审计,每年进行外部审计,审计报告要经过董事会审议。

三是细化了信息披露和监管要求。原指引要求商业银行经营表外业务应当有完整、准确的会计记录,并按照有关规定进行会计核算和信息披露。在此基础上,新指引对信息披露环节进行了细化,对披露的内容、频率和形式做出了规范。同时,监管部门对表外业务的监管将更为有效,管理手段也更加丰富。在单独增加的监督管理章节中,在报送数据、向监管机构报告、监管方式和监管措施等方面均提出明确的要求。

2. 新指引将对表外业务产生深远影响

这次的修订是监管层"去杠杆"监管思路要求的延伸,新指引将对商业银行表外业务发展产生重要的影响,尤其是业务涵盖范围、管理架构和风险管理方面的变化为下一步强化监管打下了基础。

一是改变表外业务增长的格局。按照原统计口径(仅包含担保承诺类业务),16家主要商业银行表外业务为21万亿元,且规模增速呈现逐年放缓的趋势,年增幅已经低于5%。而按照意见稿新的统计口径,主要商业银行表外业务的总规模达到177.35万亿元,约为表内总资产的1.41倍。其中,传统的担保承诺类业务占比仅11.78%,代理投融资服务业务占比为16.13%,中介服务类业务占比为55.2%,其他类表外业务占比为16.89%。包括非保本理财、托管资产和金融衍生品等新兴业务纳入表外业务管理,不但大幅提高了商业银行表外业务的规模,也将表外业务的增速提升到15%以上的水平,随着未来商业银行转型的持续推进,新口径下表外业务较快增长的态势将维持较长的时间。

二是促进商业银行完善表外业务风险管控体系建设。新指引对原先较为分散的表外产品和业务的监管规定进行了较为系统的整合,并按照不同产品的特征和风险状况明确了不同的监管重点。具体而言,担保承诺类业务未来将重点监测信用风险,关注统一授信执行、表外业务信用风险转换系数、表外业务垫款等情况;代理投融资服务类和中介服务类业务,将重点关注业务操作规范、客户投诉、金融消费者保护等情况,监测操作风险和声誉风险。在新指引实质重于形式的原则下,商业银行承担实际风险的业务将受到较大的影响，尤其是占用资本较多的非标和权益类资产业务，未来对这类业务将实行风险限额管理制度，部分业务还将面临计提减值准备，计算风险加权资产，并增加资本要求的监管措施。

三是推动表外理财打破刚性兑付的进程。当前商业银行表外理财业务通过"期限错配"建立模式盈利的情况仍然存在，在资金来源与资产运用滚动周转中，一旦遇到资金方面的问题，为满足刚性兑付需要而进行"表外转表内"的操作也仍是商业银行处理相关问题的选项之一。在新指引将表外理财明确纳入银行表外业务管理之后，随着风险管理标准的提升，以及实质重于形式的原则下关于计提减值准备和增加资本的要求，将推动商业银行更好地执行表外理财合同中关于非保本的条款，进一步推进打破刚性兑付的进程。

三、表外业务发展将更加注重风险管控

当前信贷资产仍然是国内商业银行的核心资产，也是商业银行支持实体经济发展的主要途径，因此继续加大信贷投放，尤其是对关系到宏观经济转型和结构调整的优质信贷资产的投入，仍将是推动商业银行资产业务增长的最重要动力。虽然推动表外业务发展也是"新常态"下银行提高收入增长能力，促进业务转型的重点之一，但随着对表外业务监管要求的不断提高，未来一段时间强化业务管理、加强风险控制将成为商业银行表外业务管理的重心，在业务发展中将关注以下几个环节。

一是结合新指引的要求，继续发挥全面风险管理在表外业务发展中的作用。在发展表外业务过程中，商业银行不但将继续加强担保承诺、表外理财、委托贷款等涉及信用风险业务的管理，对发行承销、托管等新纳入表外业务口径的更多涉及非信用风险的业务领域也将在风险管理制度建设方面提出更高的要求。未来商业银行的相关业务和风险管理部门将对表外业务监管原则的变化情况，以及相关配套监管政策出台情况进行持续关注，并据此对表外业务运行和风险管理要求进行适时的调整。

二是加强对理财客户的引导，推动理财业务结构调整。一方面，商业银行将按照监管要求，在非保本理财销售和运作的各个环节合理引导客户预期，降低发生刚性兑付的可能性。另一方面，将继续加大理财业务中开放式净值型产品的开发和推广的力度。开放式净值型产品是解决刚性兑付的重要载体，也将是未来表外理财业务发展的重点方向。商业银行在保持现有理财产品投放节奏，推动理财业务有效增长的同时，将进一步强化对净值型理财产品的研究和推进，逐步提高其在理财业务中的占比。

三是推动衍生品业务回归套期保值的业务本源。虽然对衍生品交易的具体监管要求并不完全明确，但在该业务纳入商业银行表外业务后，监管部门必然也会进一步加强对相关领域的监管。近年来，商业银行衍生品交易业务发展较快，但对业务本身承担风险的状况关注度相对不足。未来商业银行在衍生品业务的发展中，将逐步摒弃盲目做大交

易规模提升短期收益能力的做法，不断突出衍生品业务对规避自有资产、负债信用风险、市场风险或流动性风险的作用，从而对未来可能面临的监管要求进行提前的准备。

四是积极优化担保承诺类业务结构。从新指引的监管内容看，风险限额管理和拨备、资本等监管内容对担保承诺类业务的影响较大，如何优化担保承诺类业务的结构来降低监管成本将引起商业银行的充分重视。目前，商业银行承诺类业务中未使用的信用卡额度占比较高，而贷款承诺业务发展相对缓慢，因此对于这些传统的表外业务而言，优化调整的空间较大。未来商业银行会继续加强对信用卡授信额度的管理，对信用卡客户进行合理授信，更多运用临时额度调整等方式满足客户用卡需求，从而降低业务成本。同时也将充分借鉴国际先进同业运用贷款承诺维护银企关系、开展业务经营的经验，推动贷款承诺业务的发展，提高传统表外业务的整体运营效率和盈利能力。

专题 6

新形势下不良资产处置策略分析

近年来，我国商业银行不良贷款持续攀升。2017 年政府工作报告指出，不良贷款风险、流动性风险、交叉性金融风险、互联网金融风险为四大金融风险点。2017 年银行业资产质量压力犹存，部分行业风险还在积累，传统的不良资产处置手段已不能完全满足新常态的市场需求。亟须以供给侧结构性改革为出发点，从顶层设计、交易主体和市场建设三个维度来加快构建市场化的新生态，积极探索不良资产处置的新模式新路径。

一、不良资产处置方式日益多元化

1. 传统不良资产处置方式各有利弊

商业银行不良资产处置采取的主要方式有自主清收、批量转让、以物抵债、债务重组和委托处置等方式。自主清收处置方式能保证一定的现金回收，是不良贷款处置中最常用、最直接的方式，但在实际工作中，囿于信用环境、司法环境等，受限较多，且容易滋生道德风险。批量转让能快速处置不良贷款，缺点是商业银行损失较大，影响银行利润。当现金受偿难以实现时，采取以物抵债方式。以物抵债能快速降低银行不良资产，但以物抵债资产过户清税，银行被迫要承担债务人应缴税金，双重缴税税费较多，且存在价值评估虚高、变现时间长等缺点。债务重组的优点是处置成本较低，但交易复杂程度高。委托处置的方式，填补了部分银行不良资产处置机制不健全或专业人才匮乏的短板，同时最大限度地利用了资产管理公司不良资产专业处置经验，提升了处置效率（见表专 6-1）。

表专 6-1　　　　　　　　　　商业银行不良资产处置主要方式

处置方式	优点	缺点
自主清收	最常用、最有效，回收现金	受借款人经营状况、信用状况、司法机关执行力度等因素制约
批量转让	快速处置不良，回收现金	买方市场，银行损失较大，影响银行当期利润
以物抵债	快速降低不良资产	税费多、评估价值虚高、变现时间长
债务重组	处置成本低	复杂程度高
委托处置	利用 AMC 不良资产处置经验，提升处置效率	银行需支付委托代理费

数据来源：中国银行业发展报告课题组整理。

2. 新型不良资产处置手段快速发展

新形势下,不良资产收益权转让、"互联网+"、不良资产证券化、债转股等不良资产处置创新手段相继问世。"市场化、多元化、综合化"成为新常态下不良资产处置的发展趋势。

不良资产收益权转让是基于不良资产对未来现金流和回收状态的测算情况,将由此产生的未来收益权通过流转的方式实现部分不良资产的提前变现。这种不良资产处置方式能更有效地将产品与合作处置各方的风险收益相匹配,从而吸引不同类型的投资者。

随着互联网和金融创新的不断发展,"互联网+"不良资产处置模式丰富了不良资产处置的渠道,成为推动不良资产再盘活的新途径。与传统不良资产处置平台相比,利用互联网处置不良资产,可以有效解决委托方和催收方之间信息不对称、沟通成本高等问题,有效降低委托成本,实现资源优化配置。

2016年2月,央行、发展改革委等八部委联合印发《关于金融支持工业稳增长调结构增效益的若干意见》为不良资产证券化重启打开了政策阀门。同年5月,两家商业银行分别发行了一单对公不良资产支持证券和信用卡不良资产支持证券,标志着不良资产证券化时隔八年后正式重启。

2016年9月,《国务院关于积极稳妥降低企业杠杆率的意见》(国发〔2016〕54号)正式发布,时隔17年后债转股再次被重启。政府工作报告中指出,我国非金融企业杠杆率较高,这与储蓄率高、以信贷为主的融资结构有关。要在控制总杠杆率的前提下,把降低企业杠杆率作为重中之重(见表专6-2)。

表专6-2　　　　　　　　　　不良资产创新处置方式

处置方式	优点	缺点
不良资产收益权转让	更能满足合作处置各方的多样化风险收益需求	非标准化流程,业务规模受限
"互联网+"	方式灵活、效率高、信息更透明	缺乏权威和专业性的网络平台
不良资产证券化	最常用、最有效,回收现金	受借款人经营状况、信用状况、司法机关执行力度等因素制约
市场化债转股	快速处置不良,回收现金	银行损失较大,影响银行当期利润

数据来源:中国银行业发展报告课题组整理。

基于不良资产证券化、市场化债转股实践范围和市场份额的双重考虑,本专题针对这两种处置方式进行策略分析。

二、积极推进不良资产证券化

不良资产证券化的重启成为我国资产证券化市场2016年的重大事件。不良资产证券化对于盘活存量、优化信贷资源配置、改善银行经营状况、培育债券市场风险识别与分担机制具有深远意义。据统计，2016 年银行间市场共计发行了 14 单不良资产证券化产品，累计发行规模 156.10 亿元，本息合计处置不良资产 510.22 亿元，涵盖了对公不良贷款、信用卡不良贷款、小微不良贷款、个人住房抵押不良贷款和个人抵押不良贷款五种类型。2017 年新增 12 家试点银行，从 2016 年的中农工建交五大行和招商银行扩至政策性银行、股份制商业银行和城市商业银行。这意味着不良资产证券化重启后，将形成大型商业银行、部分股份制银行和少数城市商业银行的阵营梯队。

不良资产支持证券的投资分析逻辑与正常类资产支持证券有较大差异。在资产证券化发行过程中，从资产的筛选到尽职调查估值到发行，整个过程涉及诸多环节。其交易结构图如图专 6-1 所示。

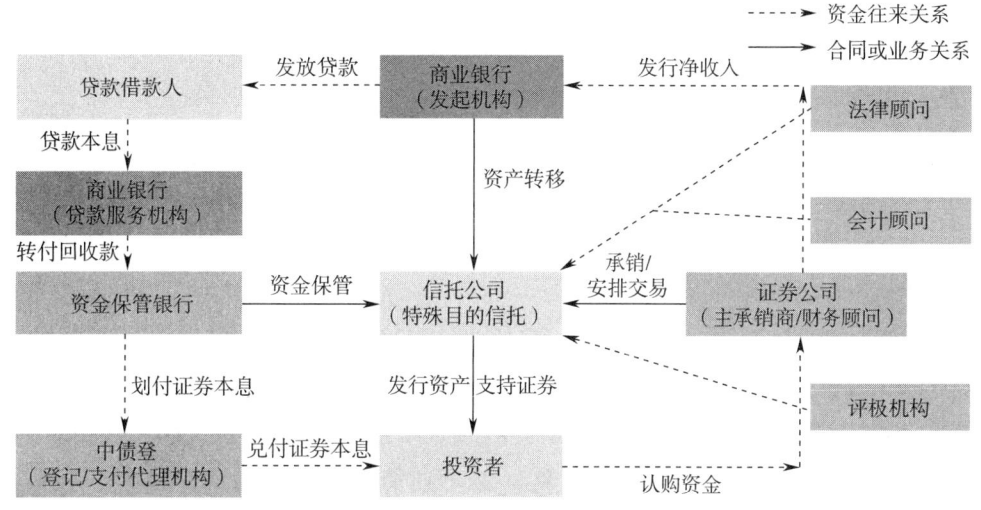

数据来源：中国银行业发展报告课题组整理。

图专 6-1 不良资产证券化的基本交易结构

不良资产证券化与正常类信贷资产证券化在工作流程方面具备一定的相似性。总体来讲，可以分为准备阶段、执行阶段、发行阶段和后续管理阶段（见图专 6-2）。

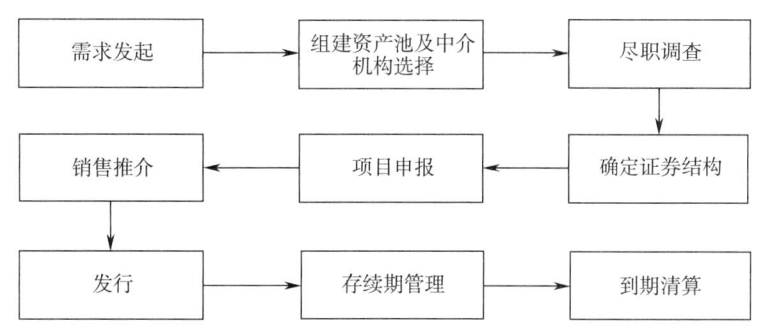

数据来源：中国银行业发展报告课题组整理。

图专 6-2 不良资产证券化的操作流程

不良资产证券化主要包括资产池组建、估值与发行定价、信用增级措施三个关键环节，接下来分别对这三个关键环节进行策略分析。

第一，资产池组建策略。不良资产证券化中的基础资产池筛选是关键环节。不良资产证券化基础资产池的现金流的不稳定性和不可预测性决定了其产品的高风险性，而不良资产池的回收率程度和稳定性直接决定了证券的整体信用风险水平以及发行难度。

不良资产支持证券的现金流主要依赖于不良贷款处置带来的回收款，可以分为三类：其一，抵押资产变卖的现金流，取决于抵押资产的变现能力以及抵押率；其二，债务人、担保人还款产生的现金流，这通常取决于债务人的信用资质和担保人的代偿意愿；其三，增信措施下的外部现金流。具体而言，对公类不良贷款在刚产生时，较难预期其回收时间和金额。在处置中后期，部分不良贷款在进行担保追偿、抵押物处置等方面出现实质性进展时，通过对抵押物的评估以及对法律流程的判断，能够形成对不良资产回收时间和金额的大致预期，也就形成了银行构建不良资产支持证券的现金流基础。因此，对公类、个贷类贷款不良资产证券化宜选择担保追偿、抵押物处置、不良催收的法律流程已出现实质性进展的基础资产。而信用卡类的不良贷款具有逾期时间越短回收率越高、逾期时间越长回收率越低的特点，因此信用卡类不良资产证券化选择逾期时间较短、单户逾期额度较高的资产。

第二，估值与发行定价策略。在已发行的不良资产证券化产品中，基础资产的种类可分为对公类不良资产、个贷类不良资产（包括个人经营类贷款、个人消费类贷款、个人住房类贷款）、信用卡类不良资产。不同基础资产呈现出不同的特征，其在尽职调查程序、方法及估值上存在较大差异。最终的资产估值与发行规模的确定，需要发行方、评估公司、评级公司、法律顾问在内的发行团队相互沟通，对具体的估值方法和估值依据进行讨论，达成基本一致的意见。

第三，信用增级措施。不良资产支持证券的内部信用增信手段主要包括优先/次级分层安排、超额抵押、流动性账户储备、信用触发机制等。而外部信用增信主要通过第三方来提高证券化产品的信用等级，目前不良资产支持证券的外部增信主要为第三方机构对优先档利息的流动性支持。

优先劣后分层安排这种增级方法把基础资产所产生的本息首先用来偿还优先级证券，最后补偿次级证券持有人。优先档证券投资者承担的风险较小，其收益较低；次级证券承担的风险较大，相应地要求较高的收益率。目前已发行的不良资产支持证券产品中，考虑到基础资产回收的金额与时间都存在较大的不确定性，且投资者对该类产品的认知还不充分，均采用了简单的优先劣后两级分层结构，与国内目前正常类资产证券化产品的多层分级结构有着明显的差异。

信托流动性储备账户一定程度上缓解了证券的流动性风险。目前已发行的产品中，均在可分配现金账户项下针对优先档证券利息支付设置了信托流动性储备账户，该账户的余额不少于必备流动性储备金额,用于补充各机构相关费用的总和,信托(流动性)储备账户的设置有效地保证了各项费用支出与优先级证券的偿付。设立流动性储备账户可以起到流动性支持的作用,在一定程度上保障投资者的利益,同时有助于降低优先档证券的流动性风险。

信用触发机制可分为三种情形,一是当出现约定的违约事件时,现金流回收频率或分配顺序将发生改变。二是权利完善事件,在违约事件发生时行使权利完善行为,通知基础资产中的债务人债权已被转让,进行抵押权或物权过户等,保护新债权人的利益。三是相关机构解聘机制,在"违约事件"发生时,可解聘贷款服务机构、受托人等机构,以保护投资者权益。

在传统处置渠道日益受限情况下,不良资产证券化有助于银行业拓展处置不良资产新途径,将不良贷款引入市场机制,让不良贷款走向资本市场,可吸纳更多银行不良贷款,既可活跃银行间债券市场,也可带动资本市场发展,更可化解银行信贷包袱,提高银行信贷资金周转速度,更高效地支持实体经济发展。

三、稳步探索市场化债转股

1. 债转股需关注四个关键步骤

按业务流程,市场化债转股有"募投管退"四个实施步骤,即"募集资金、项目筛选、投后管理和项目退出"(见表专6-3)。

表专6-3　　　　　　　　　　债转股各环节中的可选策略

实施步骤	可选策略
募集资金	政府资金、自有资金、社会资金
项目筛选	正常类及关注类贷款、不良类贷款
投后管理	设定项目落地条件、健全公司治理机制、做积极股东
项目退出	IPO、二级市场退出、企业远期回购;股权交易市场

数据来源:中国银行业发展报告课题组整理。

一是募集资金。54号文明确表示政府不再兜底损失,鼓励银行撬动社会资本,积极运用社保基金、养老金、银行理财、民间资金等。商业银行可以通过子公司设立股权投资基金、产业投资基金等募集社会资金,也可以参与政府牵头的产业基金入股企业,还可以与金融资产管理公司等机构合作,开展债转股业务。前一种方法,只有政府信用参与其中,民间资本才具有足够的参与动力;后一种方法,实施机构与标的企业共同出资设立,其中实施机构以自有资金出资担任一般合伙人(GP),社会资金担任有限合伙人(LP),其中,LP资金还可以进行分层,对接要求不同风险和收益率的资金,从而使商业银行既规避了不得直接投资企业的规定,也增强了银行理财资金等参与债转股的热情。

二是项目选择。此轮债转股政府不再强制"拉郎配",而是实行"一司一策、一事一议",给予商业银行较大的自主权。在标的企业筛选上,54号文没有设定过于清晰的标准,商业银行在实践中普遍选择杠杆率较高但有较好发展前景、符合国家产业发展方向、无故意违约或转移资产且流动性较好的龙头企业,债务类别则以银行贷款为主。商业银行既可以选择不良贷款作为转股债权,也可选择正常类及关注类贷款,抑或是综合采用两类贷款形式。由于选择不良类资产进行转股,面临打折问题,打折力度太大,存在利益输送的风险,银行具体经办人员没有动力;打折力度太小,标的企业不愿意,而且涉及债权、股权等利益相关者较多,交易成本提升,且很难达成一致意见,造成交易很难实现。所以银行比较倾向于处理正常类及关注类贷款,这样商业银行则可以账面价值1:1的比例转为股权,从而规避债转股的定价问题。

三是投后管理。市场化债转股能否最终实现股权投资的超额收益,关键在于债转股能否改善企业经营状况,这与实施主体对转股企业经营管理的参与方式和参与程度密切相关。因此实施主体需要一系列管理机制创新,维护自身利益。其一,细分债转股方案,并预先设定子方案的落地条件,逐渐地将债转股资金注入标的企业;其二,与原股东协调推进标的企业改制,形成股权结构多元、股东行为规范、内部约束有效的公司治理机制;其三,规范转股后企业的信贷融资行为,避免被企业"绑架"、形成新的赖账机制;其四,合理确定转股后的持股比例,争取并充分行使监督、资产保值、收益强制分配、一票否决等股东权利;其五,从股东而非债权人角度看待问题,做合格的积极股东,对接企业全生命周期和综合金融服务,支持企业的合理金融需求。

四是项目退出。退出环节是债转股项目最关键的一环,退出方式决定了前面资金来源、交易结构的安排等内容。实施机构可以将上市股权在二级市场退出,对于非上市股权,则可以将其装入上市平台,或者通过产业资本运作,在主板、新三板、区域性股权交易中心等上市交易,也可以与企业签订股权回购、管理层回购等远期回购协议;对于可转债形式下的未转债权,实施机构可以通过债权交易市场予以转让,也可以利用资产证券化等工具进行盘活。从退出难易程度看,企业回购最为便利,但也可能会陷入"名股实债"争议。因此,通过二级市场退出可能将是最为有利的选择,商业银行可以国企混合所有制改革为契机,重点选择有上市平台、或潜在上市能力及意愿的企业作为标的。

2. 债转股多元化运作模式不断发展

市场化债转股主要有三种模式。

第一种模式是商业银行子公司模式。商业银行子公司出资设立产业基金,为优先级GP、基金管理人;商业银行通过私人银行、信托公司等向高净值客户募集社会资金,投资产业基金;产业基金投资债转股企业优质子公司的股权,获得股息和期间分红;债转股企业将资金用于置换高成本债务;未来产业基金可将优质子公司装入债转股企业的上市公司，获得交易对价（见图专6-3）。

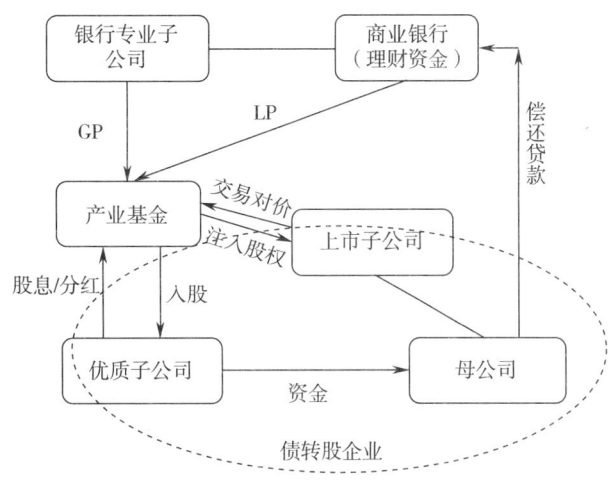

数据来源：中国银行业发展报告课题组整理。

图专6-3　商业银行子公司债转股模式

第二种模式是政府引导产业基金模式。政府牵头设立政府引导产业基金，基金参与人包括政府、商业银行、社会资本，其中商业银行资金主要以银行理财为主，社会资本为社保基金、养老金等；产业基金承接、偿还债转股企业的银行贷款，并获得企业相应的股权；未来股权可由企业回购实现退出（见图专6-4）。

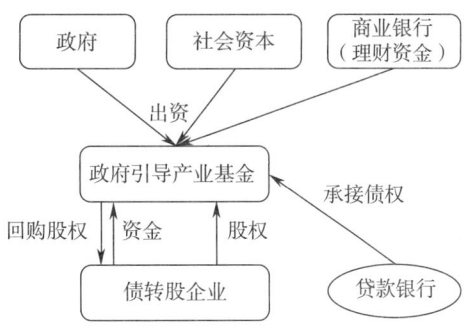

数据来源：中国银行业发展报告课题组整理。

图专6-4　政府引导产业基金债转股模式

第三种模式是政府引导产业基金模式。商业银行以债权出资，与专业股权投资公司共同设立股权基金，其中专业股权投资公司作为基金管理人；股权基金承接债权，并按协议价格将其转为标的企业股权；股权基金委派专业人士做董事，推动完善公司治理制度，协调产业和资本运作；与商业银行专业子公司合作，推动企业优质子公司上市；股权基金通过将IPO上市交易退出（见图专6-5）。

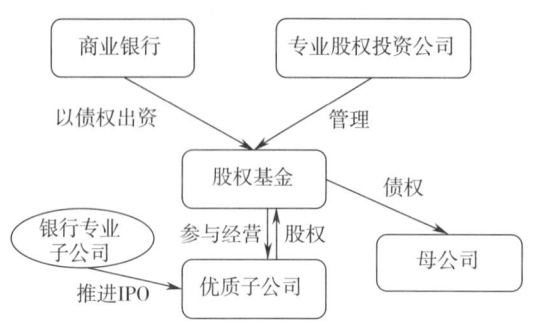

数据来源：中国银行业发展报告课题组整理。

图专6-5 专业股权投资公司债转股模式

四、不良资产处置将在市场化实践中逐步完善

随着金融市场化水平的逐步提高，不良资产处置方式更为多元和灵活，包括不良资产收益权转让、"互联网+"处置不良资产等多种新型的不良资产处置手段得以实践应用。而诸如不良资产证券化、债转股等传统不良资产处置方式也顺应市场化环境变化在不断创新。不良资产证券化和市场化债转股是新形势下商业银行参与供给侧结构性改革，控制不良贷款风险的两大手段。不良资产证券化作为不良资产处置的创新方式，能克服其他处置方式中的标准化处置问题，实现商业银行对不良资产的批量化、市场化和标准化处置。市场化债转股由政策性债转股发展而来，以商业银行为主要实施方，引入市场化理念，在不良资产和正常资产处置的理论和方法上均取得创新，从消除既有的不良资产，到通过降低杠杆率未雨绸缪规避信贷风险暴露，从不良资产处置转变成不良资产处置与预防并举，成为供给侧结构性改革"去杠杆"的主要手段。

不良资产证券化及市场化债转股的实施机构包括商业银行和AMC等，商业银行、四大资产管理公司、地方资产管理公司构成了未来不良资产处置市场的实施主体。四大资产管理公司具有丰富的处置经验和技术储备，商业银行在项目信息获取、资金募集方面具有优势，不同类型不良资产处置机构间的合作互补也成为未来发展趋势。多元化的实施主体、处置方式、资产类型，构成了立体化多层次的不良资产处置体系，增强了不良资产处置市场活力和金融市场消化风险、抵御风险的能力，对熨平金融发展周期，保证金融市场有序健康稳定发展具有重要意义。

附录
行业大事记

■ 国内

- 2016年3月16日　十二届全国人大四次会议闭幕后，国务院总理李克强在人民大会堂三楼金色大厅会见中外记者并回答记者提出的问题。他表示，发展"新经济"是要培育新动能，促进中国经济转型。

- 2016年3月18日　国务院总理李克强主持召开国务院常务会议，部署落实《政府工作报告》责任分工，确保实现全年发展主要目标任务；确定今年经济体制改革重点工作，为促发展惠民生防风险提供保障；部署全面推开营改增试点，进一步减轻企业税负。会议明确，从2016年5月1日起，全面推开营改增试点，将建筑业、房地产业、金融业、生活服务业纳入试点范围，全年预计减税5000亿元。财政部和税务总局随后公告显示，建筑业和房地产业适用11%的税率，金融业和生活服务业适用6%的税率。

- 2016年3月21日　人民银行等五部委联合印发《关于金融支持养老服务业加快发展的指导意见》。该《意见》要求，金融业要充分认识做好养老领域金融服务对于加快养老服务业发展和实现自身转型升级的重要意义，增强战略意识，优化业务布局，大力推动组织、产品和服务创新，不断满足社会日益增长的多层次、多样化养老领域金融服务需求，提升居民养老财富储备和养老服务支付能力，实现支持养老服务业和自身转型发展的良性互动。

- 2016年4月21日　银监会、科技部、人民银行联合发布《关于支持银行业金融机构加大创新力度开展科创企业投贷联动试点的指导意见》，鼓励和指导银行业金融机构开展投贷联动业务试点，有效防范风险，不断提升科创企业金融服务水平。

- 2016年5月12日　中国银监会发布2016年第一季度主要监管指标数据。银行业资产和负债规模稳步增长。2016年第一季度末，我国银行业金融机构境内外本外币资产总额为208.6万亿元，同比增长16.7%。

- 2016年5月13日　为进一步规范商业银行代理销售行为，保护投资者合法权益，银监会近日印发了《关于规范商业银行代理销售业务的通知》。该《通知》明确，开展代销业务应当遵守依法合规、符合代销有关金融产品资质要求、加强投资者适当性管理以及在代销业务与其他业务之间建立风险隔离制度等四项原则。

- 2016年5月27日　国家外汇管理局发布《关于境外机构投资者投资银行间债券市

场有关外汇管理问题的通知》，相关中介机构发布了有关操作指引。20日，中国人民银行上海总部发布公告，根据中国人民银行公告〔2016〕第8号的规定，中国人民银行上海总部制定了《合格机构投资者进入银行间债券市场备案管理实施细则》。

- 2016年6月3日　中国人民银行近期决定，自2016年7月15日起，人民币存款准备金的考核基数由考核期末一般存款时点数调整为考核期内一般存款日终余额的算术平均值。
- 2016年6月7日　近日，中国银监会发布《中国银行业监督管理委员会2015年年报》。截至2015年底，我国银行业金融机构共有法人机构4262家；资产总额199.3万亿元，同比增长15.7%；负债总额184.1万亿元，同比增长15.1%；不良贷款余额1.96万亿元，不良贷款率1.94%。
- 2016年6月21日　中国人民银行公布2015年年报。2016年将继续实施稳健的货币政策，保持松紧适度，适时预调微调，增强针对性和灵活性，做好供给侧结构性改革中的总需求管理，为结构性改革营造中性适度的货币金融环境。
- 2016年7月15日　中国人民银行发布《2016年上半年金融统计数据报告》、《2016年上半年社会融资规模存量统计数据报告》和《2016年上半年社会融资规模增量统计数据报告》。数据显示，2016年上半年社会融资规模增量为9.75万亿元，比上年同期多9618亿元。
- 2016年7月15日　中国银监会召开2016年上半年全国银行业监督管理工作暨经济金融形势分析（电视电话）会议，会议指出，上半年，银行业金融机构以支持供给侧结构性改革为核心任务，通过信贷、理财、债券投资、信托、租赁等渠道新增资金投放14多万亿元，盘活不良贷款5000多亿元，为实体经济发展注入源头活水。
- 2016年7月15日　国家统计局发布数据，初步核算，2016年上半年国内生产总值340637亿元，按可比价格计算，同比增长6.7%，其中第二季度增长6.7%。
- 2016年8月17日　中共中央总书记、国家主席、中央军委主席习近平17日在北京人民大会堂出席推进"一带一路"建设工作座谈会上指出：切实推进金融创新，创新国际化的融资模式，深化金融领域合作，打造多层次金融平台，建立服务"一带一路"建设长期、稳定、可持续、风险可控的金融保障体系。
- 2016年8月23日　国务院印发《降低实体经济企业成本工作方案》，对今后一个时期开展降低实体经济企业成本工作做出全面部署，从8个方面提出了降低实体经济企业成本的具体措施。
- 2016年9月1日　经国务院同意，中国人民银行、财政部、国家发展和改革委员会、环境保护部、中国银行业监督管理委员会、中国证券监督管理委员会、中国保险监督管理委员会联合印发了《关于构建绿色金融体系的指导意见》。
- 2016年9月4日　二十国集团领导人第十一次峰会在杭州举行。国家主席习近平主持会议并致开幕词。他强调，面对当前挑战，二十国集团要与时俱进、知行合一、共建共享、同舟共济，为世界经济繁荣稳定把握好大方向，推动世界经济强劲、可持续、平衡、包容增长。

- 2016年10月10日　国务院发布《关于积极稳妥降低企业杠杆率的意见》，明确提出有序开展市场化银行债权转股权，帮助发展前景良好但暂时困难的优质企业渡过难关。

- 2016年11月15日　国务院办公厅印发《地方政府性债务风险应急处置预案》，对地方政府性债务风险应急处置做出总体部署和系统安排。

- 2016年11月24日　中国人民银行上海总部发布《关于进一步拓展自贸区跨境金融服务功能支持科技创新和实体经济的通知》。区内设立的股权投资项目公司和股权投资基金可以依托自由贸易账户向区内及境外募集资金，用于进行跨境股权投资，满足实体经济做大资本和扩大跨境投资的需求，推动上海自贸区跨境股权投资业务的健康发展。

- 2016年11月26日　中国人民银行下发特急文件《关于落实个人银行账户分类管理制度的通知》，重申关于银行个人账户分类管理的相关要求，并对分类进行了补充和完善。

- 2016年12月14日　国际清算银行宣布中国正式加入国际银行业统计的本地银行业统计（LBS），这表明我国国际收支统计数据质量再次得到国际认可，数据透明度持续提高。

- 2016年12月28日　中国人民银行印发《金融消费者权益保护实施办法》，明确金融机构不得非法挪用占用金融消费者资金及其他金融资产，在中国境内收集的个人金融信息的存储、处理和分析应当在中国境内进行。

- 2017年1月3日　国家发展改革委发布境内外资银行2017年度中长期外债借用规模申报工作有关事项通知，2017年12月31日前，外资银行可通过有关省级发展改革委向国家发展改革委申请调增中长期外债借用规模。不仅如此，外国银行各境内分行2017年度中长期外债借用规模可相互调剂使用，调剂情况由境内主报告行抄报发展改革委备案。

- 2017年1月17日　国务院印发《关于扩大对外开放积极利用外资若干措施的通知》，二十条举措力促引资，其中明确放宽包括服务业、制造业、采矿业等在内的多领域外资准入限制。同一天，国家发展改革委也发文明确实行核准制的外商投资项目的范围，明确总投资3亿美元以下限制类项目，由省级政府核准。

- 2017年2月2日　中国人民银行发布2016年金融市场运行情况显示，2016年，债券市场发行各类债券规模达36.1万亿元，其中，银行间债券市场发行债券32.2万亿元，占债市发行总规模近九成。

- 2017年2月3日　银监会发布《关于民营银行监管的指导意见》，针对民营银行关联交易管理、股权管理、股东监管等重点领域提出监管要求，标志着全国民营银行的建设已经从试点阶段步入稳定、有序的常态化发展。
- 2017年2月16日　2017年中国人民银行金融市场工作会议于2月16日至17日在京召开，中国人民银行副行长潘功胜在会上提出，要更加注重金融市场风险防控，加强债券市场宏观审慎管理和监管协调，扎实做好互联网金融风险专项整治，加强票据市场基础设施和制度建设。
- 2017年3月2日　中国银监会主席郭树清在银行业支持供给侧结构性改革有关情况发布会上表示，2017年，全国银行业将全面贯彻落实中央经济工作会议精神，坚持稳中求进工作总基调，坚持以深化供给侧结构性改革为主线，着力提高服务实体经济质效，提高风险防控水平，提高依法监管效能，为经济社会平稳健康发展贡献金融新动能。
- 2017年3月5日　国务院总理李克强作政府工作报告时表示，抓好金融体制改革是2017年重点工作任务之一。我国经济基本面好，商业银行资本充足率、拨备覆盖率比较高，可动用的工具和手段多。对守住不发生系统性金融风险的底线，我们有信心和底气、有能力和办法。
- 2017年3月28日　中国银监会办公厅发布《关于开展银行业"违法、违规、违章"行为专项治理工作的通知》和《关于开展银行业"监管套利、空转套利、关联套利"专项治理工作的通知》，督促银行业金融机构加强合规管理，进一步防控金融风险。

■ 国际

- 2016年3月3日　穆迪将中国38家国有企业及授予评级的子公司、25家金融机构评级展望由稳定下调至负面。3月2日，穆迪确认中国政府债券的AA3评级，展望从稳定调整为负面。对此，新华社、《人民日报》等媒体接连发表文章反驳称，穆迪的这个决定是缺乏事实基础支撑的，与保持稳健的中国财政状况严重不符。
- 2016年3月10日　欧洲中央银行宣布，欧元区主导利率：主要再融资操作利率从0.05%降至0%，边际贷款利率从0.30%降至0.25%，边际存款利率从负0.30%降至-0.40%。此外，欧央行扩大QE规模，每月资产采购额从600亿欧元增至800亿欧元。
- 2016年4月14日至15日　2016年第二次二十国集团（G20）财长和央行行长会议在华盛顿举行。会议主要讨论了当前全球经济形势、增长框架、国际金融架构、投资和基础设施、金融部门改革、国际税收合作、反恐融资、绿色金融及气候资金等议题，并发表了联合公报。

- 2016年5月3日　欧盟委员会发布春季经济展望报告，调低了今明两年欧元区的经济增长预测，较2月预测时各下调0.1个百分点。欧盟委员会也同时下调了欧盟28个国家今明两年的经济增长预测，称2016年欧盟GDP预计增长1.8%，2017年达到1.9%，分别低于2月份预测的1.9%和2.0%。

- 2016年5月25日　欧元集团财长们一致同意逐步实施希腊债务减免方案，同意向希腊发放103亿欧元的援助金，并且为希腊提供债务减免。国际货币基金组织（IMF）一直主张对希腊实行债务减免措施，这也是其继续留在援助计划中的条件之一。22日，希腊议会通过了债权人要求的一揽子紧缩法案。

- 2016年6月22日　国际货币基金组织再次下调美国经济增长预期，称美国经济面临一系列长期挑战。IMF预计2016年美国经济增长2.2%，低于该机构4月2.4%的预测值。IMF2016年以来已连续三次下调美国经济增长预期。

- 2016年6月25日　亚洲基础设施投资银行首届理事会年会在北京举行。亚投行行长金立群宣布，董事会已经通过批准了该行首批四个项目总计5.09亿美元的贷款。中国将向亚投行项目准备特别基金捐款5000万美元，分3年支付。该基金将主要用于帮助亚投行低收入成员国准备主权贷款项目。

- 2016年7月8日　国际货币基金组织表示英国"脱欧"公投结果带来的不确定性将拖累欧元区经济增长，并将欧元区今明两年经济增速分别下调至1.6%和1.4%。

- 2016年7月23日　2016年第三次二十国集团（G20）财长和央行行长会议在成都举行。会议主要讨论了当前全球经济形势、"强劲、可持续和平衡增长框架"、国际金融架构、投资和基础设施、金融部门改革、国际税收合作、绿色金融、气候资金、反恐融资等议题。

- 2016年8月22日　二十国集团框架下发展绿色金融的中国倡议：2016年，中国将绿色金融列入G20议题，发起G20绿色金融研究小组。小组主要任务是识别绿色金融发展所面临的体制和市场障碍，并在总结各国经验的基础上，提出可提升金融体系、动员私人部门绿色投资能力的可选措施。

- 2016年9月11日　美联储、英格兰银行及欧央行组成的全球央行行长委员会（GHOS）召开会议，讨论《巴塞尔协议Ⅲ》的进展。GHOS轮任主席、欧央行行长德拉吉表示，落实金融海啸后的改革会完成《巴塞尔协议Ⅲ》的要求，同时有助于重建对银行风险加权资本比率的信心。

- 2016年10月1日　10月1日起，人民币正式纳入国际货币基金组织（IMF）特别提款权（SDR）。

- 2016年10月24日　全球前十大央行目前持有的资产总规模高达21.4万亿美元，较上年底跃增10.4%，资产负债表膨胀速度为5年之最。

- 2016年11月11日　特朗普赢得美国总统大选。欧洲央行则预计短期市场受到影响很大；中国香港金管局表示，准备好在需要时提供流动性支持；俄罗斯总统普京表示，准备修复与美国的"成熟外交关系"。大选结果公布之后，人民币中间价下调230点，报6.8115，自2010年以来首次跌破6.8整数位。

- 2016年11月20日　亚太经合组织（APEC）第二十四次领导人非正式会议在秘鲁首都利马举行，APEC发表了共同声明，写入对抗保护主义、实现开放型经济等内容。习近平主席在APEC工商领导人峰会上发言时指出，开放是亚太经济的生命线。
- 2016年12月13日　亚洲开发银行（ADB）在2016年亚洲发展展望报告中表示，包括45个国家（地区）在内的亚洲经济预计今年增长5.6%，略低于原来预测的5.7%。
- 2017年1月11日　世界银行在最新公布的全球经济展望报告中预计，2017年全球实际国内生产总值（GDP）将增长2.7%，高于上年的2.3%。
- 2017年1月16日　英国首相特蕾莎·梅表示，愿意放弃欧盟的商品和服务单一市场，以重新获得英国对边境和法律的控制权，从而暗示她计划实施"硬脱欧"。
- 2017年2月11日　美联储副主席费舍尔表示，美国总统特朗普的财政和贸易政策存在巨大不确定性，美联储将密切关注通胀和充分就业的目标。
- 2017年2月27日　标准普尔公司发布数据报告，2016年，日本的债务水平相当于其GDP的254%，为全球最高，其后排名是希腊和黎巴嫩。
- 2017年3月14日　国际货币基金组织发布报告，呼吁各国采取多边解决方案以应对全球风险，实现经济全球化益处的最大化。
- 2017年3月15日　美国联邦储备委员会宣布加息25个基点。这是美联储在美国总统特朗普就职后首度加息，也是美联储结束量化宽松政策后的第三次加息。

后 记

今年是中国银行业协会行业发展研究委员会第七次组织撰写中国银行业发展报告。今年的报告继续得到了监管部门、协会领导的关心和指导，得到了各会员单位的大力支持。在课题牵头机构及各参与机构的共同努力下，经过有关领导和专家的评议，报告对银行业改革发展的成绩和趋势进行了较为权威、专业、深入、全面的剖析，使外界更加清晰、准确地认识中国银行业，正确引导公众和舆论对银行业的看法。报告再次得到社会各界人士的关注与好评。

今年的报告对部分篇章进行了调整和整合，从而更加精练。报告紧密结合银行业转型创新实践，新增了转型创新篇。在报告撰写过程中，课题组先后多次召开课题协调会议，对报告的框架和内容进行讨论，不断加以完善。中国银行业协会组织编审专家对报告进行了评审，编审组专家成员包括张晓朴、王宇、张显球、胡忠福、张芳、白瑞明、张亮、郭三野、赵濛、金淑英、戴国强、殷剑峰、翟立宏、曾刚、戴硕。报告的撰写得到了中国银监会及中国银行业协会领导的大力关心和支持，中国银行业协会潘光伟专职副会长拨冗担任了本报告的主编。副主编是中国银行业协会秘书长黄润中、中国银行业协会副秘书长古瑞和交通银行首席经济学家连平。银行业协会各会员机构提供了翔实的数据资料。中国金融出版社第三编辑部副主任李融对报告的出版给予了大力帮助。在此一并表示衷心感谢！

本年度的报告继续由中国银行业协会行业发展研究委员会主任单位交通银行牵头，中国农业发展银行、中国农业银行、中国银行、中信银行、华夏银行、广发银行、兴业银行、中国民生银行、恒丰银行、浙商银行、包商银行、重庆银行、江西银行、南京银行、青岛银行、苏州银行、西安银行、郑州银行、北京农商银行、浙江省农村信用社联合社、中国邮政储蓄银行、中国华融资产、中国东方资产、东亚银行（中国）、汇丰银行（中国）、中国银行业协会研究部等机构共同撰写。

报告由交通银行首席经济学家连平教授担任课题研究牵头人。编委包括交通银行仇高擎、中国银行业协会研究部主任李健、中国农业银行周万阜、中国银行张兴荣、中信银行王磊、包商银行彭怡、北京农商银行康守松、汇丰银行（中国）屈宏斌、中国民生银行黄剑辉、东亚银行（中国）杨家辉、华夏银行沈小平、兴业银行王升乾、广发银行亓艳、南京银行管征、浙江省农村信用社联合社王祥明、中国邮政储蓄银行周琼、中国华融资产崔宇清、中国农业发展银行张昌彩、恒丰银行董希淼、浙商银行杜杈、重庆银行陈邦强、西安银行李富国、中国东方资产刘亚楠、苏州银行蒋卫平、青岛银行张巧雯、郑州银行王金召、江西银行刘涛。

各篇章的写作分工如下：第一章由汇丰银行马晓萍、中国农业银行范俊林、洪金明、侯晓共同撰写；第二章由中国银行邵科撰写；第三章由苏州银行陆盈忠、西安银行赵南岳、中国农业发展银行吴思强和齐永峰、中国银行邵科、中信银行谢立志、青岛银行纪盛、浙江省农村信用社联合社钟全明、东亚银行李耀宗、中国华融资产严红波、王玉和郭琳共同撰写；专栏1由中国华融资产严红波、王玉和郭琳撰写；专栏2由江西银行刘涛、张畅撰写。第四章由浙商银行杨跃、庄瑾亮撰写；第五章由恒丰银行周晓维撰写；第六章由兴业银行黄继平、李炫榆撰写；第七、第八章由华夏银行李长银撰写；第九、第十章及专栏3由广发银行任学群、潘小明、郑辉撰写；第十一章由北京农商银行周双、孙妮、屈艳芳撰写；专栏4由中国银行业协会王芳撰写；第十二章由交通银行刘健撰写；第十三章由中国银行邵科和赵雪、中国民生银行张丽云、交通银行武雯共同撰写；第十四章由包商银行张晋东、魏维、李黎、王陆雅撰写；第十五章由中国邮政储蓄银行韩军伟、杨恩艳撰写；第十六章及专栏5由南京银行陆玮聪撰写；第十七章由中国民生银行麻艳撰写；专题1由重庆银行陈邦强、魏琪、于晨阳撰写；专题2由恒丰银行唐丽华撰写；专题3由中信银行谢立志撰写；专题4由郑州银行武安华撰写；专栏6由包商银行陈玉京撰写；专题5由交通银行许文兵撰写；专题6由中国东方资产谢莉莉、段勇勇、陈松威、李思维撰写。

交通银行的刘健、鄂永健、武雯、陈冀负责报告的统稿工作。中国银行业协会研究部王芳、武安华等在报告撰写过程中做了大量的组织协调工作。

虽然已经是第七次编纂，但由于自身水平所限，缺点和错误在所难免，我们真诚地欢迎各位领导、专家和社会各界读者朋友不吝赐教、批评指正。

报告编纂者
2017年7月